第4版

面白いほど理解できる

行政法

行政法研究会

早稲田経営出版
TAC PUBLISHING Group

は　じ　め　に

（1）本書の特徴

　本書は、法律の入門書シリーズとして、各種資格試験向けの行政法の学習や、大学における行政法講義の理解を助けることをコンセプトとしました。そのために、普段から法律初学者を対象に「行政法」講義を担当している資格試験受験専門校の講師によって執筆された「行政法入門」の本です。

（2）大学の授業の予習用に

　大学の授業は、予習をすることでその効果を一層高めることができます。

　授業を受ける側が知識ゼロの状態で聴くだけだと、内容が難しくて理解できない箇所が多くなり、理解できなければ面白くないから出席しなくなり、その結果、期末試験前だけ苦労したり最悪単位がとれなかったりという悪循環に陥りがちです。

　しかし、ある程度の前知識があって、今、何の話をしているのかをきちんと把握できれば、大学の授業の面白さは飛躍的に向上しますし、面白ければ、授業に出るのが苦ではなくなるはずです。

　そこで、本書を1冊手元に置いておき、通学の電車内や喫茶店などで軽く次回の予習をしてから授業に臨むことをお勧めします。

（3）各種試験対策に

　本書は、法科大学院入試、新司法試験、司法試験予備試験、行政書士試験、公務員試験など、行政法を出題科目としている各種資格試験対策としても有用です。

　それぞれの試験対策用の専門教材がありますが、最初は、その本を読み進めること自体に苦戦するのではないかと思います。

　そこで、本書を利用して、まずは行政法の大枠をざっととらえてしまうことをお勧めします。その上で、各種専門教材を読み進めれば、効率ＵＰにつながるはずです。

（4）総　括

　各種資格試験用の専門教材、大学の講義で使用する基本書などは、それぞれ内容的には素晴らしいものが多いですから、それらを読みこなすための最初の一歩となるような入門書を執筆いたしました。

　本書を手に取って学習される皆さまの理解の一助になれば幸いです。

本書の使い方

1テーマ見開き2ページのスッキリ構成だから見やすい！

行政手続法

039 聴聞手続1

不利益処分に先立って与えられた主張立証の機会、それが「聴聞」……

Q 聴聞手続が受けられるはずなんだけど、それっていつどこでやるの？
民事裁判みたいに自分で訴状を書いて提出しなければ始まらないの？

A いいえ、そんなことはないよ。聴聞が実施される場合、その通知が送られてくるはずだよ。そこに示された日時・場所で実施されるんだ。

取り上げるテーマについて冒頭にQ＆Aが示されています。

通　知

聴聞手続は、まず聴聞の通知がされるところからスタートします。

聴聞の通知は、①予定される不利益処分の内容、根拠法令の条項、②不利益処分の原因となる事実、③聴聞の期日・場所、④聴聞に関する事務を所掌する組織の名称・所在地を、行政庁から不利益処分の名宛人となるべき者に対して、書面で通知するものです（15条1項）。

本文では理由や趣旨も平易に説明！

これは、以下のような理由によるものといえます。

どういった処分が予定されているのか、なぜそのような処分を受けることになるのかなどがきちんと通知されることによって、処分の名宛人となるべき者がそれに対する主張立証の十分な準備を整えることができるようになるからです。不利益処分の名宛人となるべき者に対し、事前に意見陳述の機会を与えようとするシステムの1つが聴聞です。つまり、聴聞は、不利益処分の名宛人となるべき者が自身に下されようとしている不利益処分がされない

ように行政の予定をひっくり返すための戦いの場です。まずは、最低限の情報だけでも知らないと、いつどこで聴聞があるのかもわからず、聴聞でどの点についてどのように争っていけばその処分がされずにすむのかを準備して十分な主張をすることもできないだろうという点が考慮されているわけです。

また、行政手続法15条1項では、聴聞期日まで相当の期間を置いて通知することを要求しています。

これもやはり聴聞の日にきちんと主張するための準備をさせることを趣旨としているからです。「明日聴聞を実施するので来なさい。」といった内容では、主張立証の十分な準備を整えることができないからです。

教　示

行政庁は、聴聞の通知の際の書面において、一定の事項を不利益処分の名宛人となるべき者に対して教示しなければなりません（15条2項）。

教示すべき事項は、①聴聞の期日に

78

出頭して意見を述べることができること、②聴聞の期日の出頭に代えて陳述書を提出できること、③証拠書類・証拠物を提出できること、④聴聞が終結する時までの間は当該不利益処分の原因となる事実を証する資料の閲覧を請求できることです。

行政手続法15条1項が、聴聞での主張立証の準備に役立つ情報を提供することを規定しているのに対し、同条2項では、実際の聴聞の場における手続上の権利に関する情報を提供することを規定しています。

聴聞の通知だけでなく、そこで何ができるのかも教えてもらえれば、聴聞

に慣れていない者は助かりますし、また、処分の名宛人となるべき者に聴聞手続を十分に利用してもらえるようにしておくことは国民の権利利益の保護にもつながるわけです。

公示送達

行政庁は、不利益処分の名宛人となるべき者の所在が判明しない場合は、行政庁の事務所の掲示場に掲示することによって通知することができます。この場合、掲示を始めた日から2週間を経過したときに、当該通知がその者に到達したものとみなされます（公示送達、15条3項）。

ポイント

ミニテスト

1　聴聞の通知には聴聞の期日と場所の記載があるだけで、予定される不利益処分の内容やその原因となる事実は記載されない。
2　聴聞の通知は、行政庁から不利益処分の名宛人となるべき者に対して行われる。
3　聴聞の通知は、聴聞の期日までに相当な期間をおいて行われる必要がある。

解答　1　×　予定される不利益処分の内容やその原因事実も記載事項の1つ。
　　　　2　○　15条1項。
　　　　3　○　15条1項。

● ● ● CONTENTS ● ● ●

第4編 行政争訟

※本書は、令和5年4月1日時点で施行されている法律を基準としています。

面白いほど理解できる

行 政 法

001 行政法とは

民法や刑法と違って「行政法」という名前の法律自体は存在しない……

Q 行政法っていう名前の法律を探しても見つからないんだ。これって何を指している言葉なの？

A 「行政法」という名前の法律が実際に存在するわけではないよ。行政に関する法全体を総称して「行政法」と呼んでいるんだよ。

行政法とは何か

行政法とは、行政権を行使する国の行政機関や地方公共団体に関する法律関係について規律する法のことを指します。

といっても、「行政法」という名前の法律が実際に存在するわけではありません。実際に存在しているのは、行政手続法や国家賠償法などといった名前の法律です。つまり、行政に関する数多くの法律を総称したものとして「行政法」という言葉を用いているだけなのです。

行政法の基本構造

例えば、法律の規定に基づいてA県知事が業者Xに対して営業停止の処分をする場合を想定してみましょう。

まずは、行政上の法的効果が帰属するところがどこなのか（A県orA県知事）、行政の意思・判断を決定し、これをXに表示するのは誰なのかなどを見ていきます。これが「行政組織」でやることです。国家行政組織法や国家公務員法などはこの領域に属する具体

的な法律の名称です。

次に、行政処分にはどのような種類や効果があるのか、Xが処分に従わない場合にはどうなるのかなどを見ていきます。これが「行政作用」でやることです。国民が行政上の義務を不履行しているときの強制方法について定めた行政代執行法や国税徴収法などはこの領域に属する具体的な法律の名称です。

また、Xに対して行政処分を行うときの手続などについて定めた法律である「行政手続法」を行政作用の次に見ていきます。

そして、もしA県知事がXに対して違法な行政処分を行った場合に、当該処分を受けたXは、処分の取消しを求めることができるのか、損害賠償請求ができるのかなどを見ていきます。これが「行政争訟」でやることです。行政処分の取消しを求める場合について定めた行政事件訴訟法や行政不服審査法、損害賠償を求める場合について定めた国家賠償法などはこの領域に属する具体的な法律の名称です。

理論と法律

行政法の学習には、法律の条文を学習する「法律パート」のほか、講学上の概念や語句を整理する「理論パート」も含まれます。行政組織法や行政作用法では、主に理論の学習がその中心です。一方、行政争訟では、法律の学習がその中心です。

条文・判例

条文とは、実際に法律に書かれている文章のことだとイメージしておきましょう。

判例とは、裁判所の下した判断のことだとイメージしておきましょう。な

お、本書では、「最高裁判所が昭和55年1月23日に下した判決」であれば、「最高裁S55.1.23」と表記します。

取り扱う法律

本書では、行政法の基本原理を確認し、行政組織と行政作用を学習してから、行政手続法、行政不服審査法、行政事件訴訟法、国家賠償法、損失補償制度を順に学んでいきます。その後で、情報公開法と個人情報保護法にも軽く目を通し、最後に、地方行政に関するルールである地方自治法について取り扱っていきたいと思います。

ポイント

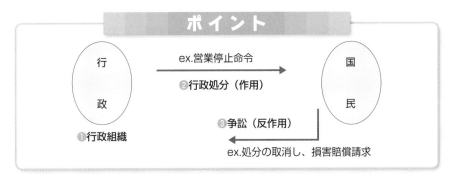

ミニテスト

1 行政法は、日本国憲法の制定を受けて1947年に制定された法律であり、同年5月に日本国憲法と同時に施行された。

2 行政事件訴訟法は、違法な行政処分によって生じた損害について、国などに対してその賠償を請求する訴訟について定めた一般法である。

3 違法な行政処分を受けた国民は、当該処分に不服があれば、裁判所に対してその取消しを求めることができる。

解答　1 × 行政法という名の法律は存在しない。
　　　2 × 損害賠償請求については「国家賠償法」。
　　　3 ○ 行政事件訴訟法に基づき処分の取消しを求められる。

3

002 行政法の基本原理

やっぱり「法治行政」というシステムが国民のためになるんだね……

> **Q** 「法律による行政の原理」という言葉を聞いたことがあるのだけど、これって何なの？
>
> **A** 行政活動は、国民が選挙で選んだ国会議員で構成される国会によって作られた法律に従わせるという考え方のことだよ。

法律による行政の原理

「法律による行政の原理」とは、行政活動は法律に従って行わなければならないとする法原則のことです。

これは、行政法における基本原理とされています。

行政権の行使は、国民の生活に大きく影響します。例えば、行政は、営業許可をとってその仕事で生計を立てている者に対して、営業停止命令とか営業許可の取消しなどを行える力を持っています。これがルールに従って行使されるのではなく、役所の担当者の個人的感情のみによって権力が発動されることなどあってはならないのです。つまり、行政の権力濫用による国民の権利利益の侵害は防止しておかなければなりません。また、行政権の行使にも民主的なコントロールを及ぼす必要もあります。

そこで、行政活動を国民が選挙で選んだ国会議員で構成される国会によって作られた法律に基づいて行わせるという原則を立てることで、これらの要求を満たそうとしているのです。

この「法律による行政の原理」の具体的な内容としては、「法律の優位の原則」、「法律の留保の原則」、「法律の法規創造力の原則」があります。

法律の優位の原則

行政活動は、法律の定めに違反して行われてはならないとする原則のことです。つまり、法律と行政との間には上下関係があって、行政活動は、その根拠となる法律の規定に矛盾するような形で行ってはならないということです。

法律の留保の原則

行政活動は、それを行うことを認める法律の根拠がなければ行うことができないとする原則のことです。つまり、法律と行政の間には前後関係があって、行政活動は、その根拠となる法律が存在しなければ行ってはならないということです。

行政活動を法律の根拠に基づかせることは、国民の権利利益が害されることを防止できるというメリットがある

一方で、より良い行政サービスをやりたくても、法律の制定・改正を待ってからでないとそれを行えなくなるというデメリットもあります。

この点、法律の留保の原則をどこまで徹底するかについては様々な考え方があります。

本書では、行政権が一方的に国民の権利利益を制限したり奪ったりする場合には法律の根拠が必要だけど、国民に利益を付与したり、国民の権利義務とは直接関係しない行政活動をする場合には法律の根拠はなくてもいいとする考え方（侵害留保説）を採ります。行政活動を法律に基づかせるのは、国民の権利利益の侵害を防止するためだったからです。

この考え方によれば、例えば、税金の賦課徴収を行うには法律の根拠を必要としますが、補助金の交付を行うだけなら法律の根拠はあってもなくてもどちらでもよいことになります。

法律の法規創造力の原則

法律によってのみ個人の権利義務を左右するルールを創造することができるとする原則のことです。つまり、行政機関が主体となってルールを作ることもできますが、国民の権利義務に関するルールを作るには、法律の授権（法律の条文で、「細かいことは行政の作るルールで決めてね。」という旨の規定が置かれること）が必要になるわけです。

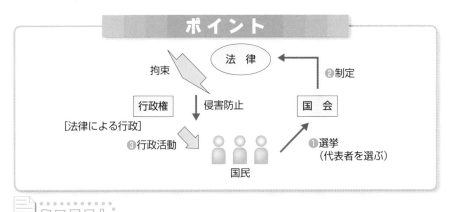

ポイント

法　律

拘束　　❷制定

行政権　　侵害防止　　国　会

［法律による行政］

❸行政活動　　❶選挙（代表者を選ぶ）

国民

ミニテスト

1　行政機関の発する命令が法律と矛盾した場合は、命令が法律に優先する。

2　侵害留保説によれば、法律の根拠なく行える行政活動の領域は存在しない。

3　国民の権利義務に関係する命令を行政機関が制定する場合、法律の授権が必要となる。

解答　1　× 法律の規定の方が優位する。

2　× 国民の権利利益の制限や侵害にならないなら法律の根拠は不要。

3　○

003 行政主体と行政機関

会社なら取引の法的効果は会社に帰属するけど、行政の場合は……

Q 行政上の法的効果はどこに帰属するの？

A 法的効果の帰属先を「行政主体」と呼ぶよ。そして、実際に行政主体のために活動しているのが「行政機関」だよ。

行政主体

行政主体とは、行政上の法的効果が帰属するところのことです。

例えば、国や都道府県・市町村がこれにあたります。

なお、国土交通省や総務省といった大臣をトップとする各省庁は、行政組織の一部であって、各々が行政主体になるわけではありません。会社でいえば、○○会社というものが権利義務の主体となるのであって、会社内の営業部や総務部に法人格が与えられているわけではないというイメージです。

行政機関

行政機関とは、行政主体のために行政活動を現実に担当する機関のことです。

行政機関は、行政主体のために権限を行使します。つまり、その権限行使の効果は、当該行政機関にではなく、行政主体に帰属します。例えば、都道府県知事の住民に対する権限行使の効果は、知事との間にではなく、都道府県との間で帰属するわけです。会社で

いえば、会社のために契約書にサインするのは代表取締役社長だとしても、社長の行為は、社長個人と取引先との間で法的効果を発生させるのではなく、会社と取引先との間で法的効果を発生させるというイメージです。

行政機関の分類

行政機関は、①行政庁、②補助機関、③執行機関、④諮問機関、⑤参与機関、⑥監査機関に分類されます。ただし、これは講学上の分類であって、国家行政組織法とかの法律で実際に定義・分類されているわけではありません。

ここでは、行政庁と諮問機関の2つを取り上げましょう。

まず、行政庁とは、行政主体の意思を決定し、これを外部に表示する権限を有する行政機関のことです。例えば、大臣や知事がこれにあたります。

行政庁というと、県庁や市役所といった建物を想像してしまうかもしれませんが、ここでは、人間をイメージしましょう。行政庁は、大臣や知事など

を指す概念なのです。

さて、この行政庁ですが、通常、独任制（1人で意思決定するシステム）が採られます。○○省の大臣や○○県の知事は1人がなる機関ですよね。これは、意思決定の責任の所在を明確にしようとか、迅速な意思決定を行おうとかがその理由といえるでしょう。しかし、中立公正な行政運営や専門技術的な判断が必要とされる行政分野にあっては、合議制（複数の人の合議で意思決定するシステム）の行政庁が置かれることもあります。例えば、公正取引委員会という行政機関は、複数の構成員で組織されており、その合議によって意思決定する機関です。

次に、諮問機関ですが、これは、行政庁の諮問に応じて意見を述べる行政機関のことです。例えば、法務省にある法制審議会がこれにあたります。

なお、諮問機関の意見・答申には行政庁を法的に拘束する力はありません。判断の最終決定権を持つのは諮問をした行政庁自身であって、行政庁が諮問機関の答申通りに意思決定しなければならないという法的な縛りは付けていないわけです。

ポイント

行政庁	行政主体の意思を決定し、これを外部に表示する権限を有する行政機関。ex.各省大臣
補助機関	行政庁の意思決定を補助する行政機関。ex.各省事務次官
執行機関	私人に対する実力行使の権限を有する行政機関。ex.警察署員
諮問機関	行政庁の諮問に応じて意見を述べる行政機関。ex.法制審議会、選挙制度審議会
参与機関	行政庁の意思決定に参与する行政機関。この参与機関の意見は、諮問機関の答申と違って、行政庁を法的に拘束します。ex.電波法による審査請求に関する電波監理審議会
監査機関	他の行政機関の事務処理を監査する行政機関。ex.会計検査院

ミニテスト

1　行政庁とは、行政主体の意思を決定し、これを外部に表示する権限を有する行政機関のことである。
2　国家行政組織法によって、行政庁は独任制でなければならないとされている。
3　諮問機関が示した意見・答申は、行政庁を法的に拘束するものである。

解答　1　○
2　× 国家行政組織法にこのような規定はないし、独任制のほか合議制の行政庁も存在する。
3　× 諮問機関の意見・答申は、行政庁を法的に拘束しない。

004 行政庁の権限行使

誰がどの仕事をやるかについては法律で割り当てられている……

Q 割り当てられた権限を常に自分自身で行使しなければならないのでは大変なんじゃないの？

A 確かにその通りだね。でも、権限の委任や代理といって別の機関に代行してもらえる制度もあるんだよ。

権限行使

行政庁の行使すべき権限は法律によって割り当てられています。そして、その権限を自ら行使しなければならないのが原則です。例えば、住民基本台帳法という法律で住民票関係の業務は市町村長の権限ですと割り当てているようなイメージです。

ただ、割り当てられた権限をその行政庁が自ら行使できない場面も想定されますから、行政庁がその権限を他の行政機関に代行させることが認められています。この権限の代行には、委任、代理、代決・専決の3種類があります。

権限の委任

権限の委任とは、行政庁Aが、その権限の一部を他の行政機関Bに委任し、その行政機関の権限として行わせることです。

この場合、Bが、委任された権限を自己の権限として行使しますから、Aは、権限委任の期間中は、その権限を手元から失うことになります。

権限の委任は、法律がAに割り当てた権限を、Aの手元から離してBのところに移動させることを行政レベルの判断で行うものです。そのため、これを行うには、「委任してもかまわないよ。」という旨の法律の根拠を必要とします。なお、委任できるのは権限の一部です。すべてを委任OKとしてしまうと、Aの手元にある権限がゼロになり、Aを設置した意味自体を失わせてしまうからです。

権限の代理

権限の代理とは、行政庁Aの権限はそこに帰属させたままで、他の行政機関BがAに代わって現実の権限行使をすることです。

権限の代理には、授権代理と法定代理があります。

授権代理は、Aの授権行為によって代理関係を成立させ、Bにその権限を代わりに行使させるものです。権限の委任の場合とは異なり、権限自体はAの手元から失われず、法律で割り当てられた権限の移動は生じません。その

ため、授権代理を行うのに法律の根拠は不要です。

一方、法定代理は、Aに事故があったときなどに法律の定めに従いBがその権限を代わりに行使するものです。例えば、地方自治法という法律には、知事に事故があったときに副知事がその職務を代理することについて規定した条文があります（地方自治法152条1項）。

代決・専決

代決・専決とは、行政庁Aが内部的にその判断・決定を補助機関Bに委ねるが、対外的にはAが行った行為として法的効果を生じさせることです。代決は行政庁が不在の場合に補助機関が行政庁の名において決定するイメージ、専決はあまり重要でない事項の場合に補助機関が行政庁の名において決定するイメージです。いずれも内部委任といったニュアンスですね。

対外的にみれば、法律がAに割り当てた権限はAが行使しているのと同じですから、代決・専決を行うのに法律の根拠は不要です。

ポイント

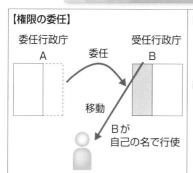

【権限の委任】

委任行政庁 A　委任　受任行政庁 B

移動

Bが自己の名で行使

- 委任は、法律（上位の概念）が行政庁Aに分配した権限を、行政庁Aの意思表示（下位の概念）で他の行政機関Bに移動させるため、法律の根拠が必要。
- 授権代理は、法律が行政庁Aに分配した権限を、行政庁Aの意思表示で他の行政機関に移動させるものではないから、法律の根拠は不要。

ミニテスト

1　行政庁がその権限の一部を他の行政機関に委任した場合でも、権限の所在自体は委任した行政庁から受任機関に移らない。
2　行政庁がその権限の一部を他の行政機関に委任するには法律の根拠が必要となる。
3　法定の事実の発生に基づき法律上当然に行政機関の間に代理関係を生ずることを授権代理と呼ぶ。

解答　1　× 委任の場合、権限の所在は受任機関に移る。
2　○ 権限を委任するには法律の根拠が必要。
3　× これは「法定代理」と呼ばれる。

005 国の行政組織

役所には、〜省、〜庁、〜局など色々な名前があるね……

Q 財務省、国税庁、国税局とかってどういう関係なの？

A 財務省は中央省庁の１つだよね。国税庁は財務省の外局、国税局は国税庁の地方支分部局という位置付けなんだよ。

内 閣

内閣は、国会の指名に基づいて任命された首長たる内閣総理大臣（リーダー）と、内閣総理大臣が任命した国務大臣（メンバー）で構成される行政機関です。

そして、内閣の統括下に、省、委員会、庁を置いて、行政事務を分担管理する仕組みが採られています。

国務大臣は、主任の大臣として行政事務を分担管理することを原則としています。例えば、総務大臣は、内閣のメンバーであるという一面を有するとともに、総務省のトップとして行政事務を分担管理するという一面も有するわけです。ちなみに、国務大臣が主任の大臣としてその事務を分担管理する行政機関は、内閣府のほか、総務省、法務省、外務省、財務省、文部科学省、厚生労働省、農林水産省、経済産業省、国土交通省、環境省、防衛省です。ただし、行政事務を分担管理しない大臣がいてもかまわないとされています。ちなみに、このような大臣は「無任所大臣」と呼ばれます。

府 省

内閣府は、内閣の重要政策に関する事務を助け、政府全体の見地からの関係行政機関の連携確保を図ることなどを任務としています。トップは内閣総理大臣で、内閣府に係る事項について主任の大臣として事務を分担管理しています。

各省は、内閣の統轄の下に行政事務をつかさどるものとして置かれます。トップは大臣で、各省大臣は、国務大臣の中から内閣総理大臣が任命します。なお、内閣総理大臣が自らこれにあたってもかまいません。

内閣府や各省の場合、トップに位置する内閣総理大臣や各省大臣が行政庁です（独任制）。なお、内閣の場合は、内閣が行政庁です（合議制）。

外 局

外局とは、府省に直属するが、内部部局の外に設置され、特別な事務を担当する行政機関のことです。

外局には、庁と委員会の種類があります。

庁は、事務量が膨大で本省の内部部局で処理することが困難な場合や、事務がある程度独立して処理されるべき性質の場合などに設置されます。例えば、国税庁（財務省の外局）、特許庁（経済産業省の外局）などです。

委員会は、中立性・専門技術性・利害調整性などが要求される事務を所掌するため、他の機関から独立して権限を行使すべき場合などに設置されます。例えば、公正取引委員会（内閣府の外局）、公害等調整委員会（総務省

の外局）などです。

庁の場合は、トップに位置する長官が行政庁です（独任制）。委員会の場合は、委員長ではなく、委員会が行政庁です（合議制）。

地方支分部局

省や外局には、その行政活動を全国に及ぼすために、地方支分部局が置かれることがあります。例えば、法務局（法務省の地方支分部局）、国税局（国税庁の地方支分部局）などです。

ポイント

府　省	外　局
内閣府	公正取引委員会、国家公安委員会、個人情報保護委員会、カジノ管理委員会、金融庁、消費者庁、こども家庭庁
総務省	公害等調整委員会、消防庁
法務省	公安審査委員会、公安調査庁、出入国在留管理庁
財務省	国税庁
文部科学省	文化庁、スポーツ庁
農林水産省	林野庁、水産庁
経済産業省	資源エネルギー庁、特許庁、中小企業庁
国土交通省	運輸安全委員会、観光庁、気象庁、海上保安庁
外務省	－
厚生労働省	中央労働委員会
環境省	原子力規制委員会
防衛省	防衛装備庁

ミニテスト

1　内閣総理大臣は、国会の指名に基づいて任命される。
2　すべての国務大臣は、必ずいずれかの行政事務を分担管理しなければならない。
3　外局は、省の行政活動を全国的に及ぼすために設置されるもので、法務省の法務局や経済産業省の経済産業局がこれにあたる。

解答　1 ○ 指名するのは国会。なお、任命するのは天皇。
　　　2 × 無任所大臣がいてもかまわない。
　　　3 × これは外局ではなく、「地方支分部局」のこと。

006 行政立法

国会は法律というルールを作る。行政機関が作るルールは……

Q 政令、府令、省令とかも国会で作っているの？

A いいえ。行政機関で作っているんだよ。具体的には、政令は内閣、府令は内閣総理大臣、省令は各省大臣の権限で作っているよ。

行政立法の必要性・許容性

　行政立法とは、行政機関が法規範を制定することです。また、行政機関によって制定された法規範自体も行政立法と呼ばれます。

　行政活動の基準は、本来、国会で制定される法律でルール化するべきといえます（法律による行政の原理）。また、憲法41条でも「国会は、国権の最高機関であつて、国の唯一の立法機関である。」と規定し、立法府である国会を唯一の立法機関と定めています。そこで、そもそも行政機関が立法することが許されるのかについて考えてみましょう。

　この点、法律は多かれ少なかれ抽象的なものですし、法律の条文の曖昧な箇所の補充や法律では定め切れない細目について行政機関自らがルールを定めることを認める必要性はあります。また、憲法73条6号本文では、「この憲法及び法律の規定を実施するために、政令を制定すること。」と規定されています。これは、内閣（＝政府）が制定する命令である「政令」の制定

を前提としている条文ですから、行政立法の制定を憲法は容認しているといえます。

　このような観点から、行政機関自体が制定することが許された法規範が行政立法なのです。

行政立法の分類

　まず、行政立法は、外部的な効果を持つか否かによって大きく「法規命令」と「行政規則」の2つに分類できます。外部的効果とは、行政内部だけでなく相手方私人を拘束し、紛争が生じれば裁判所がこれを適用するという効果を有することをいうわけですが、このような効果を有するのが法規命令で、そうではなく行政内部での効果しか有しないのが行政規則です。

法規命令

　法規命令は、国民一般の権利義務に関する行政立法です。

　法規命令には、①権限の所在に着目した分類と、②法律との関係に着目した分類があります。

権限の所在に着目すると、誰が制定するかによって、政令（＝内閣が制定）、府令・省令（＝内閣総理大臣や各省大臣が制定）、規則（＝府省の外局にあたる庁の長官等が制定）などに分類できます。

法律との関係に着目すると、法律の委任の程度によって、個別的な委任が必要な「委任命令」と、一般的な委任で足りる「執行命令」に分類できます。

委任命令は、国民の権利義務の内容自体を決めるルールですから、個別の法律から「～についての細目は命令で決めてね。」という旨の委任を具体的に受けて制定されます。一方、執行命令は、法律で決められた権利義務の内容の実現のための手続等を定めるルールですから、個別の法律からの具体的な委任はなくても、一般的に法律から委任されていれば足ります。いずれにしても法律の委任は必要ですが、その程度が異なるわけです。

行政規則

行政規則は、国民一般の権利義務には直接関係しない行政立法です。通達、告示、内規、要綱など色々な形式があります。

行政規則は、国民の権利義務に直接関係しない行政内部のルールですから、法規命令の制定とは違い、その制定にあたり、法律の委任は不要です。

ポイント

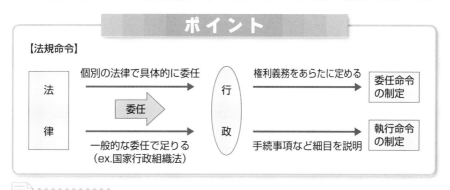

【法規命令】

法律 → 個別の法律で具体的に委任 → 委任 → 行政 → 権利義務をあらたに定める → 委任命令の制定

法律 → 一般的な委任で足りる（ex.国家行政組織法） → 行政 → 手続事項など細目を説明 → 執行命令の制定

ミニテスト

1　政令は、憲法73条6号に基づき、内閣総理大臣が制定する行政立法である。
2　法規命令のうち、委任命令の制定には法律の委任が必要であるが、執行命令の制定には法律の委任は必要ない。
3　各省大臣、各委員会、各庁の長官は、その機関の所掌事務について公示を必要とする場合、告示を発することができる。

解答　1　×　政令は、内閣総理大臣ではなく、「内閣」が制定するもの。
　　　2　×　委任命令・執行命令いずれも法律の委任は必要。
　　　3　○　国家行政組織法14条1項。

007 委任命令に関する判例

法律の委任の範囲を超えた場合の委任命令の効力は……

Q 法律の委任を受けて委任命令を制定したとして、それが法律の委任の範囲を超えている場合は、その効力はどうなるの？

A 法律の委任の範囲を超えていれば、その命令は無効だよ。

委任命令の限界

法律の委任を受けて制定された命令は、上位概念たる法律の規定に抵触してはいけません。もし、制定された命令が法律の委任の範囲を超えていれば、その命令は無効になります。

監獄法事件

拘置所に在監中のXがY（10歳）との面会の許可を拘置所長に求めたところ、監獄法施行規則（命令）に「14歳未満の者との接見は原則禁止」と規定されていることを理由に許可されませんでした。監獄法施行規則（命令）が、被勾留者と幼年者との接見を原則許さないとしていることは、監獄法（法律）の委任の範囲を超え、無効なのではないかが争われました。

判例は、被勾留者と外部の者との接見について、監獄法（法律）は、原則これを許し、例外的に許さない旨を規定し、接見制限の細目は命令で決めることとしているところ、監獄法施行規則（命令）では、これを原則として許さず、例外的に許す旨を規定している

のは、法律の委任の範囲を超える無効なものであると判断しました（最高裁H3.7.9）。

サーベル事件

銃砲刀剣類登録規則（命令）が、銃砲刀剣類所持等取締法（法律）の登録の対象となる刀剣類を、美術品として文化財的価値を有する日本刀に限る旨を定めていることが、法律の委任の範囲を超え、無効なのではないかが争われました。

判例は、銃砲刀剣類所持等取締法（法律）は、美術品として価値のある刀剣類の登録を義務付け、その登録に関する細目については銃砲刀剣類登録規則（命令）で定めることとしているところ、銃砲刀剣類登録規則（命令）では、その対象を日本刀に限定しているが、これは、銃砲刀剣類所持等取締法（法律）の趣旨に沿う合理性を有する鑑定基準を定めたものというべきであって、法律の委任の範囲を超える無効なものということはできないと判断しました（最高裁H2.2.1）。

児童扶養手当事件

児童扶養手当法（法律）の委任を受け、児童扶養手当の支給対象を定める児童扶養手当施行令（命令）が、支給対象児童から父から認知された児童を除外していたことが、法律の委任の範囲を超え、無効なのではないかが争われました。

判例は、児童扶養手当法4条1項各号（法律）の規定は、世帯の生計維持者としての父による現実の扶養を期待することができないと考えられる児童を支給対象児童として類型化したものと考え、児童扶養手当施行令（命令）の規定だと、父から認知されただけで依然として父による現実の扶養を期待できない児童を除外することになってしまうが、それは法律の委任の範囲を超える無効なものであると判断しました（最高裁H14.1.31）。

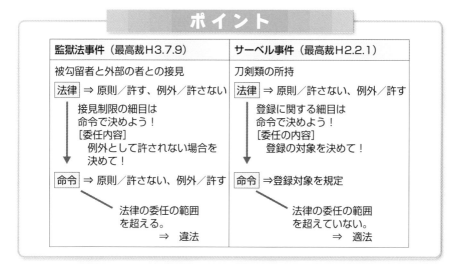

ポイント

監獄法事件（最高裁H3.7.9）	サーベル事件（最高裁H2.2.1）
被勾留者と外部の者との接見	刀剣類の所持
法律 ⇒ 原則／許す、例外／許さない	法律 ⇒ 原則／許さない、例外／許す
↓ 接見制限の細目は 命令で決めよう！ ［委任内容］ 例外として許されない場合を決めて！	↓ 登録に関する細目は 命令で決めよう！ ［委任の内容］ 登録の対象を決めて！
命令 ⇒ 原則／許さない、例外／許す	命令 ⇒登録対象を規定
↓ 法律の委任の範囲 を超える。 ⇒ 違法	↓ 法律の委任の範囲 を超えていない。 ⇒ 適法

ミニテスト

1　法律の委任の範囲を超える法規命令は無効である。
2　児童扶養手当施行令で、児童扶養手当法の支給対象児童から「父から認知された児童」を除外する規定を設けても法律の委任の範囲を超えるとはいえない。
3　法規命令に罰則を設けるにあたり、それを認める法律の委任は不要である。

解答　1　○
　　　　2　× 法律の委任の範囲を超える。
　　　　3　× 罰則の制定には、それを認める法律の委任が必要。

008 通　達

国民の権利義務と直接関係しない行政立法……

Q 行政立法のうち、行政規則の代表例は何なの？

A 例えば、上級行政機関が下級行政機関に対して発する命令（＝訓令）を文書化した「通達」が行政規則にあたるよ。

通　達

　上級行政機関が下級行政機関の権限行使について、これを指揮監督するために発する命令を「訓令」といいます。そして、それが書面の形式をとるものを「通達」と呼びます。

　行政機関が何らかの処分をする場合に、行政機関によってその取扱いがまちまちになるのでは困ります。そこで、行政機関の行為の全体としての統一性を保持するため、上級行政機関に下級行政機関を指揮監督する権限が認められています。通達は、指揮監督の一種といえます。

　通達は、行政機関の内部ルールとして、それを受けた下級行政機関を拘束します。しかし、通達は、行政機関の内部ルールにすぎず、国民や裁判所を拘束する効果まではありません。

　通達に関して知っておきたい重要判例には、墓地埋葬拒否事件（最高裁S43.12.24）とパチンコ球遊器事件（最高裁S33.3.28）があります。前者は、通達は取消訴訟の対象たる処分には該当しないことを、後者は、通達をきっかけとして私人に不利益な処分がかかる場合であっても、通達の内容が法の正しい解釈に合致するものであれば、法律に基づく処分といえることを示したものです。

墓地埋葬拒否事件

　通達の取消しを求める訴えの提起が許されるかが争われました。

　判例は、通達は、行政組織内部における命令にすぎず、国民の権利義務に直接具体的な法的効果を及ぼすものではないから、その取消しを求める訴えの提起を認める必要はないと判断しました（最高裁S43.12.24）。

パチンコ球遊器事件

　従来は非課税とされていたものに対し、通達を契機として課税処分をすることが許されるかが争われました。

　旧物品税法では、課税対象物品の1つとして「遊戯具」を挙げていましたが、パチンコ球遊器については同法にも同法施行規則にも明記がなく、物品税が賦課されない状態が続いていまし

た。ところが、国税局長から税務署長に対する通達において、パチンコ球遊器が「遊戯具」にあたる旨が示されたので、これに従い、税務署長が、業者に対し、物品税の課税処分を行ったというものです。

判例は、本件課税処分は通達を契機としてなされているが、通達の内容が法の正しい解釈に合致するものである以上、本件課税処分は法の根拠に基づく処分であると判断しました（最高裁S33.3.28）。

ポイント

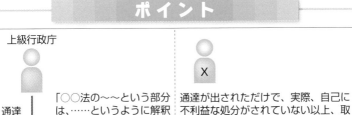

上級行政庁

通達

「○○法の〜〜という部分は、……というように解釈しなさい。」

下級行政庁　　　国民X

X

通達が出されただけで、実際、自己に不利益な処分がされていない以上、取消訴訟で通達の取消しを求めることはできない。

判例 パチンコ球遊器事件

法律 ：「Aには課税する。」
　　　⇒　従来、「a」には課税されていなかった。

通達 ：「aは、Aに含まれる。」
　　　⇒　結果として「a」にも課税されることとなった。

通達を契機として「a」にも課税されることになるが、通達の内容が法の正しい解釈に合致する以上、「a」に対する課税処分は、法律に基づく課税処分である。

ミニテスト

1　各省大臣、各委員会、各庁の長官は、その機関の所掌事務について命令するため、所管の諸機関や職員に対して訓令または通達を発することができる。
2　通達は、国民や裁判官を拘束する力までは有しない。
3　通達の内容が法の正しい解釈に合致しているときであっても、通達を契機に私人に不利益な処分がかかるならば、それは法に基づく処分とはいえない。

解答　1　○　国家行政組織法14条2項参照。
　　　　2　○　通達は、行政の内部ルールにすぎない。
　　　　3　×　通達の内容が法の正しい解釈に合致していれば、法に基づく処分。

009 行政行為

行政作用法でのメインパートが行政行為だよ……

Q 行政行為とは例えば何のこと？　行政処分とは違うものなの？

A 例えば、税金の納付を命じることや営業の許可を出すこととかかな。行政行為は講学上の用語で、実際は行政処分と呼ばれることも多いよ。だから、同じものと言ってよいね。

行政行為とは

行政行為とは、行政庁が、法に基づき、私人に対して、具体的事実に関して、直接的な法的効果を生じさせる権力的行為のことです。なお、行政行為という言葉は講学上の用語であって、実際、法律の条文の中では「行政庁の処分」とか「行政処分」と呼ばれることが多いです。

例えば、特定の人に対する税金の賦課処分、営業許可申請に対する許可処分や不許可処分、営業停止処分や営業許可の取消処分がこれにあたります。

行政行為の特徴

行政行為の定義を理解するために、まずは、その主な特徴を3点挙げてイメージを持てるようにしましょう。その特徴は、①権力的な行為であること、②直接的な法的効果を発生させること、③具体的事実に関するものであることという3点です。

まず、権力的な行為であるというのは、一方的に行われるということです。税金の賦課徴収を例に挙げて考え

てみましょう。この場合、相手方私人の具体的な意思にかかわらず、行政庁の一方的判断で、「お金を○○円払う」という義務が設定されます。売買契約のように、お互いの合意によって「お金を○○円払う」という義務を発生させるものではありません。つまり、税金は、「○○円払って下さい。」と言われ、相手方私人がYes・Noを選択して任意に払うものではありません。「○万円払って下さい。」と言われれば一方的に納税義務が発生するのです。このように、一方的な行為であることが行政行為の特徴の1つです。そのため、一方的に行われるわけではない非権力的な活動形式である行政指導や行政契約は、特定の人に対する具体的な内容を有していても、行政行為とは呼びません。

また、直接的な法的効果を発生させるというのは、その行為自体から相手方私人の権利義務の発生・消滅等を生じさせるということです。

さらに、具体的事実に関するものというのは、市民AやB株式会社といっ

た特定の人に対して向けられた行為であるということです。そのため、法規範を作る活動形式である行政立法は、行政行為とは呼びません。

行政行為の分類

行政行為は、効果の発生の仕方によって、法律行為的行政行為と準法律行為的行政行為に区分されます。

法律行為的行政行為は、行政庁の意思表示を要素とし、その効果は行政庁の意思によって決まります。下命、許可、免除、特許、認可、代理に分類されます。一方、準法律行為的行政行為は、意思表示以外の作用の発現を要素とし、その効果はもっぱら法律によって決められています。確認、公証、通知、受理に分類されます。

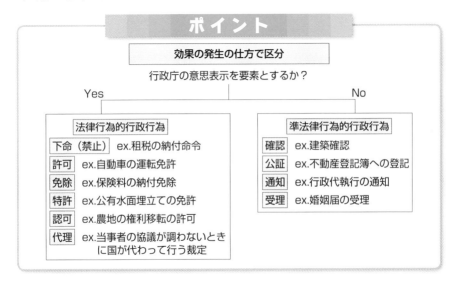

ポイント

効果の発生の仕方で区分

行政庁の意思表示を要素とするか？

Yes　　　　　　　　　　　　　　　　No

法律行為的行政行為

下命（禁止）ex.租税の納付命令
許可　ex.自動車の運転免許
免除　ex.保険料の納付免除
特許　ex.公有水面埋立ての免許
認可　ex.農地の権利移転の許可
代理　ex.当事者の協議が調わないときに国が代わって行う裁定

準法律行為的行政行為

確認　ex.建築確認
公証　ex.不動産登記簿への登記
通知　ex.行政代執行の通知
受理　ex.婚姻届の受理

ミニテスト

1　行政行為は行政の活動一般を包括する概念であり、行政行為には、行政契約や行政指導も含まれる。
2　租税の納付命令は、講学上の「下命」にあたり、法律行為的行政行為である。
3　建築確認は、講学上の「特許」にあたり、法律行為的行政行為である。

解答　1　× 行政契約や行政指導は非権力的な活動であって、行政行為ではない。
　　　　2　○ 租税の納付命令は「下命」の具体例。
　　　　3　× 建築確認は「確認」の具体例。「確認」は準法律行為的行政行為。

010 許可・特許・認可

許認可申請とか言葉は聞いたことあるよ。許可と認可の違いは……

Q 飲食店営業を始めるときに必要な保健所長の許可と、農地の所有権を移転するときに必要な農業委員会の許可は、どちらも同じ意味なの？

A 違うよ。条文上「許可」と使っていても、講学上は別の概念のときもあるんだ。行政行為の分類でいえば、前者は「許可」、後者は「認可」だよ。

許　　可

　許可とは、法令などによって課されている一般的な禁止を特定の場合に解除し、適法に一定の行為をできるようにする行為のことです。例えば、自動車の運転免許について考えてみましょう。これは、まず法律で国民一般に自動車の運転をしてはいけませんとする禁止がかけられていて、試験をクリアした人にはその禁止を解除してあげて、適法に自動車を運転できるようにするという仕組みになっています。また、飲食店営業の許可も「許可」にあたります。

　もし、許可が必要な行為を無許可で行ったらどうなるでしょうか。この場合、当該無許可者が処罰の対象となることはあっても、その者の行った取引などが当然に無効となるわけではありません。判例は、食品衛生法に基づく食肉販売業の許可を受けない者がした食肉の買入契約の効力について、食品衛生法は単なる取締法規にすぎないから、食肉販売業の許可を受けていないことにより本件取引の効力が否定され

る理由はないとして、無許可者の行った買入契約は無効ではないと判断しました（最高裁Ｓ35.3.18）。

　また、公衆浴場営業の許可のように既存店から一定の距離をあけておかないと許可がされないという基準がある場合に、同一の地域内で複数の者の申請が競合したときは、行政庁はどの業者に許可を出せばよいかを考えてみましょう。この場合、公衆浴場法では、行政庁に許可についての自由裁量を与えていません。そのため、複数の申請が競合したときは、行政庁は先に出願された方から順に審査し、そちらの申請に問題がなければその業者に許可を出すことになります。このように、出願が競合するときに、先に出願された方から優先的に扱う仕組みを先願主義といいます。

特　　許

　特許とは、特定人のために新たな権利を設定し、法律上の地位を付与する行為のことです。例えば、道路の占用許可（道路に電柱を設置するための道

路管理者の許可)、公有水面埋立ての免許、電気事業の許可、外国人の帰化の許可がこれにあたります。

電気事業の許可は「特許」にあたります。この場合、電気事業法では、行政庁に許可についての自由裁量を与えています。そのため、先願主義の適用はなく、行政庁は、複数の申請が競合していても、申請の先後にかかわらず、最も適切な能力を有する者に対して許可を出すことができます。

認　　可

認可とは、当事者間の法律行為を補充して、私法上の効果を完成させる行為のことです。例えば、農地の権利移転の許可、公共料金の値上げの認可、河川占用権の譲渡の承認がこれにあたります。

認可は、法律効果発生の要件の1つですから、認可が必要とされる行為について認可を得ていない場合、その行為は無効となります。

ポイント

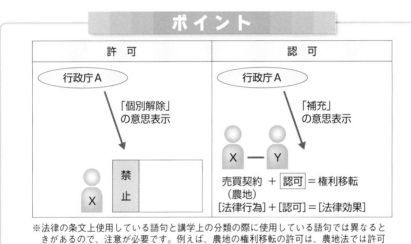

許　可	認　可
行政庁A	行政庁A
「個別解除」の意思表示	「補充」の意思表示

売買契約　＋　認可　＝権利移転
（農地）
[法律行為]＋[認可]＝[法律効果]

※法律の条文上使用している語句と講学上の分類の際に使用している語句では異なるときがあるので、注意が必要です。例えば、農地の権利移転の許可は、農地法では許可という語句が使用されていますが、講学上は「認可」に該当します。

ミニテスト

1　農地法に基づいて農業委員会が行う農地の所有権移転の許可は、講学上の「許可」にあたる。
2　電気事業法に基づいて経済産業大臣が行う電気事業の許可は、講学上の「認可」にあたる。
3　河川法に基づいて河川管理者が行う河川の占用権譲渡の承認は、講学上の「特許」にあたる。

解答　1 × 認可　　2 × 特許　　3 × 認可

011 行政行為の効力1

行政行為は法律に違反して行ってはダメだけど……

Q もし行政行為が法律に違反していたとき、その効力はどうなるの？

A そういうときでも権限ある機関によって取り消されるまでは一応有効と考えられているんだよ。これを「公定力」っていうんだ。

効力発生時期

行政行為が効力を生ずるためには相手方に対して告知されることを必要とします。なお、相手方が現実にこれを了知していなくても、了知し得べき状態に置かれればそれでOKです。

公定力

公定力とは、行政行為にたとえ瑕疵があっても、権限ある行政機関または裁判所が取り消すまでは一応有効なものとして扱われる効力のことです。

瑕疵とは、欠陥・ミスのことです。行政行為が法律に違反している場合には、その違法性を行政行為の瑕疵と表現しています。

例えば、税務署長の課税処分に違法性があったとしても、その処分が税務署長による職権取消しや、不服申立てや取消訴訟に基づく取消しがない限り、課税処分は有効なものとして取り扱われるということです。そのため、納税しないでいると滞納処分を受けることもあり得るのです。

公定力の根拠は、行政事件訴訟法における取消訴訟制度に求められます。行政事件訴訟法では、取消訴訟に関する規定が置かれていますが、これは、訴訟段階で行政行為の効力を争えるのはこの制度だけであることを意味します（取消訴訟の排他的管轄）。つまり、裁判所であっても、取消訴訟という形でなければ行政行為の効力を否定することはできないのです。

公定力の機能

行政行為に関する紛争が起きた場合、訴訟段階では取消訴訟によって紛争原因である行政行為の効力を争うことになります。

訴訟を提起する側（原告）の国民は、単純に行政行為の違法性を主張してその取消しを請求すればいいので、制度が単純化されるわけです。また、取消訴訟では、紛争原因となった行政行為をした行政庁の所属する行政主体が被告となりますから、行政主体の知らないところで行政行為の意図する目的が阻害されたりすることもなくなるわけです。

公定力の限界

行政行為の違法性を理由として国家賠償請求訴訟を提起する場合、あらかじめその行政行為の取消しまたは無効確認の判決を得ておく必要はありません（最高裁 S 36.4.21）。国家賠償において行政行為の違法性が審理されることになりますが、行政行為の効果を否定するわけではなく、公定力に反することにはならないからです。

また、行政処分に違反したとして起訴された刑事被告人は、取消訴訟によらなくても、当該処分が処罰の根拠とならないことを主張することができます（最高裁 S 53.6.16）。刑事被告人が無罪を主張するのに、刑事訴訟のみならず取消訴訟の負担も負わせるのは酷だからです。

さらに、行政行為に重大かつ明白な瑕疵があるなど、その行為が当然に無効となる場合には、行政行為を取り消す必要はなく、その無効を前提として自己の権利を主張できますから、この場合には公定力は生じません。

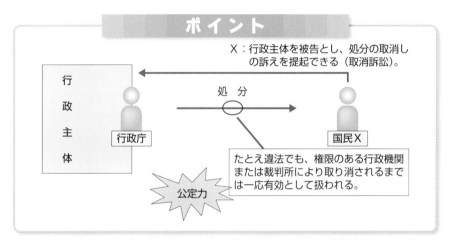

ポイント

X：行政主体を被告とし、処分の取消しの訴えを提起できる（取消訴訟）。

行政主体

行政庁

処　分

国民X

たとえ違法でも、権限のある行政機関または裁判所により取り消されるまでは一応有効として扱われる。

公定力

ミニテスト

1　行政行為が効力を生ずるためには、その相手方が現実にこれを了知していなければならない。

2　公定力とは、違法な行政行為であっても、権限ある機関によって取り消されるまでは一応有効なものとして扱われることをいう。

3　国民の権利に制限を加える行政行為には公定力が認められるが、国民に利益を与える行政行為には公定力は認められない。

解答　1　×　了知し得べき状態に置かれればよい。

　　　　　2　○

　　　　　3　×　利益を与える行政行為も行政行為である以上、公定力は認められる。

012 行政行為の効力2

公定力以外の行政行為の効力は……

Q 公定力以外で押さえておいた方がよい行政行為の効力は何かあるかな？

A そうだね…。不可争力、不可変更力、執行力なんていう効力は、011「行政行為の効力1」で見た公定力以外にも知っておいた方がいいよ。

不可争力

不可争力とは、行政行為に瑕疵があっても、一定期間（不服申立期間・出訴期間）が経過すると、相手方や利害関係人からは、もはやその行政行為の取消しを求めて争うことができなくなる効力のことです。

行政行為を受けた者は、それに瑕疵があれば、不服申立てを行ったり、取消訴訟を提起したりすることができます。ただし、これらの争訟提起には時間的な制約がかかっています。つまり、「不服申立てや取消訴訟をするなら○日以内にしてくださいね」というルールがあるわけです。

このように、行政行為に不可争力を認めることで、行政行為の効果の早期確定を図ろうとしているのです。

なお、制限されているのは、行政行為を受けた国民の側から取消しを求めることです。つまり、当該一定期間（不服申立期間・出訴期間）が経過した後であっても、行政庁が職権に基づいて瑕疵ある行政行為を自発的に取り消すことは可能です。

また、行政行為に重大かつ明白な瑕疵があるなど、その行為が当然に無効となる場合には、行政行為を取り消す必要はなく、この場合には不可争力は生じません。

不可変更力

不可変更力とは、行政庁が一度行った行政行為は、行政庁自らがこれを取消し・変更することができなくなる効力のことです。

この不可変更力は、すべての行政行為に認められるわけではなく、行政不服審査法に基づく審査請求に対する裁決などの争訟裁断的行政行為について認められる効力になります。行政庁が、争訟になっている事案を審査した結果として何らかの判断を下したのですから、その結論をコロコロ変更されては困るからです。

判例では、裁決で農地買収計画を取り消した後に、裁決をした行政庁自らがこの裁決を取り消すことは原則として許されないと判断したものがあります（最高裁S29.1.21）。

執行力

執行力とは、行政庁が、裁判所の判決を得ることなく、行政行為の内容を自ら強制的に実現させることができる効力のことです。

私法行為の場合、自力救済が禁止されていますから、相手方が義務を履行しないときは裁判所に訴えて判決を得てから強制執行することになります。しかし、行政行為の場合、相手方が義務を履行しないときに、裁判所の判決を得ることなく、その義務を強制的に実現できることがあります。

注意が必要なのは、行政行為の効力として執行力が認められているからといって、国民に行政上の義務の不履行がある場合に、行政庁が、法律の根拠なく当然に強制執行を行うことができるわけではありません。強制執行を行うには、それを行うための法律の根拠は必要となります。

執行力は、裁判所の判決を得なくても強制できますという意味であって、法律の根拠もなく行政行為によって生じた義務を強制できるという意味ではないわけです。

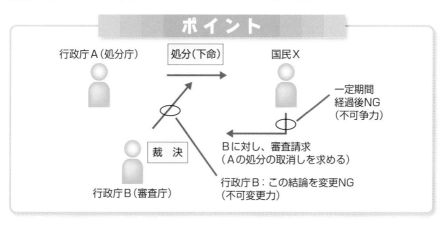

ポイント

行政庁A（処分庁）　　処分（下命）　　国民X

一定期間
経過後NG
（不可争力）

裁　決

Bに対し、審査請求
（Aの処分の取消しを求める）

行政庁B（審査庁）

行政庁B：この結論を変更NG
（不可変更力）

ミニテスト

1　行政行為には不可争力が生じるため、一定期間を経過すれば取消訴訟の提起はできなくなるが、不服申立てはいつでも行うことができる。

2　不可変更力は、権限ある機関が下した判断はその機関が自らその判断を覆し得ないことを意味し、すべての行政行為に認められる効力である。

3　行政行為には執行力があるため、行政庁は、行政行為によって命じた義務が履行されない場合、法律の根拠はなくても当該義務の履行を強制できる。

解答　1　×　不服申立てにも不可争力による制限はかかる。

2　×　不可変更力はすべての行政行為に認められる効力ではない。

3　×　義務の履行を強制するにはそれを認める法律の根拠が必要。

013 附 款

自動車の運転免許には眼鏡とか書いてあるよね……

Q 許可や認可に負担をつけたりすることってできるの？

A うん、できるよ。「許可する。ただし〜。」というような形をイメージするとよいけど、許可や認可に負担をつけたりすることもできるんだ。

概 要

附款（ふかん）とは、行政行為の効果を制限するために付される行政庁の従たる意思表示のことです。附款には、条件、期限、負担、撤回権の留保、法律効果の一部除外があります。

条件は、行政行為の効果を発生不確実な将来の事実にかからせる意思表示です。

期限は、行政行為の効果を発生確実な将来の事実にかからせる意思表示です。

負担は、行政行為の主たる内容に付随して相手方に義務を命じる意思表示です。例えば、道路の占用許可をする際に、「ただし、以後毎月占用料の納付を命じる。」という旨を付加することがこれにあたります。負担は、条件・期限と異なり、行政行為本体の効力発生要件ではありません。負担の履行・不履行の話以前に道路の占用許可自体の効力は発生しています。もっとも、負担の不履行が原因となって、後日、その道路の占用許可が撤回されることになるというケースはあり得ま

す。

撤回権の留保は、行政行為の主たる内容に付加して、特定の場合に行政行為を撤回できる権限をあらかじめ留保しておく意思表示です。例えば、風俗営業の許可をする際に、「ただし、地域の風紀を乱したと認められるときは、許可を撤回するよ。」という旨を付加することがこれにあたります。なお、撤回権を留保していても、実際に撤回権を行使するには、あらかじめ具体的に撤回権行使の要件が明示されており、行使の時点で当該要件を満たしていることが必要となります。

法律効果の一部除外は、主たる行政行為に付加して、法令が一般にその行為に付した効果の一部の発生を除外する意思表示です。例えば、公務員に出張を命じる際に、「ただし、旅費を支給しない。」という旨を付加することがこれにあたります。なお、法律効果の一部除外は、法律が認めている効果を行政庁の意思で排除することになりますから、法律効果を除外することを認める法律の根拠がなければ、付すこ

とができません。

附款の限界

　附款は、行政行為に付された行政庁の従たる意思表示です。そのため、そもそも本体たる行政行為が意思表示を要素としている必要があって、法律行為的行政行為（009参照）でないと附款を付すことはできないのです。もっとも、法律行為的行政行為なら常に附款を付すことができるというわけではなく、法律が附款を付すことを認めている場合や自由裁量行為の場合には附款を付すことができます。

　また、法律が附款を付すことを許容していても、法律の意図する目的以外の目的のために附款を付したり、必要な限度を超えて附款を付すことは許されません。

附款の瑕疵

　附款が行政行為の重要な要素であれば、附款の違法を理由として附款とともに本体たる行政行為も取消しの対象となります。一方、附款が重要な要素でなければ、附款のみが取消しの対象です。つまり、附款が本体たる行政行為と不可分一体の場合だと、附款を取り消すことは行政行為全体を取り消すことになるわけです。

ポイント

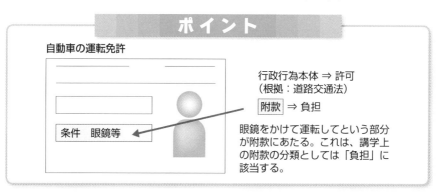

自動車の運転免許

行政行為本体 ⇒ 許可
（根拠：道路交通法）

附款 ⇒ 負担

眼鏡をかけて運転してという部分が附款にあたる。これは、講学上の附款の分類としては「負担」に該当する。

条件　眼鏡等

ミニテスト

1　道路の占用許可の附款として、占用料の納付を命じることは許されない。
2　行政行為の附款は、法律で附款を付すことが明示されている場合にのみ付すことができる。
3　行政行為の目的に照らし必要な限度を超えて付された附款は違法である。

解答　1　× 「負担」として附款を付すこともできる。
　　　　2　× 自由裁量行為の場合も附款を付すことはできる。
　　　　3　○ このような附款は違法である。

014 行政行為の瑕疵

行政行為が違法だったり不当だったりした場合の処理は……

Q 行政行為に違法性があるなどおかしな点があったら、どう処理されるの？

A 行政行為に違法性などの瑕疵がある場合、原則として取消しの対象とされるよ。でも、瑕疵が重大かつ明白だったりすると、取消しを待つまでもなく当然に無効なものと扱われるんだ。

通常の瑕疵

　行政行為は、その主体・内容・手続・形式などのあらゆる点において法律の定める要件に合致し、かつ公益に適合していなければなりません。この点、法律の定める各種の要件のいずれかが欠けた「違法」な行政行為および公益適合性に反する「不当」な行政行為を総称して、「瑕疵ある行政行為」と呼びます。

　瑕疵ある行政行為は、原則として、取消しの対象となる行政行為とされます。ちょうど公定力（**011**参照）の裏返しの話だと思ってください。行政行為は、権限ある機関によって取り消されるまでは一応有効ですが、権限ある行政機関または裁判所によって取り消されれば、行為の時にさかのぼって無効となるわけです。

重大な瑕疵

　重大かつ明白な瑕疵のある行政行為は、取消しを待つまでもなく、無効なものとされます。

　行政行為の瑕疵が重大で、その瑕疵の存在が明白であるという2つの要素を備える場合、行政機関または裁判所による判断を待つことなく、当初から法的効力は生じていなかったものと考えればよいわけです。

　判例も、行政行為に重大かつ明白な瑕疵がある場合には、当該行政行為は取消しを待つまでもなく当然に無効なものであると解しています（最高裁S31.7.18）。ただし、重大な瑕疵があるがそれが一見して明白とまではいえない場合に一切無効を認めないと言い切ってしまうと妥当な結論を導くことができなくなってしまうこともあります。この点、判例には、行政行為の無効を認めても第三者の信頼保護に支障がないという利益状況や、瑕疵が著しく重大と認められる事情であったことを考慮し、重大性の要件だけで行政行為の無効を認めたものもあります（最高裁S48.4.26）。

具体的ケース

　主体に関する瑕疵を見てみましょう。処分をした行政庁がそもそも当該

処分について無権限であれば、その処分は無効とされます。

手続に関する瑕疵を見てみましょう。法律で要求される手続を怠れば、瑕疵ある行政行為とされます。判例は、基本的に手続の瑕疵は取消原因となるにすぎないとしています。処分の際にその理由を付すことが要求されているのに、理由にならないような理由を付すだけだった場合には、それはその行政行為の取消原因となります（最

高裁S 37.12.26）。もっとも、判例には、国籍の得喪の許可のように相手方の同意を前提条件とする行政行為についてその同意を欠く場合に、これを無効と判断したものもあります（最高裁S 32.7.20）。

内容に関する瑕疵を見てみましょう。通常、内容がまったく不明確な処分や明らかな事実誤認に基づく処分であれば、その処分は無効とされます。

ポイント

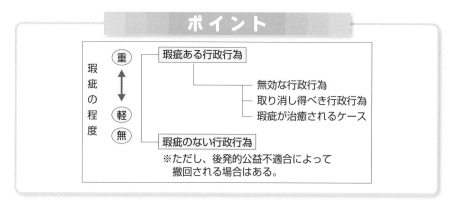

1　行政行為に重大かつ明白な瑕疵がある場合、その行政行為は無効なものとして扱われる。

2　無効な行政行為は、権限ある行政機関または裁判所が無効を確認してはじめてその効力を失う。

3　瑕疵ある行政行為を取り消す権限は裁判所のみが有している。

解答　1　○

2　× 無効の場合は最初から法的効力は生じていない。

3　× 瑕疵ある行政行為の取消しができるのは裁判所に限られない。

015 瑕疵の治癒・違法行為の転換

重大かつ明白な瑕疵なら無効だけど、逆に、軽微な瑕疵の場合は……

Q 行政行為に瑕疵はあるけど、その程度が軽微だった場合は、どのように処理されるの？

A 瑕疵があることに変わりはないけど、ケースによっては、瑕疵が治癒されたり、他の行政行為として読み変えたりできるときもあるよ。

概　　要

行政行為が行われた時点ではその行為に瑕疵があっても、当該行為を取り消してまた同じ行為をやり直すよりも、当初の行政行為の効力をそのまま維持した方が望ましいとされることもあります。そこで、行政行為に瑕疵はあるけど、当該行為の効力を維持しようとするのが、「瑕疵の治癒」や「違法行為の転換」という理屈です。

瑕疵の治癒

瑕疵の治癒とは、行政行為の時には瑕疵が存在していたが、欠いていた要件が充足されて適法要件を備えたなどのその後の事情を考慮し、行政行為を取り消さないで適法扱いすることです。

例えば、会議の招集手続に瑕疵があったが、たまたまメンバー全員が出席して議事に参加し議決された場合や、農地買収計画について申し立てられた異議に対する決定を経ないまま手続を進行させたが、事後にその決定が得られた場合がこれにあたります。

ただし、瑕疵の治癒はどんな場合でも認められるものではなく、例えば、税務署長の更生処分における理由付記の不備の瑕疵は、その後の処分に対する審査請求の裁決（審査結果）の中で処分理由が明らかにされたとしても、その瑕疵が治癒されたとはいえません。裁決（審査結果）の段階ではじめて理由を明らかにされたのでは、それ以前の審査手続の段階において十分な不服理由を主張することが困難です。にもかかわらず、後日、裁決（審査結果）の段階で理由が明らかにされたから理由付記の不備という瑕疵は治癒されましたといって、適法な行政行為として扱うことはできません。処分の際に理由の付記を要求した法の趣旨や処分対象者の受ける不利益を考慮しているからです。

違法行為の転換

違法行為の転換とは、本来意図したA行政行為としては違法でも、これを別のB行政行為として見た場合には適法要件を備えているから、B行政行為

としては有効なものとして適法扱いすることです。

例えば、死者を名宛人として農地買収処分がされたが、買収令書をその相続人に渡したときに、その相続人を名宛人として処分がされたものとして取り扱う場合や、農地買収計画において当初適用された根拠条文によれば違法だったが、他の根拠条文によれば適法になる場合がこれにあたります。

適用の限定

瑕疵の治癒や違法行為の転換は、違法な行政行為を行ったはずの行政の側で、その適法性を維持しようとするテクニックです。瑕疵自体は存するわけですから、その程度が軽微だからといってこれらを安易に認めるわけにはいきません。つまり、これらの理屈はできる限り限定して適用されるべきものといえるでしょう。

ポイント

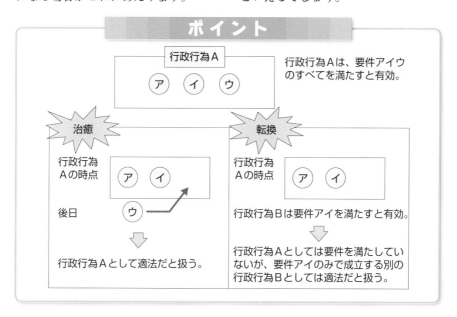

行政行為A

ア　イ　ウ

行政行為Aは、要件アイウのすべてを満たすと有効。

治癒

行政行為Aの時点　ア　イ

後日　ウ

行政行為Aとして適法だと扱う。

転換

行政行為Aの時点　ア　イ

行政行為Bは要件アイを満たすと有効。

行政行為Aとしては要件を満たしていないが、要件アイのみで成立する別の行政行為Bとしては適法だと扱う。

ミニテスト

1　瑕疵の治癒は、行政行為の相手方の承諾を得て、行政庁が行った瑕疵ある行政行為の効力を維持しようとするものである。
2　重大かつ明白な瑕疵がある行政行為にも瑕疵の治癒が認められる。
3　違法行為の転換は、裁判所の宣言を得て行わなければならない。

解答　1　× 瑕疵の治癒に際し、相手方の承諾が必要なわけではない。
　　　　　2　× 治癒は軽微な瑕疵について認めるもの。
　　　　　3　× 違法行為の転換に際し、裁判所の宣言が必要なわけではない。

016 違法性の承継

行政行為が連続するとき、先行行為の瑕疵が後行行為に与える影響……

Q 後行の行政行為に瑕疵がないならば、関連する先行行政行為に瑕疵があっても関係ないよね？

A いいえ。ケースによるけど、先行する行政行為の瑕疵が後行行政行為に承継されることもあるよ。これは「違法性の承継」と呼ばれてるよ。

違法性の承継

行政行為の過程では、数個の行政行為が連続して行われることも少なくありません。このような場合に、先行する行政行為に瑕疵があったとき、当該行為だけでなく後続する行政行為にもその瑕疵が影響を及ぼすのかを考えてみましょう。

違法性の承継とは、連続する行政行為の間で先行行為に瑕疵があった場合にその瑕疵が後行行為にも承継されることです。

違法性の承継が認められる場合、後行行為自体に瑕疵はなくても、先行行為の瑕疵を理由として後行行為の取消しができることになります。

本来は、行政行為の瑕疵は各行為ごとに独立して判断すべきですし、また、行政行為によって形成された法律関係の早期安定を図ろうとするなら、違法性の承継は認めない方がよいといえます（不承継の原則）。ただし、ケースによっては、国民の権利保護の観点から、先行する行政行為の違法性を後行行為に承継させ、後行行為の取消しの主張を認める必要がある場合もあります。そこで、どのようなケースで違法性の承継が認められるかを見てみましょう。これについては、①1つの手続・過程において複数の行為が連続して行われており、②これらの行為が1つの法的効果の発生を目指しているという2要件を備えることが必要と考えられます。

承継の肯定例

例えば、土地収用の場合における事業認定と収用裁決の間では違法性の承継が認められます（土地収用は095参照）。

つまり、後行行為たる収用裁決の効力を争うにあたり、収用裁決自体には瑕疵がなくても、先行行為たる事業認定の違法性を理由として収用裁決の取消しを主張できるわけです。この場合は、連続する2つの行為（先行行為：事業認定、後行行為：収用裁決）が互いに結合して1つの法的効果の実現を目指し、これを完成させようとしているものといえるからです。

また、安全認定と建築確認の間でも違法性の承継が認められます。

さらに、違法性の承継は、行政行為間だけでなく、行政計画と行政行為の間でも認められることがあります。例えば、農地買収計画と買収処分の間では違法性の承継が認められます。

承継の否定例

例えば、税金の賦課処分と滞納処分の間では違法性の承継は認められませ

ん。

この場合は、税金の賦課処分が納税者に税金を負担させるという効果の発生を目的としているのに対し、滞納処分は納税者の財産から租税債権の強制的満足を図るという効果の発生を目的としています。このように、両者は、別個の効果の発生を目的とするものですから、仮に税金の賦課処分が違法であっても、その違法性が滞納処分に承継されるわけではありません。

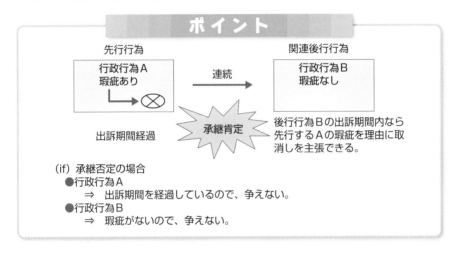

ポイント

先行行為　　　　　　　　　　関連後行行為

| 行政行為A 瑕疵あり | 連続 | 行政行為B 瑕疵なし |

出訴期間経過　　　承継肯定

後行行為Bの出訴期間内なら先行するAの瑕疵を理由に取消しを主張できる。

（if）承継否定の場合
●行政行為A
　⇒　出訴期間を経過しているので、争えない。
●行政行為B
　⇒　瑕疵がないので、争えない。

ミニテスト

1　違法性の承継が認められた場合、後行行為に瑕疵がなくても先行行為の瑕疵を理由に後行行為の取消しを主張できる。
2　租税の賦課処分とその滞納処分の場合、前者の違法性が後者に承継される。
3　農地買収計画とそれに基づく農地買収処分の場合、前者の違法性が後者に承継される。

解答　1　○
　　　　2　×　この場合、違法性の承継は否定される。
　　　　3　○　この場合、違法性の承継が肯定される。

017 行政行為の取消し

行政行為の取消しの原因・効果は……

Q 瑕疵ある行政行為は取消しの対象になるそうだけど、取消しが認められたらどうなるの？

A 行政行為が瑕疵を理由に取り消されたら最初からその行為はなかったことになるんだよ。これは「遡及効」と呼ばれてるよ。

概　要

行政行為の取消しとは、行政行為に瑕疵がある場合に、その瑕疵を理由として、その行政行為の効力を失わせることです。

瑕疵ある行政行為によって形成された法律関係をなかったことにしようとする場合には、その法律関係を作り出した原因たる行政行為を取り消して元の状態に戻すわけです。

この取消しには、行政庁が自らの職権によって取り消す場合（職権取消し）と、国民から取消しを求めて争うことによって取り消してもらう場合（争訟取消し）があります。

職権取消しの場合は、処分を行った行政庁自らがその行為を取り消します。行政行為の取消しは、行政行為に瑕疵があることが前提です。つまり、行政行為の取消しとは、違法または不当な状態の是正（適法性・合目的性の回復）を目的としますから、取消しについての法律の根拠はなくても職権によって瑕疵ある行政行為を取り消すことができます。

一方、争訟取消しの場合は、行政不服審査法や行政事件訴訟法に基づき、権限ある行政機関または裁判所に対して取消しを求めることになります。

効　果

行政行為が取り消されると、行政行為が行われた時点にさかのぼって最初からその行政行為はなかったものとして扱われます（遡及効）。

取消権の制限

国民の権利を制限したり新たに義務を課すような行政行為（これを侵益的行政行為といいます。）に瑕疵がある場合、行政庁は、これを自由に取り消すことができます。侵益的行政行為の取消しは、「−1にしたことをゼロに戻す作業」といえますから、元の状態に戻すことは国民にとってプラスになるので、取消しを自由に認めた方がいいからです。

一方、国民に権利利益を与える行政行為（これを授益的行政行為といいます。）に瑕疵がある場合、取消権は一

定の制限を受けることになります。基本的には、国民の既得権益を上回る公益上の必要性が認められないと取り消すことができません。授益的行政行為の取消しは、「＋1にしたものをゼロに戻す作業」といえますから、元の状態に戻されるのは国民にとってマイナスになるので、自由に取消しを認めるわけにもいかないのです。それゆえ、国民の受けた利益を犠牲にしてでも実現すべき公益があるという大義名分などがなければ、取消しを認めないのです。

また、不服申立てや行政審判手続など争訟裁断手続を経た行政行為には、不可変更力（012参照）が働きますから、これを職権で取り消すことは許されません。

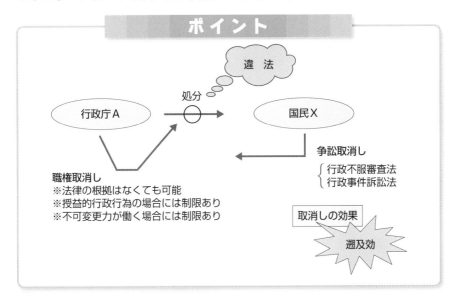

ポイント

違　法

行政庁A　　処分　　国民X

職権取消し
※法律の根拠はなくても可能
※授益的行政行為の場合には制限あり
※不可変更力が働く場合には制限あり

争訟取消し
{ 行政不服審査法
{ 行政事件訴訟法

取消しの効果

遡及効

ミニテスト

1　行政行為の取消しが認められるのは、その行政行為に重大かつ明白な瑕疵が存する場合に限られる。

2　瑕疵ある行政行為が取り消された場合、その取消しの処分があった時以降からのみ当該行政行為の効力が消滅する。

3　瑕疵ある行政行為は取消しの対象となるが、授益的行政行為の取消しは制限を受けることがある。

解答　1　×　瑕疵があれば取消しの対象。重大かつ明白な瑕疵である必要はない。

2　×　最初から効力はなかったものとなる（遡及効）。

3　○　既得権益保護の要請から一定の制約を受ける。

018 行政行為の撤回

行政行為の撤回の原因・効果は……

Q 行政行為の取消しと撤回って何が違うの？

A 「取消し」は、行政行為の瑕疵を理由として効力をさかのぼって失わせるものだよね。「撤回」は、瑕疵のない行政行為を後発的事情を理由として撤回した時以降の効力を失わせるものなんだ。ここが一番の違いかな。

概　　要

　行政行為の撤回とは、瑕疵なく有効に成立している行政行為について、その後に生じた事情を理由としてその効力を失わせることです。

　その後の事情としては、相手方の義務違反、公益上の必要性などが挙げられます。例えば、交通違反を理由として自動車運転免許を取り消す場合を見てみましょう。この場合、自動車の運転を許可した行政行為自体には何ら瑕疵はありません。許可を受けた後に運転者が交通違反行為をしたという事情が理由となって、その許可が取り消されるわけです。

　なお、法律の条文では「取消し」という文言が用いられていても、その中身を見ると、行政行為の瑕疵を理由としているのではなく、後発的事情を理由とするものであれば、講学上は「撤回」にあたります。

　撤回の権限を有するのは、処分をした行政庁自身です。なお、撤回の場合、職権に基づくものだけで、争訟による撤回というものはありません。

効　　果

　行政行為の撤回は後発的事情を理由としています。そのため、行政行為が撤回された場合、その行政行為の効力は、さかのぼって失われるのではなく、将来に向かってのみ失われることになります（将来効）。つまり、それまでの行為自体には影響を与えず、撤回された時以降はその行政行為の効力がないものとして扱われるわけです。例えば、交通違反を理由として自動車運転免許を取り消す場合を見てみましょう。ここでいう取消しは、講学上は「撤回」です。自動車の運転の許可という行政行為の効力が失われるといっても、それは免許取消しの処分があった時以降は許可を受けていないのと同じ扱いになるということです。過去にさかのぼって自動車の運転の許可を受けないで運転していたと扱われるわけではありません。

撤回権の制限

　瑕疵なく成立した行政行為であっても、その維持がもはや公益上不適当と

なったと認められる場合には、処分をした行政庁は、撤回についての法律の根拠がなくても自由に撤回できるのが原則です（撤回自由の原則）。ただし、取消しの場合と同様ですが、国民に権利利益を与える授益的行政行為を撤回する場合には、撤回権は制限され、撤回する公益上の必要性が強いことなどの要素が必要とされます。

また、不服申立てや行政審判手続など争訟裁断手続を経た行政行為には、不可変更力（012参照）が働きますから、撤回は許されません。

判　例

判例には、実子あっせん行為を継続していた医師に対する指定医師の指定の撤回について、指定の撤回によってその者の被る不利益を考慮してもなおそれを撤回すべき公益上の必要性が高いと認められるため、法律上、撤回についての明文の規定がなくても、指定医師の指定の権限を付与されている医師会は、その権限において、この医師に対する指定医師の指定を撤回できると示したものがあります（最高裁S63.6.17）。

ポイント

	職権取消し	撤　回
意　義	行政行為成立時に存在した瑕疵（違法性・不当性）を理由に行政行為の効力を失わせる。	行政行為は有効に成立しているが、後発的事情を理由に行政行為の効力を失わせる。
効　果	行政行為の時点にさかのぼって消滅する（遡及効）。	将来に向かって消滅する（将来効）。
法律の根拠	法律の根拠はなくても取り消すことができる。	法律の根拠はなくても撤回することができる。
不可変更力が及ぶ行政行為の場合	不可変更力の生じている行政行為は、行政庁が職権により取り消すことは許されない。	不可変更力の生じている行政行為は、行政庁が撤回することは許されない。

┈┈ ミニテスト ┈┈

1　自動車の運転免許を受けた者が自動車の運転により故意に人を死傷させたときに公安委員会がその免許を取り消す場合は、講学上「撤回」にあたる。
2　建設業の許可を受けた建設業者が許可を受けてから1年以内に営業を開始しないときに国土交通大臣がその許可を取り消す場合は、講学上「撤回」にあたる。
3　行政行為が撤回されれば、行政行為成立時にさかのぼってその効力は失われる。

解答　1　○　撤回にあたる。道路交通法103条2項1号参照。
　　　2　○　撤回にあたる。建設業法29条1項4号参照。
　　　3　×　効力が失われるのは将来に向かってのみ（将来効）。

019 行政行為と裁量

行政庁が表示すべき意思を判断する際の選択の余地は……

Q 行政庁の行う行政行為って法律でガチガチに固めておいた方がいいじゃないかな？ 裁量とか認める必要あるの？

A 法律で画一的に決めないで、具体的な判断について行政庁の裁量を認めておいた方がよいときもあるよ。

概　　要

「法律による行政の原理」を形式的に貫けば、行政行為の内容は法律でガチガチに固めてしまって、行政庁が解釈を加える余地もないほどに一義的に定めておいた方がよいといえなくもありません。しかし、法律の条文は多かれ少なかれ抽象的なものですし、また、あらゆるパターンを想定して法律であらかじめ定めておくことも困難です。そこで、実際に誰にどのような処分をするかといった具体的な判断については、行政行為を行う行政庁の判断に任せた方が望ましいという場合もあります。

羈束行為と裁量行為

羈束行為とは、法律の規定が一義的であって、行政庁の行うべき行政行為の内容がおのずから定まっている行為のことです。

裁量行為とは、法律の規定がある程度抽象的であって、具体的な判断については行政庁の選択に委ねている行為のことです。

裁量の限界

行政庁の自由な裁量が認められる行政活動については、行政庁の判断が尊重され、その判断については裁判所による司法審査に馴染まないものといえます。「○○についての判断はあなたに任せますね。」と言われて、何かしらの判断をしたら、その判断について後からそれはおかしいでしょと言われるのでは、判断を任された意味がないからです。

しかし、行政活動は法律の根拠に従って行われるべきということは行政法の基本原則です。そのため、裁量行為の場合でも、行政庁が何を選択するかの判断について、法律の趣旨・目的や一般原則との関係から一定の制約が入ることは仕方ありません。

行政事件訴訟法30条では、「行政庁の裁量処分については、裁量権の範囲をこえ又はその濫用があつた場合に限り、裁判所は、その処分を取り消すことができる。」と規定しています。

このように、裁量行為といえども、裁量の逸脱または濫用があった場合に

は、違法な行為となることを認めています。なお、裁量の逸脱は、行政活動が裁量権の枠の外で行われたことを意味し、裁量の濫用は、行政活動自体は裁量権の枠内であっても、不当な目的で裁量判断が行われたことを意味します。行政庁の事実認定に誤りがある場合、法の目的に反する場合、不正な動機に基づく場合、微弱な不正に対して不相当に過大な処分をする場合（比例原則違反）、特定の個人だけを差別して不利益な取扱いをする場合（平等原則違反）、判断過程が合理性を欠く場合などは、裁量の逸脱または濫用にあたるといえます。

裁量の肯定例

　出入国管理法に基づく外国人の在留期間の更新についての許否の判断は、法務大臣の裁量行為といえます。

　学校教育法に基づく教科書検定の合否の判断は、文部科学大臣の裁量行為といえます。

　清掃法に基づく汚物取扱業の許可を業者に与えるかどうかの判断は、市町村長の裁量行為といえます。

ポイント

A · B · C · D の4枚のカードがあります。

【羈束行為】

法律の規定 「行政庁Aは、○○の場合は、A のカードを選択しなさい。」

　　　　行政庁A ： A のカードを選択　⇒　合法

　　　　　　　　　 D のカードを選択　⇒　違法

【裁量行為】

法律の規定 「行政庁Aは、○○の場合は、どれか1枚カードを選択しなさい。」

　　　　行政庁A ： A のカードを選択　⇒　合法

　　　　　　　　　 D のカードを選択　⇒　合法

　　　　※裁量権の逸脱または濫用があった場合は違法。

ミニテスト

1　すべての行政行為には行政庁の裁量が認められている。

2　行政行為について裁量権の逸脱または濫用があった場合は違法となる。

3　行政庁に裁量が認められているからといって、微弱な不正に対して不相当に過大な処分をかけることが許されるわけではない。

解答　1　× 羈束行為の場合、裁量は認められない。

　　　　 2　○ 行政事件訴訟法30条参照。

　　　　 3　○ 比例原則違反。

020 行政指導

行政指導は任意の協力を求めるだけ……

Q 行政指導を受けたら、それに従わなければならないの？

A いいえ。行政指導に協力するかどうかは任意だよ。どうしても従いたくないなら拒否することもできるよ。

概　　要

行政指導とは、行政機関が、行政上の目的を達成するために、相手方の同調・協力を求めて働きかける行為のことです。行政指導は、法律の条文だと「指導」・「勧告」・「助言」などと表記されています。なお、行政手続法という法律には行政指導の定義条文が置かれていますが、そこでは、行政指導を「行政機関がその任務又は所掌事務の範囲内において一定の行政目的を実現するため特定の者に一定の作為又は不作為を求める指導、勧告、助言その他の行為であって処分に該当しないものをいう。」と定義しています（行政手続法2条6号）。

行政指導自体には法的拘束力はありません。つまり、行政指導を受けた場合、それに従うか否かは行政指導を受けた者が任意に判断すればよいのです。

行政指導と法律の根拠

行政指導には、法律の根拠に基づいて行われるもの（ex.個人情報保護法に基づく助言や勧告）もありますが、行政指導が相手方の任意の協力を要請するものであるという性質上、必ずしも行政指導の根拠となる法律を必要とするわけではありません。

元々、行政指導は法律の根拠がなくても行えるものですし、行政庁が様々な事案について迅速・臨機応変に対応するのにも都合がよい仕組みといえます。

種　　類

行政指導は、その機能によって、規制的行政指導、助成的行政指導、調整的行政指導に分類できます。

規制的行政指導は、私人の活動を規制する目的で行われる指導です。例えば、違法な行為をしている企業に対して行う是正勧告がこれにあたります。

助成的行政指導は、私人に対する情報提供などによって私人の活動を助成する目的で行われる指導です。例えば、中小企業に対する経営指導や税務指導がこれにあたります。

調整的行政指導は、私人間の紛争解決を目的とする指導です。例えば、建

築業者と近隣住民とのマンション建築に関する紛争の調整指導がこれにあたります。

任意の協力

行政指導は、相手方の任意の協力によって実現されるものです。行政手続法でも、「行政指導にあっては、行政指導に携わる者は、いやしくも当該行政機関の任務又は所掌事務の範囲を逸脱してはならないこと及び行政指導の内容があくまでも相手方の任意の協力によってのみ実現されるものであることに留意しなければならない。」と規定されています（行政手続法32条1項）。また、「行政指導に携わる者は、その相手方が行政指導に従わなかったことを理由として、不利益な取扱いをしてはならない。」とも規定されています（行政手続法32条2項）。「任意の協力」がキーワードになっている条文です。

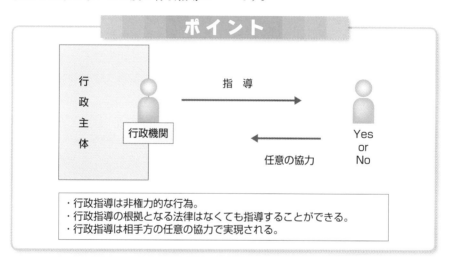

ポイント

・行政指導は非権力的な行為。
・行政指導の根拠となる法律はなくても指導することができる。
・行政指導は相手方の任意の協力で実現される。

ミニテスト

1　行政指導は、講学上は行政行為の一類型として分類される。
2　助成的行政指導は法律の根拠がなくても行うことができるが、規制的行政指導はその根拠となる法律がなければ行うことはできない。
3　行政機関は、行政指導に従わなかった者に対してそのことを理由に不利益な取扱いをすることができる。

解答　1　×　行政指導は行政行為の一類型ではない。
　　　　2　×　行政指導には法律の根拠は不要。規制的行政指導でも同様。
　　　　3　×　行政指導に従わないことを理由に不利益な取扱いをしてはならない。

41

021 行政指導の限界

行政指導にも何かしらの制約はあるのかな……

Q 行政指導は相手方の同調・協力を求めて働きかけるにすぎないものだけど、だからといって何でもありってわけじゃないよね？

A その通りだね。任意の協力を求める行政指導に名を借りて、実質的には強制してるのと同じというのはダメだよね。

行政指導の限界

行政指導は、相手方の同調・協力を求めて働きかけるものにすぎず、それ自体に法的拘束力はなく、相手方の任意の協力によって実現されるものです。そのため、行政指導の根拠法はなくてもかまわないとされていました。ただし、まったくの無制約というわけではなく、行政指導にも、①権限の所在との関係による制約、②上位概念との関係による制約、③任意性との関係による制約などの制約はあります。

まず、①を見てみましょう。

行政指導は、当該行政機関の任務・所掌事務の範囲内で行わなければなりません。行政手続法32条1項でも、行政指導の一般原則として、「行政指導にあっては、行政指導に携わる者は、いやしくも当該行政機関の任務又は所掌事務の範囲を逸脱してはならないこと及び行政指導の内容があくまでも相手方の任意の協力によってのみ実現されるものであることに留意しなければならない。」と規定されています。

次に、②を見てみましょう。

行政指導といえども行政の活動形式の1つですから、法律の趣旨・目的に反するような行政指導を行うことは認められません。また、比例原則や平等原則に反する行政指導を行うことも認められません。比例原則とは、微弱な不正に対して不相当に過大な規制をしてはならないことを意味するものです。平等原則とは、特定の個人だけを差別して不利益な取扱いをしてはならないことを意味するものです。

また、行政指導は、その根拠となる法律はなくてもかまいませんが、行政指導を行う場合、その行い方については行政手続法という法律がルールを敷いています。したがって、手続的には行政手続法32条以下の行政指導に関する規律に従って行われなければなりません。

最後に、③を見てみましょう。

行政指導は、あくまでも強制力のない事実上の協力要請でなければなりません。相手方の任意の協力によって実現されるべきものですから、行政指導に強制を伴ってはいけません。例え

ば、行政指導に従わない者に対してそれを理由として制裁をかけることや不利益な取扱いをすることは許されません。

判　例

判例には、市がマンションを建築しようとする事業主に対して指導要綱に基づいて教育施設負担金の寄付を求める行政指導について、行政指導の任意性を損なうものとしてその限度を超え、許されないと判断したものがあります（最高裁H5.2.18）。この判例で問題とされた事案は、行政指導が、指導に従わない事業主に対しては水道の給水を拒否するといった制裁措置を背景としてそれに従わせようとしたものでした。この点、指導に従わない事業主が建築したマンションについては水道の給水を拒否するなどされると、指導の相手方たる事業主は、実際上、指導に従わなければ建築を断念せざるを得ない状況に置かれることになります。しかし、それは任意の協力の下になされる指導とはとても言えません。したがって、そのような指導は、行政指導の限度を超え、許されないとしたのです。

ポイント

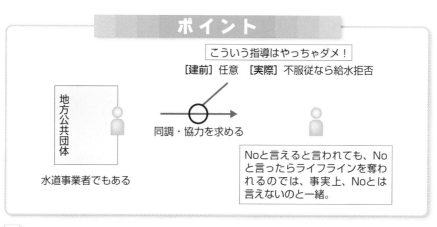

こういう指導はやっちゃダメ！

［建前］任意　［実際］不服従なら給水拒否

地方公共団体

水道事業者でもある

同調・協力を求める

Noと言えると言われても、Noと言ったらライフラインを奪われるのでは、事実上、Noとは言えないのと一緒。

ミニテスト

1　行政指導の内容は相手方の任意の協力によって実現されるものである。

2　一定の制裁措置を背景にして、行政指導で求める内容を実際上強制するようなことをしてはならない。

3　負担金の納付を求める行政指導にあっては、相手方の納付の任意性を損なわなくても、指導によって負担金の納付を求めること自体が違法である。

解答　1　○

　　　2　○　このような形でなす行政指導は許されない。

　　　3　×　任意性を損なわないなら負担金の納付を求める指導も許される。

022 行政指導と救済制度

行政処分は取消訴訟や国家賠償請求訴訟の対象だったけど、行政指導は……

Q 行政指導に対して取消訴訟は提起できるの?

A 処分じゃないし、原則はできないよ。でも、平成17年の病院開設中止勧告の判例のようにこれを認めたものもあるから注意が必要だよ。

取消訴訟

　行政事件訴訟法では、処分取消訴訟の対象は「行政庁の処分その他公権力の行使に当たる行為」と規定されています（行政事件訴訟法3条2項）。つまり、取消訴訟の対象となる行政活動は、処分性を備えている必要があるわけです。

　そこで、行政指導にこの処分性が認められるのかについて考えてみましょう。

　この点、行政指導は、相手方の任意の協力を要請するにすぎず、直接の法的効果を有するものではありません。そのため、行政指導は、原則として行政事件訴訟法3条2項の定める「行政庁の処分その他公権力の行使に当たる行為」には該当せず、取消訴訟の対象とはなりません。

　ただし、医療法に基づく病院の開設を中止するよう求める勧告（行政指導）について、行政事件訴訟法3条2項にいう「行政庁の処分その他公権力の行使に当たる行為」に該当することを認めた判例もあります（最高裁H

17.7.15)。この判例で問題とされた事案は、病院開設を企画している者が許可申請をしたところ、病院開設を中止するよう勧告を受け、申請者がその勧告を拒否し、本件申請に対する許可をするよう求めたため、申請は許可されたものの、その際、「中止勧告にもかかわらず病院を開設した場合には保険医療機関の指定の拒否をすることとされているので、念のため申し添える。」という旨の通告文書が送付されたというものでした。そこで、申請者は、本件通告とともになされた許可処分はいわば負担付きの許可であるとして、本件勧告（行政指導）の取消しを求めて出訴したのです。これに対し、最高裁は、医療法の規定に基づく病院開設中止勧告は、行政指導として定められてはいるが、これに従わない場合には相当程度の確実さをもって保険医療機関の指定を受けることができなくなるという結果をもたらすものであり、その効果・意義を考え、当該勧告は、行政事件訴訟法3条2項の「行政庁の処分その他公権力の行使に当たる行為」に

該当すると判断したのです。

国家賠償請求

国家賠償法では、公務員の不法行為による国家賠償について、「国又は公共団体の公権力の行使に当る公務員が、その職務を行うについて、故意又は過失によつて違法に他人に損害を加えたときは、国又は公共団体が、これを賠償する責に任ずる。」と規定されています（国家賠償法1条1項）。

そこで、行政指導が国家賠償法1条

1項の「公権力の行使」に該当するかについて考えてみましょう。

この点、国家賠償法の解釈としては、この「公権力の行使」は広義に解されていて、非権力的な作用であっても公益的な行政作用はここに含まれると解釈されています。そのため、違法な行政指導によって損害を受けた場合には、国または公共団体に対してその損害の賠償を請求する訴訟を提起することが認められます。

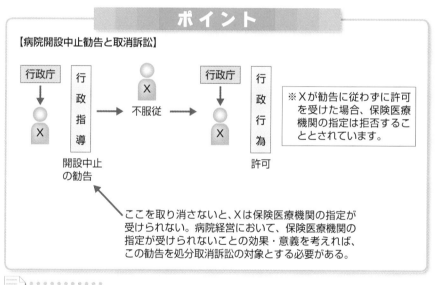

ポイント

【病院開設中止勧告と取消訴訟】

行政庁 → X　行政指導　開設中止の勧告　→　不服従　→　行政庁 → X　行政行為　許可

※Xが勧告に従わずに許可を受けた場合、保険医療機関の指定は拒否することとされています。

ここを取り消さないと、Xは保険医療機関の指定が受けられない。病院経営において、保険医療機関の指定が受けられないことの効果・意義を考えれば、この勧告を処分取消訴訟の対象とする必要がある。

ミニテスト

1　法律に基づかないで行われた行政指導であればすべて取消訴訟の対象となる。
2　通常、行政指導に不服があれば、不服申立てや取消訴訟を行うことができる。
3　行政指導によって損害を被った者は、国家賠償法1条による損害賠償請求を行い得る。

解答　1　× 行政指導に法律の根拠は不要だし、通常は取消訴訟の対象とならない。
　　　　　2　× 通常、行政指導は不服申立てや取消訴訟の対象とならない。
　　　　　3　○ 国家賠償法1条1項の「公権力の行使」には行政指導も含まれる。

023 行政計画

将来の目標を設定してそのための手段を調整するのが行政計画……

Q 土地区画整理事業計画といった言葉を聞いたことがあるけど、これはどういった行政活動なの？

A それは「行政計画」に該当するね。この行政活動についても、分類、法律の根拠の要否、救済制度が重要になるよ。

概　　要

行政計画とは、行政機関が、将来の一定期間内に到達すべき目標を設定し、そのために必要な手段を調整する作用のことです。

国民に対する法的拘束力を有するものは拘束的計画と呼ばれます。例えば、土地区画整理事業計画がこれにあたります。一方、そうでないものは非拘束的計画と呼ばれます。例えば、経済成長計画がこれにあたります。

法律の根拠

行政計画のうち、拘束的計画の場合は、計画が国民の権利を制限したり新たに義務を課したりする内容を含んでいますから、その策定には法律の根拠が必要となります。一方、非拘束的計画の場合は、その策定に法律の根拠は不要といえます。

行政計画と取消訴訟

土地区画整理事業計画について、従来の判例は、計画は事業の青写真にすぎず、それに続く処分が行われた段階で処分の取消しを認めれば足り、計画の段階においては具体的な訴訟事件としてとりあげるに足る事件の成熟性を欠き、計画の決定・公告の段階で訴えの提起を認める必要はないとしていました（最高裁 S41.2.23）。

これに対し、平成20年の判例は、昭和41年判例を変更し、土地区画整理事業計画の決定・公告を行政事件訴訟法３条２項の「行政庁の処分その他公権力の行使に当たる行為」に該当し、取消訴訟の対象となるものと判断しました（最高裁 H20.9.10）。施行地区内の土地所有者等は、事業計画の決定・公告がされれば、規制を伴う土地区画整理事業の手続に従って換地処分を受けるべき地位に立たされ、その法的地位に直接的な影響を生じます。だとすれば、事業計画の決定・公告に伴う法的効果が抽象的なものにすぎないとはいえません。また、換地処分を対象として取消訴訟を提起すればよいと考えた場合、処分の違法性は認められても、公益が重視されて今さら取消しは認められないとして請求が棄却される判決

が下される可能性もあります。そうなったら、土地所有者等の権利救済が十分に果たされるとは言い難いでしょう。実効的な権利救済を図る観点からも、事業計画の決定・公告がされた段階で、これを対象とした取消訴訟の提起を認めるべきといえます。そこで、平成20年の判例は、これに対する取消訴訟の提起を認めたのです。

なお、非拘束的計画は、そもそも国民に対する法的拘束力を有しないものですから、これに対する取消訴訟の提起を認める必要はありません。

行政計画と国家賠償

行政計画は、いったん決定されたとしても、社会情勢の変化に応じ、変更・中止されることはあり得ます。この場合、計画の変更により国民に損害を与えたことに対し、地方公共団体に不法行為責任を負わせた判例もあります（最高裁S56.1.27）。

ポイント

【土地区画整理事業計画】

計　画　⇒　⇒　⇒　⇒　処　分

従来の判例：
この段階でこれを対象として取消訴訟の提起を認める必要はない。
　　　　・計画の決定は事業の青写真にすぎない。
　　　　・紛争の成熟性がない。

平成20年の判例：
この段階でもこれを対象とする取消訴訟の提起を認めるべき。
　　　　・計画の決定は土地所有者等の法的地位に直接影響する。
　　　　・土地所有者等の実効的な権利救済を図る必要性。

ミニテスト

1　拘束的計画・非拘束的計画を問わず、行政計画を策定するのに法律の根拠は不要である。

2　土地区画整理事業計画の決定・公告は、取消訴訟の対象となる。

3　非拘束的計画の策定は、取消訴訟の対象とならない。

解答　1　×　拘束的計画の場合は法律の根拠必要。

　　　　2　○　最高裁H20.9.10参照。

　　　　3　○

024 行政上の強制

行政行為によって命じられた義務の履行を確保するには……

Q 行政行為の相手方が、行政行為によって命じられた義務を履行してくれない場合、どのような手段がとれるの？

A 強制執行して義務が履行されたのと同じ状態にすることができるよ。また、義務違反者に制裁をかけることも義務の履行を促す効果が期待できるね。

概　　要

　行政庁は、行政目的の実現のために、行政行為を行い、相手方の意思によらずに法的な義務をかけることができます。この点、この義務を相手方が任意に履行してくれればよいのですが、そうでない場合には、行政目的の実現のため、これを強制的に履行させる手段が必要になります。

　例えば、租税賦課処分によって税金の納付義務が生じますが、これが任意に支払われない場合には、強制的に税金を徴収することが考えられます。また、交通法規に違反した者に対して罰則をかけるなどの制裁を加えることで交通法規によってかけられた義務の履行を促すことも考えられます。

　このように、行政上の強制には、将来の義務の履行の確保を目的として強制する方法（行政上の強制執行）と、過去の義務違反に対して制裁を加えて間接的に義務の履行を促す方法（行政上の制裁）があります。

　また、行政行為による義務を賦課する時間的な余裕がないけれども、強制的に行政目的を達成しなければならない緊急の必要がある場合には、一定の強制措置をとることができます（即時強制）。例えば、消防法に基づいて、消火・延焼防止・人命救助のために必要があるときに消防対象物の使用・処分・使用制限をすることがこれにあたります（消防法29条）。

行政上の強制執行

　行政上の強制執行とは、義務者が行政上の義務を履行しないときに、権利者たる行政主体が義務の履行の実現を図る制度のことです。

　私人対私人の関係では、義務の履行を強制するにあたり、自力執行することは認められていません（自力救済の禁止）。それゆえ、義務の履行を強制するには裁判所の力を借りることになるのです。これに対し、行政対私人の関係では、行政上の目的に適する状況の早期実現のため、裁判所の判決を得ることなく、行政行為の内容を自ら強制的に実現させることが認められることがあります。もちろん、強制するに

はそれを認める法律の根拠は必要になります。

行政上の強制執行には、代執行・強制徴収・直接強制・執行罰の種類があります。

行 政 罰

行政罰とは、行政上の義務違反に対する制裁のことです。

刑事罰は、通常、反道義的な行為をした者に対して科されるものですが、行政罰は、行政法規や行政行為によって課された義務に違反した者に対して科されるものです。

行政罰には、刑法に刑名のある刑罰という形で制裁を科す行政刑罰と、刑法上の刑罰ではなく過料という形で制裁を科す秩序罰の種類があります。

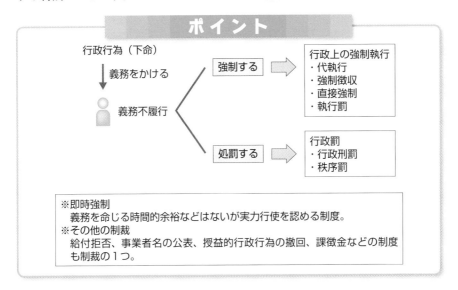

第2編　行政作用

ポイント

行政行為（下命）
　↓　義務をかける

義務不履行

強制する → 行政上の強制執行
・代執行
・強制徴収
・直接強制
・執行罰

処罰する → 行政罰
・行政刑罰
・秩序罰

※即時強制
　義務を命じる時間的余裕などはないが実力行使を認める制度。
※その他の制裁
　給付拒否、事業者名の公表、授益的行政行為の撤回、課徴金などの制度も制裁の1つ。

ミニテスト

1　行政機関は、義務不履行者の義務の履行を確保するには、裁判所に出訴して司法的執行に委ねなければならない。
2　行政上の強制執行をしたり行政罰をかけるには、法律の根拠が必要である。
3　行政罰は過去の義務違反に対する制裁であるが、義務履行確保の手段としても役立つものといえる。

解答　1　× 執行力があるので、裁判所に出訴して司法的執行に委ねる必要はない。
　　　　2　○ 法律による行政の原理。
　　　　3　○ 制裁という抑止力が義務の履行確保にも役立つ。

025 代執行

行政代執行法

放置された義務の不履行を、行政が代わりに履行しちゃう制度……

Q お隣に建築物を撤去するよう命令が出てるけど、あの人いつまでたっても撤去する気配がないんだ。行政でどうにかできないの？

A 行政が代わりに除去してしまえる制度があったはずだよ。「行政代執行法」という法律の話だよ。

概　　要

代執行とは、他人が代わってすることができる作為義務（代替的作為義務）が義務者によって履行されない場合に、行政庁が自ら義務者のすべき行為をし、または第三者にこれをさせ、その費用を義務者から徴収することです。行政上の強制執行の１つです。

例えば、建築規制法規に違反する建築物として撤去すべき命令が出ているにもかかわらず義務者が自主的に撤去しないため、行政の職員が義務者に代わって撤去する場合がこれにあたります。

代執行という強制の仕方については、その一般法として「行政代執行法」という法律が定められています。

行政代執行法

行政代執行法１条では、「行政上の義務の履行確保に関しては、別に法律で定めるものを除いては、この法律の定めるところによる。」と規定されています。

これは、行政代執行法は、代執行に関する一般的なルールを定めたものであることを示した条文です。他の個別の法律にも代執行について定めたルールがある場合（ex.土地収用法102条の２）には、そちらのルールが優先して適用されますが、他の個別の法律に代執行に関する規定がない場合には、この法律が代執行を行うための根拠規定となるわけです。

ここでは、行政代執行法の規定について見ていきましょう。

まずは、どのような場合に代執行という強制執行の手法を用いることができるのかを整理していきましょう。

行政代執行法２条では、「法律（法律の委任に基く命令、規則及び条例を含む。以下同じ。）により直接に命ぜられ、又は法律に基き行政庁により命ぜられた行為（他人が代つてなすことのできる行為に限る。）について義務者がこれを履行しない場合、他の手段によつてその履行を確保することが困難であり、且つその不履行を放置することが著しく公益に反すると認められるときは、当該行政庁は、自ら義務者

のなすべき行為をなし、又は第三者をしてこれをなさしめ、その費用を義務者から徴収することができる。」と規定されています。

つまり、代執行を行うための要件として、①代替的作為義務の不履行があること、②他の手段による履行確保が困難であること、③その不履行を放置することが著しく公益に反すると認められることの3要素を必要とする旨が示されています。

そのため、健康診断を受ける義務のような非代替的作為義務の不履行（健康診断を受けないという状態です。）や、営業停止義務のような不作為義務の不履行（営業しているという状態です。）の場合は、代執行の対象とはなりません。

また、代替的作為義務の不履行があるだけで直ちに代執行を行えるわけではなく、代執行をするには要件②や③も満たしている必要があります。

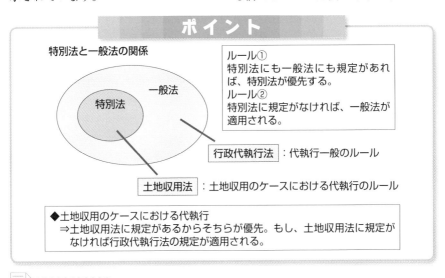

ポイント

特別法と一般法の関係

一般法

特別法

ルール①
特別法にも一般法にも規定があれば、特別法が優先する。
ルール②
特別法に規定がなければ、一般法が適用される。

行政代執行法：代執行一般のルール

土地収用法：土地収用のケースにおける代執行のルール

◆土地収用のケースにおける代執行
⇒土地収用法に規定があるからそちらが優先。もし、土地収用法に規定がなければ行政代執行法の規定が適用される。

ミニテスト

1　個別の法律で、行政代執行法が定める手続とは異なる簡易代執行を認めることも可能である。
2　行政代執行法は、行政上の義務の不履行全般について適用される強制執行手続について定めたものである。
3　行政代執行法では、義務の不履行を放置することが著しく公益に反すると認められなくても、代替的作為義務の不履行があれば代執行を行うことができる。

解答　1　○　特別法は一般法に優位する。
　　　　2　×　代替的作為義務のみ。非代替的作為義務や不作為義務は対象外。
　　　　3　×　放置が著しく公益に反すると認められることも要件の1つ。

026 代執行の実施手続 行政代執行法

強制執行では義務不履行者への手続保障は大切です。代執行の場合は……

Q 代執行ができる実体的要件を満たしてれば、ある日突然代執行されちゃうことになるの？

A いいえ。基本的には、事前の手続として、「代執行になっちゃいますよ。」とか「いつ代執行しますよ。」といった書面が送られてくるはずだよ。

事前の手続

行政代執行法2条で規定される代執行の要件を満たしていても、即時に代執行を実施してしまえるわけではありません。実際に行政代執行法に基づく代執行を実施するには、行政代執行法に規定された一定の手続を踏まなければなりません。

まず、代執行をなすには、相当の履行期限を定め、その期限までに履行がなされないときは代執行をなすべき旨を、あらかじめ文書で戒告しなければなりません（文書による戒告、3条1項）。つまり、「○月○日までに義務を履行しなさい、そうしなければ行政側で代わりに義務が履行されたのと同じ状態にしちゃいますよ。」という旨の戒告をするわけです。

そして、義務者が、その戒告を受け、指定の期限までにその義務を履行しないときは、代執行令書をもって、代執行をなすべき時期、代執行のために派遣する執行責任者の氏名、代執行に要する費用の概算による見積額を義務者に通知することになります（代執行令書による通知、3条2項）。つまり、「○月○日に代執行しますよ、そこに向かう責任者は○○ですよ、お金は大体これぐらいかかりますよ。」という旨の通知をするわけです。

ただし、非常の場合または危険切迫の場合において、当該行為の急速な実施について緊急の必要があり、これらの手続をとる時間的余裕がないときには、文書による戒告・代執行令書による通知の手続を経ないで代執行をすることも可能です（3条3項）。つまり、すぐにでも代執行しなければならないような切羽詰まった状況であるにもかかわらず、通知書を送付してからでないと代執行できないというのでは困りますので、緊急の場合には、通知手続を省略して代執行を実施してもかまわないとされているわけです。

訴訟による救済

行政代執行法上の代執行の戒告や代執行令書による通知に不服があれば、行政事件訴訟法に基づき、取消訴訟を提起することができます。戒告・通知

によって新たな義務が課されるわけではありませんが、戒告・通知によって代執行が開始・進行するわけですし、また、義務不履行者の権利利益の保護の実効性を考えても、これらに対する取消訴訟の提起は認められるべきと考えられます。ただし、すでに代執行の実施が終了している場合は、戒告や通知を取り消しても代執行がされなくなるわけではないですから、取消しを求める利益を欠いており、取消訴訟の提起は認められません。あとは、このような場合の救済は、国家賠償請求によることになります。

代執行の実施

　代執行のために現場に派遣される執行責任者は、その者が執行責任者たる本人であることを示すべき証票を携帯し、要求があるときは、いつでもこれを呈示しなければなりません（証票の携帯、4条）。

　そして、実際に代執行に要した費用は義務不履行者から徴収します。費用の徴収は、文書をもって納付を命じます（5条）。なお、代執行に要した費用を義務不履行者が任意に支払わない場合は、国税滞納処分の例により、これを徴収することができます（6条1項）。

ポイント

要件チェック
①代替的作為義務の不履行があること
②他の手段による履行確保が困難であること
③不履行の放置が著しく公益に反すると認められること

Yes

❶戒告：文書で代執行をなすべき旨を戒告
❷通知：代執行令書をもって代執行の詳細を通知　　　※省略されるケースもある。

行政庁または第三者による代執行の実施
※かかった費用は義務不履行者から徴収

ミニテスト

1　行政代執行法上の代執行では、その前提となった行政処分が文書で行われていれば、代執行の実施にあたって改めて戒告を文書で行う必要はない。
2　行政代執行法上の代執行では、戒告や代執行令書による通知を省略することはできない。
3　行政代執行法上の代執行の費用は最終的には処分を行った行政庁が負担する。

解答　1　× 戒告は必要。
　　　　2　× 緊急の場合などには省略が可能。
　　　　3　× 代執行にかかった費用は義務不履行者が負担。

027 強制徴収・直接強制・執行罰

税金を払わなかったら強制徴収されますが、それも強制執行の1つ……

Q 代執行以外にも行政上の強制執行の種類はあったよね?

A そうだね。強制徴収、直接強制、執行罰があったよ。これらは、代執行のように一般法に位置付けられる法律が存在しないから、国税徴収法とか個別の法律に根拠規定がある場合に認められるものだよ。

強制徴収

強制徴収とは、行政上の金銭債務の履行がない場合に、行政庁が、強制的手段を用いてその義務が履行されたのと同様の結果を実現するための作用のことです。

同じ強制執行の類型である代執行とは異なり、強制徴収については一般法となるような法律が存在していません。したがって、個別の法律に強制徴収を認める根拠規定がなければ強制徴収を行うことはできません(法律による行政の原理)。なお、現行法では、国税徴収法という法律の定める手続を、個別の法律の規定で「国税滞納処分の例による。」といった表現を用いて条文を置いて準用する場合があります。例えば、行政代執行法では、「代執行に要した費用は、国税滞納処分の例により、これを徴収することができる。」(行政代執行法6条1項)との規定が置かれています。

国税徴収法による場合、強制徴収は財産の差押えという方法で実施されます。

なお、国税徴収法は、国税債権の徴収に関する手続を定めたものですから、国税以外の行政上の金銭債権の徴収について当然に適用されるものではありません。したがって、もし、国税以外の行政上の金銭債権の徴収手続に国税徴収法の手続を適用しようとするなら、個別の法律で「～～の費用は国税滞納処分の例による。」などの明文の規定を置く必要があります。

さて、少し話が変わりますが、判例は、公法上の債権について、行政上の強制徴収の手段が認められている場合には、民事上の強制執行手段を執ることは許されないとしています(最高裁S41.2.23)。

これは、行政上の強制徴収について一般私法上の債権にみられない特別の取扱いが認められているのは、その債権の公共性から租税に準ずる簡易迅速な行政上の強制徴収の手段によらせることが適切なのであって、行政の目的に適合した状態を早期に実現するためなのだから、その場合にはそちらの方法によるべきといえるからです。道路

で例えてみるなら、「目的地に早く着かなきゃいけないんでしょ。一般の道路とは別に、早く目的地に着けるように特別の道路を用意してあるんだから、そちらの道路を通りなさいね。」ということです。

直接強制

直接強制とは、義務者の義務の不履行の場合に、直接、義務者の身体または財産に実力を加え、義務の履行があったのと同一の状態を実現する作用の

ことです。

執 行 罰

執行罰とは、他人が代わってすることができない義務（不作為義務・非代替的作為義務）の不履行があった場合に、その履行を強制するために課す金銭罰のことです。

なお、執行罰は、「罰」という表現が使われていますが、行政上の強制執行の一類型であって、刑罰ではありません。

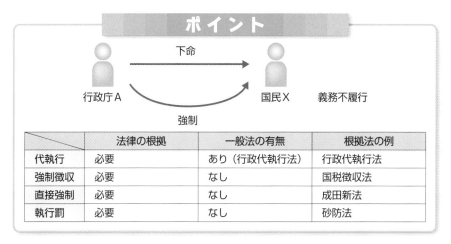

ポイント

下命　→　強制

行政庁A　　　国民X　義務不履行

	法律の根拠	一般法の有無	根拠法の例
代執行	必要	あり（行政代執行法）	行政代執行法
強制徴収	必要	なし	国税徴収法
直接強制	必要	なし	成田新法
執行罰	必要	なし	砂防法

ミニテスト

1　国税徴収法は、国に対する金銭債務の強制徴収に関する一般法である。

2　直接強制は、義務の不履行を前提とせずに実施することができる。

3　判例は、公法上の金銭債権について法律で行政上の強制徴収の手段が認められている場合は、一般私法上の債権と同様の強制執行手段によって債権の実現を図ることは許されないと解している。

解答　1　×　強制徴収について一般法にあたる法律は存在しない。

　　　2　×　義務を不履行していることが強制執行実施の前提。

　　　3　○　特別の取扱いが認められているのだから、そちらを利用すべき。

028 行政罰

行政罰で制裁をかけることも義務の履行の確保に役立つかな……

Q 行政上の制裁の代表的なものに行政罰があったよね。それってどのようなものだったかな？

A 過去の義務違反に対する制裁として科されるものだよ。刑罰をかける「行政刑罰」と過料をかける「秩序罰」の種類があったね。

概　要

　行政上の制裁の代表的な制度は行政罰です。行政罰とは、行政上の過去の義務違反に対して制裁として科される罰のことです。行政罰には、行政刑罰と秩序罰の種類があります。

　行政上の強制執行は直接的に、行政罰は威嚇的効果として間接的にという違いはありますが、どちらも義務の履行を確保しようとするための手段であるという点は共通します。ただ、行政上の強制執行が将来に向かって義務の履行があったのと同じ状態にしようとするものなのに対し、行政罰は過去の義務違反に対する制裁であるという点は大きく異なります。

　また、行政上の強制執行の一類型として「執行罰」というものがありましたが、この執行罰は、行政上必要な状態を実現することを目的としていますから、義務の履行があるまで何度でも科すことができます。反面、義務が履行されてしまえばもはや科すことはできません。これに対して、行政上の制裁である「行政刑罰」は、同一の義務違反に対して重ねて罰を科すことはできません。これは二重処罰の禁止（憲法39条）という理屈が働くからです。反面、仮に現在は義務違反の状態ではないにしろ、過去に義務違反があった事実は変わらないので、それに対して行政刑罰を科すことはできます。例えば、行政上の義務の不履行があったため、強制手続が行われ、現在は行政上の目的が達成されていたとしても、その義務違反自体に対して行政刑罰を科すことはできるわけです。

行政刑罰

　行政刑罰とは、行政上の義務違反に対して科される刑法に刑名のある刑罰のことです。なお、刑法に刑名のある刑罰には、死刑、懲役、禁錮、罰金、拘留、科料、没収があります。

　行政刑罰は、義務違反者に対して刑罰を科すことになりますから、罪刑法定主義の適用があります。罪刑法定主義は、「法律なければ犯罪なし」との法格言でも表わされるように、あらかじめ犯罪と刑罰は成文の法律で定めて

おかなければならないとする原理です。つまり、法律の根拠がなければ刑罰を科すことはできないのです。

そして、刑罰が科される関係上、刑法や刑事訴訟法といった法律の適用があります。

また、行政刑罰では、両罰規定が設けられていることがあります。両罰規定とは、違反行為者自身のほか、その事業主も処罰する内容の規定のことです。

秩 序 罰

秩序罰とは、行政法規違反に対して科される過料のことです。比較的軽微な義務違反に対して科されます。例えば、戸籍法に基づく届出や申請を怠った場合に科される5万円以下の過料がこれにあたります（戸籍法137条）。

過料は、刑法上の刑罰ではありませんが、国民に制裁をかけるわけですから、過料を科す場合にも法律の根拠は必要となります。

ポイント

	行政刑罰	秩序罰
刑の種類	刑法に刑名のある刑。 （死刑、懲役、禁錮、罰金、拘留、科料、没収）	過料。
処罰対象行為	行政法規違反の程度が重大で、反社会的な行為。	行政法規違反の程度が軽微で、反社会的行為に至らない行為。
手　続	刑事訴訟法により裁判所が科す。	非訟事件手続法により裁判所が科す。 条例違反者に対する過料など地方自治法上の過料は、地方公共団体の長が行政行為の形式で科す（地方自治法149条3号、255条の3）。

ミニテスト

1　行政上の秩序罰としての過料も執行罰としての過料も、過去の義務違反に対して科される点は同様である。
2　行政刑罰を科すには、その根拠となる法律が必要である。
3　条例違反者に対する過料など地方自治法上の過料は、地方公共団体の長が行政行為の形式でこれを科す。

解答　1　× 執行罰は強制執行の一類型。
　　　2　○ 罪刑法定主義。
　　　3　○ 地方自治法149条3号、255条の3。

029 即時強制

義務の不履行を前提としなくても、実力行使をかけられる場合……

Q 国民の身体や財産に対して行政が実力を加えるのは、国民側で義務を不履行した場合に限定されるのですか？

A いいえ。義務の不履行を前提としない即時強制という概念があるから、必ずしもそうとは言えないよ。即時強制は直接強制との比較が重要だよ。

概　　要

即時強制とは、行政上の義務を賦課する時間的な余裕がないけれども、強制的に行政目的を達成しなければならない緊急の必要がある場合にとられる一定の強制措置のことです。

例えば、消防法に基づいて、消火・延焼防止・人命救助のために必要があるときに消防対象物の使用・処分・使用制限をすることがこれにあたります（消防法29条1項）。

即時強制は、行政上の強制執行の一類型である直接強制と同様に、直接に国民の身体または財産に実力を加えて行政上必要な状態を実現するための強制手段である点においては共通します。一方、直接強制は義務の不履行を前提としていたのに対し、即時強制は義務の不履行を前提としない点は異なります。

法律の根拠

即時強制は、国民の身体または財産に対して実力行使を加えるものですから、これを行うことを認める法律の根拠を必要とします。

なお、即時強制を認める一般法となるような法律は存在していませんので、個別の法律に根拠規定が置かれる必要があります。例えば、先ほどの例でいえば、消防法という法律が即時強制を行ってもよいとする根拠規定となるわけです。

訴訟による救済

即時強制は、その内容によって、それが継続的に行われるものと、即時に完成するもの（その場限りのもの）とに分けられます。

行政事件訴訟法では、処分取消訴訟の対象は「行政庁の処分その他公権力の行使に当たる行為」と規定されています（行政事件訴訟法3条2項）。

この点、即時強制は、公権力の行使ですが、事実行為であって、法的効果を生じさせることを目的としていません。そのため、公定力も生じないので、その意味において、理論的には取消訴訟の対象にはならないともいえそうです。しかし、違法な即時強制が継

続的に行われている場合は、それを取り消すことによる救済を考える必要があります。したがって、その効果が継続的な場合には取消訴訟の対象となります。一方、違法な即時強制が行われても即時に完成するものだったら、事後的にその取消しを求めようにも、強制はその場限りのものでもう終わってるわけですから、取り消しようがありません。したがって、その効果が即時に完成する場合は取消訴訟の対象とはなりません。

また、国家賠償法では、公務員の不法行為による国家賠償について、「国又は公共団体の公権力の行使に当る公務員が、その職務を行うについて、故意又は過失によつて違法に他人に損害を加えたときは、国又は公共団体が、これを賠償する責に任ずる。」と規定されています（国家賠償法1条1項）。

つまり、違法な即時強制によって損害を受けたのであれば、被害者は、国家賠償請求訴訟を提起することができます。この賠償請求は、即時強制の効果が即時に完成する場合においても認められます。

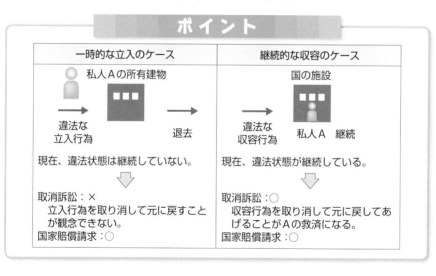

ポイント

一時的な立入のケース	継続的な収容のケース
私人Aの所有建物	国の施設
違法な立入行為　→　退去	違法な収容行為　私人A　継続
現在、違法状態は継続していない。	現在、違法状態が継続している。
取消訴訟：× 　立入行為を取り消して元に戻すことが観念できない。 国家賠償請求：○	取消訴訟：○ 　収容行為を取り消して元に戻してあげることがAの救済になる。 国家賠償請求：○

ミニテスト

1　即時強制は、義務の不履行を前提とせず、法律の根拠もなく実施できる。

2　警察官職務執行法に基づく保護や避難の措置は即時強制の一例といえる。

3　消防法に基づく延焼防止のための家屋の破壊は即時強制の一例といえる。

解答　1　×　即時強制は、義務の不履行は前提としないが、法律の根拠は必要。

　　　　2　○　泥酔者の保護は義務を課すことなく身体に強制力を行使する。

　　　　3　○　破壊消防は義務を課すことなく財産に強制力を行使する。

030 行政調査

何らかの行政処分をするにも、まずは下調べをする必要があるよね……

Q 事務所への立入検査とかもあらかじめ義務を命じられることなく行われるものだよね？

A はい。事務所への立入検査は「行政調査」にあたるね。こういうのは抜き打ち的にやらないと功を奏しないし、あらかじめ義務は命じないんだ。

概　要

行政調査とは、行政目的を達成するための情報収集活動の一環として行政によって行われる調査活動のことです。

例えば、事業所・家宅などへの立入検査や臨検検査がこれにあたります。

行政機関が何らかの判断・決定をするにしても、そのためにはそれに関する情報が必要になります。そして、その情報収集にあたっては調査を行う必要がありますので、行政調査は、行政活動に不可欠の過程といえます。

行政調査には、相手方の任意の協力に基づいて行われる任意調査と、相手方の抵抗を排除してでも行える強制調査とがあります。

法律の根拠

任意調査の場合は、相手方の任意の協力によって行われるものですから、特に法律の根拠はなくても行うことができます。一方、強制調査の場合は、調査を認める法律の根拠が必要となります。

任意調査の限界

警察官職務執行法に基づき警察官が行う職務質問は、行政調査（任意調査）の１つといえます。

この点、職務質問に際し、相手方の承諾なく所持品検査を行うことが任意調査として認められるかについて考えてみましょう。

判例は、職務質問に付随して行われる所持品検査は、所持人の承諾を得て行うのが原則であるとしつつも、捜索に至らない程度の行為は、強制にわたらない限り、所持品検査の必要性・緊急性、それによって侵害される個人の法益などを総合的に考慮し、具体的状況の下で相当と認められる限度においては、たとえ所持人の承諾がなくても所持品検査を実施できることもあるとしています（最高裁 S 53.9.7）。

また、自動車検問についても任意調査として認められるかどうかについて考えてみましょう。

判例は、警察法２条が交通の取締りを警察官の責務として定めていることに照らせば、相手方の任意の協力の下

で、自動車の利用者の自由を不当に制約することにならない方法・態様で行われる限り、自動車の一斉検問も適法なものであるとしています（最高裁S55.9.22）。

事前手続

行政調査の実施にあたり、調査の実施日時、場所、調査理由の告知が必要かについて考えてみましょう。

これらの告知は、法律上当然に必要とされるものではなく、行政庁の裁量に委ねられると考えられます。なぜなら、行政調査というものは、その性質上、抜き打ち的にやらなければ功を奏しないものも多く、いくら手続保障が大切だという要請が一般論としてあったとしても、事前に、いつ調査に行くか、どこを調査するかなどを調査対象者に教えてしまうと、収集したい情報が適切に収集できなくなってしまうからです。

ポイント

【行政調査に関する判例】
■警察官職務執行法に基づく職務質問に付随する所持品検査
⇒強制にわたらない限り、所持人の承諾がなくても、具体的状況の下で相当と認められる限度においては許容され得る（最高裁S53.9.7）。
■自動車検問
⇒相手方の任意の協力を求める形で行われ、自動車利用者の自由を不当に制約しない方法・態様で行われる限りは適法である（最高裁S55.9.22）。
■税務調査の質問検査権
⇒質問検査の範囲、程度、時期、場所等について必ずしも法律で明らかに規定しておかなければならないわけではない（最高裁S48.7.10）。
■不利益供述の強要禁止（憲法38条1項）と行政調査
⇒憲法38条1項の規定は、純然たる刑事手続以外においても、実質上、刑事責任追及のための資料の取得収集に直接結びつく作用を一般的に有する手続には等しく及ぶ（最高裁S47.11.22）。

ミニテスト

1 行政調査は、情報収集活動にすぎず、たとえ強制調査の場合であっても法律の根拠は不要である。

2 警察官の職務質問に付随して行う所持品検査にあたり、所持人の承諾がない場合には、これを行うことができると解する余地はない。

3 国税査察官が担当する国税犯則取締法に基づく臨検・捜索・差押えをする調査は強制調査の一例である。

解答 1 × 強制調査の場合は法律の根拠は必要。
2 × 具体的状況の下で許容されることもあり得る（最高裁S53.9.7）。
3 ○ いわゆるマルサと呼ばれるもの。

031 行政契約

地方公共団体と企業が契約を結ぶといったこともあるよね……

> **Q** 行政主体が行政契約を締結する場合でも、行政処分をする場合と同様に、法律の根拠が必要なの？
>
> **A** いいえ。契約は当事者間の合意により成立するものですから、法律の根拠がなくても行うことができるんだよ。

概　　要

行政契約とは、行政主体をその一方または双方の当事者とする契約のことをいいます。例えば、地方公共団体が住民と水道水の供給契約を結ぶことや、地方公共団体同士で事務を委託する契約を結ぶことが挙げられます。

給付行政の分野における行政契約

例えば、水道事業者たる地方公共団体と給水を受ける者の間で締結される水道水の供給契約の締結がこれにあたります。このような分野においては、契約自由の原則は行政主体側において一定程度修正されています。水道法15条1項では「水道事業者は、事業計画に定める給水区域内の需要者から給水契約の申込みを受けたときは、正当の理由がなければ、これを拒んではならない。」と規定し、行政主体側に原則として契約締結義務を認めています。ここでいう正当の理由がある場合についてですが、判例には、近い将来において需要量が供給量を上回り水不足が生じることを確実に予見される地域にあって、需要の抑制策の一つとして、新たな給水申込みのうち、需要量が特に大きく、現に居住している住民の生活用水を得るためではなく住宅を供給する事業を営む者が住宅分譲目的でしたものについて給水契約を拒むことは許されるとしたものがあります（最高裁H11.1.21）。一方、行政指導に対して事業者が協力しなかったというだけでは、正当の理由に該当せず、それを理由に水道の給水契約の締結を拒否することは許されません（最高裁H5.2.18）。

規制行政の分野における行政契約

例えば、公害防止のために、地方公共団体と企業との間で、企業に対する操業停止や立入検査の受入れなどを内容とする契約を締結する場合がこれにあたります。このような契約は公害防止協定と呼ばれます。企業との合意によって公害防止協定が有効に締結されれば、その内容には法的拘束力が認め

られます。契約を締結するかどうかは任意ですが、契約を締結した以上、その内容は守る必要があるからです。そして、企業が地方公共団体との間で締結した公害防止協定による義務を履行しない場合、地方公共団体は、その義務の履行を求めて出訴することもできます。

判例には、地方公共団体とその区域内に産業廃棄物処理施設を設置している産業廃棄物処分業者とが締結した公害防止協定において、施設の使用期限の定めおよびその期限を超えて産業廃棄物の処分を行ってはならない旨を定めることは、廃棄物処理法の趣旨に反しないとしたものがあります（最高裁H21.7.10）。

法律の根拠

行政契約は当事者間の合意により成立するものですから、法律の根拠はなくても行うことができます。

ポイント

行政手続法との関係	行政手続法の規律対象：①処分、②行政指導、③届出、④命令等の制定。 ⇒行政契約の締結に関する規定はなし。
行政事件訴訟法（取消訴訟）との関係	取消訴訟の対象となる処分：公権力の主体たる国または公共団体が行う行為のうち、その行為によって、直接国民の権利義務を形成しまたはその範囲を確定することが法律上認められているもの（最高裁S39.10.29）。 ⇒行政契約は取消訴訟の対象とならない。

ミニテスト

1 行政主体が私人との間で行政契約を締結するにあたっては、法律の根拠が必要となる。

2 行政手続法では、処分のほか、行政契約の締結手続についての規定も設けられている。

3 行政契約も、処分と同様に、行政庁の処分その他公権力の行使にあたるものといえ、取消訴訟の対象となる。

解答　1　× 法律の根拠は不要。

2　× 行政手続法には行政契約の締結手続についての規定は設けられていない。

3　× 行政契約は、行政庁の処分その他公権力の行使にはあたらないため、取消訴訟の対象とはならない。

032 行政手続法とは

行政行為、行政指導などを出す手続について規律したルール……

Q 平成5年に行政手続法という法律が制定されたよね。あれって、どんなことが定めてある法律なの?

A 処分、行政指導、届出、命令等制定の手続についてのルールが定められている法律だよ。

概　要

違法な行政処分によって国民の権利利益が侵害された場合、事後の救済手段として、その取消しについて定めた行政不服審査法・行政事件訴訟法、損害賠償請求について定めた国家賠償法といった法律が存在します。しかし、違法な行政処分に対しては争訟取消しの機会を保障するだけとか、国民に損害を生じさせたときに金銭で賠償するだけというのでは、国民の権利利益の保護としては不十分ではないでしょうか。むしろ、国民の権利利益の保護を考えるなら、処分を受ける前に告知・聴聞を受ける機会を保障するなどして、公正で透明な行政活動が行われるように事前の予防措置が講じられるべきといえるでしょう。

そこで、行政活動の事前手続を規律する法律として平成5年に「行政手続法」が制定されました。同法は、平成6年10月1日から施行されています。また、当初の規律対象は、処分、行政指導、届出でしたが、平成17年の改正によって命令等制定手続に対する規律

も設けられました（同改正は平成18年4月1日から施行）。

行政手続法の目的条文

行政手続法の目的について定めた1条1項では、「この法律は、処分、行政指導及び届出に関する手続並びに命令等を定める手続に関し、共通する事項を定めることによって、行政運営における公正の確保と透明性（行政上の意思決定について、その内容及び過程が国民にとって明らかであることをいう。第46条において同じ。）の向上を図り、もって国民の権利利益の保護に資することを目的とする。」と規定されています。

行政運営の公正の確保とは、行政上の意思決定の内容・過程が特定の利益に偏ったりすることがないようにすることをいいます。また、行政運営の透明性の向上とは、行政上の意思決定について、その内容・過程が国民にとって明らかであるようにすることをいいます。そして、これらを通じて行政活動の適正化を図り、究極的には国民の

権利利益の保護をその目的としているのです。

対　象

行政手続法で規律の対象とされているのは、処分、行政指導、届出、命令等制定の手続についてです。

なお、処分は、さらに、申請に対する処分（ex.営業許可申請に対して不許可とする処分）と、不利益処分（ex.営業許可の取消処分）に区分されています。

一　般　法

行政手続法は、処分、行政指導、届出、命令等制定の手続について定めた一般法です。これらの手続に関し、その分野の特殊性や関係する権利の重要性などを考慮し、必要に応じて個別の法律で行政手続法の定めとは異なる定めを置くことも可能です。

そして、特別法は一般法に優先しますから、他の法律に特別の定めがある場合は、そちらの法律の規定が優先して適用されます（1条2項）。

ポイント

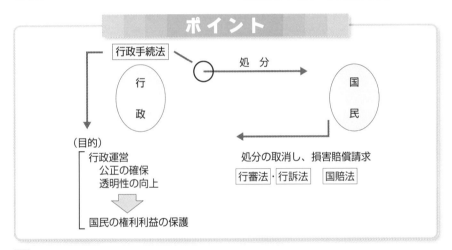

ミニテスト

1　行政手続法では、行政処分について、事前手続とともに、事後の取消し・損害賠償に関する手続の法的規律も設けられている。

2　行政手続法では、行政計画の策定について意見公募手続を実施することを義務化している。

3　行政手続法では、行政機関が一方当事者となる契約について入札制によることを義務化している。

解答　1　×　行政手続法は事前手続のルールで、事後救済手続は対象ではない。
　　　　2　×　行政計画は行政手続法の規律対象ではない。
　　　　3　×　行政契約は行政手続法の規律対象ではない。

033 申請に対する処分1

飲食店営業を始めるには申請手続をして営業許可を受ける必要がある……

Q 今度、自分でレストランを始めることにしたんだ。そのためには営業許可を取らなければいけないんだよね？

A その通りだよ。飲食店をやるには営業の許可申請をして、ちゃんと許可処分を受ける必要があるよ。

申請に対する処分

申請とは、法令に基づき、行政庁の許可・認可・免許その他の自己に対し何らかの利益を付与する処分（＝許認可等）を求める行為であって、当該行為に対して行政庁が諾否の応答をすべきこととされているもののことです（2条3号）。そして、このような申請に対して行われる処分が「申請に対する処分」です。例えば、営業許可申請に対する許可処分や不許可処分がこれにあたります。

審査基準

審査基準とは、申請により求められた許認可等をするかどうかをその法令の定めに従って判断するために必要とされる基準のことです。

申請に対する処分について、行政庁は、審査基準を定めなければなりません（5条1項）。審査基準は、許認可等の性質に照らしてできる限り具体的なものとしなければならず（5条2項）、行政上特別の支障があるときを除き、法令により申請の提出先とされ

ている機関の事務所における備付けその他の適当な方法により公にしておかなければなりません（5条3項）。

このように、行政手続法5条では、行政庁が許認可申請に対する処分をするのに際して、それを審査する基準を設定し、公にしておくことを義務付けています。

なぜなら、許認可申請を審査する基準をきちんと作っておかなければ、担当者の個人的感情によって許可・不許可が決められたり、同じような事案であるにもかかわらず担当者によって許可・不許可の結論が変わったりというおそれがあるからです。それに、審査基準が存在し、それが公にされていることで国民も申請の準備を整えやすくなります。事前に許可基準がわかるようになっていれば、お店の内装工事をするにしても、許可基準に沿った形で工事を完了させればいいわけですから、許可申請をしてからそれが認められなかったので工事のやり直しを余儀なくされるといったことにもならないからです。

行政庁は、申請がその事務所に到達してから当該申請に対する処分をするまでに通常要すべき標準的な期間を定めるよう努め、これを定めたときは、これらの当該申請の提出先とされている機関の事務所における備付けその他の適当な方法により公にしておかなければなりません（6条）。

このように、行政手続法6条では、行政庁が許認可申請に対する処分の最終決定をするまでにかかる標準的な処理期間を設定するよう努めましょうと規定しています。なお、標準処理期間の設定は努力規定にすぎませんが、これを設定した場合は公にしておかなければなりません。

また、行政手続法6条で設定が求められる標準処理期間は、法令により当該行政庁と異なる機関が当該申請の提出先とされている場合には、併せて、当該申請が当該提出先とされている機関の事務所に到達してから当該行政庁の事務所に到達するまでに通常要すべき標準的な期間のことを指します。

例えば、行政庁Aに対して行う申請を、A役所ではなくて、B役所を経由して提出させる場合には、A役所に届いてから処理するまでにかかる標準的な期間だけでなく、B役所に届いてからA役所に渡るまでにかかる標準的な期間の設定もしましょうということです。

ポイント

[審査基準] （5条）	申請により求められた許認可等をするかどうかをその法令の定めに従って判断するために必要とされる基準
	設定：義務規定 公にすること：義務規定
[標準処理期間] （6条）	申請がその事務所に到達してから当該申請に対する処分をするまでに通常要すべき標準的な期間
	設定：努力規定 設定した際に公にすること：義務規定

ミニテスト

1　申請に対する処分に関する審査基準の設定は努力規定とされている。
2　申請に対する処分をするまでに通常要すべき標準的な期間の設定は努力規定とされている。
3　標準処理期間は行政庁が申請を正式に受理した時点から進行する。

解答　1　×　審査基準の設定は義務規定。
　　　　　2　○　標準処理期間の設定は努力規定。
　　　　　3　×　標準処理期間は「到達」してから処分までに通常要すべき期間。

034 申請に対する処分2

申請が到達してから処分がされるまでの流れ……

Q 審査基準や標準処理期間の設定は申請前の話だったけど、申請が到達した後についても何かルールがあるのかな？

A はい。審査開始の義務などがルール化されてるよ。行政手続法5条・6条も含めてだけど、義務規定か努力規定かの整理が大切だよ。

審査の開始

　行政庁は、申請がその事務所に到達したときは遅滞なく当該申請の審査を開始しなければなりません（7条）。

　このように、行政手続法7条では審査の開始を義務付けています。

　申請を手元で握りつぶして、いつまで経っても本来付与されるべき許認可等が付与されないといったことを防止するため、申請が到達したらその審査を開始しなければいけないことをルール化したのです。

補　正

　法令に定められた形式上の要件に適合しない申請については、行政庁は、速やかに、申請者に対し相当の期間を定めて当該申請の補正を求め、または当該申請により求められた許認可等を拒否しなければなりません（7条）。形式上の要件に適合しない場合とは、申請書の記載事項に不備があること、申請書に必要な書類が添付されていないことなどが挙げられます。

　行政手続法7条では、形式上の要件を満たさない申請に対してどう対応すべきかについて、補正をしてもよいし、拒否をしてもよいものと考えています。つまり、形式上の不備がある場合、その日に申請書は受け取ってあげて不備の分だけを後日整えてくれればいいですよという方法でもいいし（補正）、その日はまったく受け取らず、全部そろえてまた後日新規に持って来なさいという方法にしてもいいわけです（拒否）。国民は、補正で扱ってもらえなくても、もう1回書類をそろえて新規に申請すればいいだけなので、補正されなかったことが与える不利益の程度もそんなに重大ではないため、行政庁に補正義務まではかけませんでした。

情報の提供

　行政庁は、申請者の求めに応じ、当該申請に係る審査の進行状況および当該申請に対する処分の時期の見通しを示すよう努めなければなりません（9条1項）。また、行政庁は、申請をしようとする者または申請者の求めに応

じ、申請書の記載および添付書類に関する事項その他の申請に必要な情報の提供に努めなければなりません（9条2項）。

公聴会の開催

行政庁は、申請に対する処分であって申請者以外の者の利害を考慮すべきことが当該法令において許認可等の要件とされているものを行う場合には、必要に応じ、公聴会の開催その他の適当な方法により当該申請者以外の者の意見を聴く機会を設けるよう努めなければなりません（10条）。

複数の行政庁の関与

行政庁は、申請の処理にあたり、他の行政庁において同一の申請者からされた関連する申請が審査中であることをもって自らすべき許認可等をするかどうかの審査・判断を殊更に遅延させてはなりません（11条1項）。また、一の申請または同一の申請者からされた相互に関連する複数の申請に対する処分について複数の行政庁が関与する場合、行政庁は、申請者からの説明の聴取を共同して行うなどにより審査の促進に努めることが要求されます（11条2項）。

ポイント

[審査開始] （7条）	義務規定 　形式上の要件に適合しない申請 　　⇒　補正または拒否
[情報の提供] （9条）	努力規定
[公聴会の開催] （10条）	努力規定
[複数の行政庁の関与] （11条）	遅延防止：義務規定 審査促進：努力規定

ミニテスト

1　行政庁は、形式上の要件に適合しない申請でも補正が可能な場合には、補正をしなければならず、これを拒否してはならない。
2　行政庁は、申請者の求めに応じ、当該申請についての審査の進行状況や処分の時期の見通しを示すよう努めなければならない。
3　行政庁が申請を拒否する処分をする場合、公聴会を実施しなければならない。

解答　1　×　形式上の要件に適合しない申請は、補正または拒否（7条）。
　　2　○　情報提供は努力規定（9条1項）。
　　3　×　公聴会は努力規定（10条）。

035 申請に対する処分3

申請を拒否する処分をするときのルール……

Q 営業許可申請をやってみたんだけど、申請が拒否されて不許可になっちゃったんだよ。何でだろ？

A 許可申請を拒否される場合、なぜ拒否したかの理由が一緒に提示されているはずだよ。それを確認してみたらわかるんじゃないかな。

理由の提示

行政庁は、申請により求められた許認可等を拒否する処分をする場合は、申請者に対し、同時に、当該処分の理由を示さなければなりません（8条1項本文）。ただし、法令に定められた許認可等の要件または公にされた審査基準が数量的指標その他の客観的指標により明確に定められている場合で、当該申請がこれらに適合しないことが申請書の記載や添付書類その他申請内容から明らかであるときは、申請者の求めがあったときにこれを示せば足ります（8条1項ただし書）。なお、処分を書面でするときは、その理由も書面で示さなければなりません（8条2項）。

このように、行政手続法8条では、行政庁が申請を拒否する処分をする場合に処分理由を提示することを義務付けています。

理由の提示を要求することによって、行政庁の処分について、①公正確保の機能と②争訟便宜の機能を持たせようとしているのです。

申請を拒否したという結論だけでなく、その理由も提示しなければいけないとすることで、担当者は慎重に判断するようになることが期待できますし、逆に、担当者の個人的な感情だけで許認可を拒否するといったことも避けられます（公正確保の機能）。また、申請拒否処分の理由が提示されることによって、その処分に対して不服を申し立てる際に、処分のどの点について争えばよいか、処分が違法であることを主張するためにどういう資料を集めればよいかといったことがわかりやすくもなるわけです（争訟便宜の機能）。

理由の提示の程度

申請により求められた許認可等を拒否する処分をする場合、提示が要求される理由はどの程度の内容でなければならないのかについて考えてみましょう。

理由の提示を要求した趣旨は、①公正確保の機能と②争訟便宜の機能を持たせることにありました。そうだとすれば、どのような事実関係について、

どのような法律が適用されて、拒否処分に至ったのかが理由の記載自体から了知できる程度のものである必要があります。つまり、拒否理由は、その記載から了知できるものでなければならず、単に根拠条文を示すのみでは足りないといえます。もちろん、根拠条文が明確かつ具体的でそれを読めば処分理由を具体的に了知できる場合であれば話は別です。

この点、判例は、旅券法に基づく一般旅券の発給拒否処分通知書に記載すべき理由の程度について、拒否理由は、その記載から了知できるものでなければならず、単に根拠条文を示すのみでは足りないと判断しています（最高裁S 60.1.22）。

理由の差替え

理由の差替えとは、処分をする時に提示した理由のみでは処分の適法性を維持するのに不十分であると判断した際に、処分をした行政庁が、当初の理由とは異なる理由を追加的に主張することです。

ポイント

[理由の提示] （8条）	（原則）申請により求められた許認可等を拒否する処分をする場合、行政庁は、申請者に対して、その処分と同時に理由も提示する。 （例外）法令に定められた許認可等の要件または公にされた審査基準が数量的指標その他の客観的指標により明確に定められている場合であって、当該申請がこれらに適合しないことが申請書の記載または添付書類その他の申請の内容から明らかであるときは、申請者の求めがあったときにこれを示せば足りる。
	義務規定

ミニテスト

1　行政庁は、許認可申請を拒否する場合、申請者に処分の理由も示す必要がある。
2　処分が書面でされるときは、理由の提示も書面で行われる。
3　通常は、拒否処分の理由はその根拠となった法律の条文を示すのみで足りる。

解答　1　○　8条1項。
2　○　8条2項。
3　×　通常は、根拠条文を示すだけでは足りない。

036 不利益処分1

営業許可申請を拒否することも処分、営業停止を命じることも処分……

Q レストランを経営してるんだけど、そのお店が営業停止の処分を受けそうなんだ。この処分も申請に対する処分に分類されるのかな？

A いいえ。それは、「不利益処分」と呼ばれるものです。申請に対する処分と不利益処分ではルールが違うので、違いを区別することが大切だよ。

不利益処分

不利益処分とは、行政庁が、法令に基づき、特定の者を名宛人として、直接に、これに義務を課し、またはその権利を制限する処分のことです（2条4号）。例えば、営業許可の取消しや営業停止の処分がこれにあたります。

ただし、行政手続法では、以下の行為は「不利益処分」には該当しないとしています（2条4号イ〜ニ）。

1つ目は、事実上の行為および事実上の行為をするにあたりその範囲や時期等を明らかにするために法令上必要とされている手続としての処分です。例えば、行政代執行法上の戒告・通知がこれにあたります。

2つ目は、申請により求められた許認可等を拒否する処分その他申請に基づき当該申請をした者を名宛人としてされる処分です。例えば、営業許可申請に対して不許可の処分を行うことがこれにあたります。

3つ目は、名宛人となるべき者の同意の下にすることとされている処分です。

4つ目は、許認可等の効力を失わせる処分であって、当該許認可等の基礎となった事実が消滅した旨の届出があったことを理由としてされるものです。

処分基準

行政庁は、処分基準を定め、かつ、これを公にしておくよう努めなければなりません（12条1項）。処分基準を定めるにあたっては、不利益処分の性質に照らしてできる限り具体的なものとしなければなりません（12条2項）。

このように、行政手続法12条では、営業許可の取消しや営業停止といった不利益処分に際して、その処分基準の設定とそれを公にしておくことに努めましょうと規定しています。

処分基準を要求するのは、法律の文言からはどのような場合にどういった不利益処分が下されるかが一義的に確定されていないことも多いため、国民の予測可能性を確保し、行政の透明性を向上させようとするものです。

ただし、これは努力規定です。

申請に対する処分のように、申請に対して許可するかどうかの審査基準を設定する場合であれば、そこに画一的な基準があった方がよいでしょう。しかし、不利益処分の場合、実際に営業している者に対して、その営業許可の取消しや営業停止といった処分をするわけですから、これから許認可等を取得しましょうという場面とは違って、実際にどのようなケースで処分するかは個別具体的な事情によりますので、その基準を画一的に設定しようというのは技術的にも困難です。そのため、

処分基準の設定は義務化しないで、努力という規律にとどめることにされました。

また、設定した処分基準を公にしておかなければならないとすると、不利益処分を受けないよう、その抜け穴を探して脱法行為をする者が現れたときに、その者を処分できなくなってしまうという不都合性もあります。そのため、設定した処分基準を公にすることについても、これを義務化せず、努力という規律にとどめることにされました。

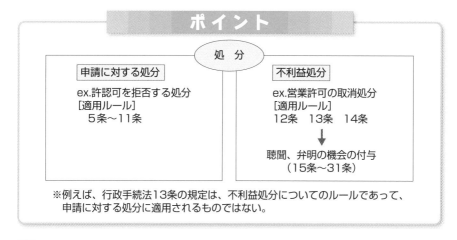

ポイント

処分

申請に対する処分
ex.許認可を拒否する処分
[適用ルール]
5条〜11条

不利益処分
ex.営業許可の取消処分
[適用ルール]
12条　13条　14条
↓
聴聞、弁明の機会の付与
（15条〜31条）

※例えば、行政手続法13条の規定は、不利益処分についてのルールであって、申請に対する処分に適用されるものではない。

ミニテスト

1　営業許可申請に対する不許可の処分と営業許可の取消しの処分はいずれも「不利益処分」である。
2　不利益処分の処分基準の設定と公にすることはいずれも義務規定である。
3　行政庁は、処分基準の設定にあたっては、不利益処分の性質に照らしてできる限り具体的なものとしなければならない。

解答　1　× 前者は「申請に対する処分」。
2　× いずれも努力規定（12条1項）。
3　○ 12条2項。

037 不利益処分2

取消訴訟は事後の救済手続、聴聞は……

Q 不利益処分を受けても不服があれば処分の取消しを求める裁判ができるみたいだけど、処分を受けないように何とかならないかな？

A そうだね。処分前には聴聞や弁明の機会の付与といった意見陳述の機会が付与されるはずだから、そこで言いたいことを言えばいいんだよ。

意見陳述の機会

行政庁は、不利益処分をしようとする場合、当該不利益処分の名宛人となるべき者について、**意見陳述のための手続**を執らなければなりません（13条1項）。

このように、行政手続法13条では、営業許可の取消しや営業停止といった処分をする場合に、あらかじめ当事者の意見を聴く機会を設定することを義務付けています。

これは、以下のような理由によるものといえます。

仮に行政処分が違法だった場合でも、それを受けた国民は、行政不服審査法や行政事件訴訟法に基づいて、後からその行政処分の取消しを求めることができます。しかし、そもそもそういった処分がされないように、処分前の段階で、自分の言いたいことをきちんと主張できる機会があった方がよいわけです。そこで、処分がされるに先立って、処分の名宛人となるべき者に対し、意見陳述の機会を与えることとしたのです。

なお、①許認可等を取り消す不利益処分をしようとするとき、②名宛人の資格・地位を直接に剥奪する不利益処分をしようとするとき、③名宛人が法人の場合で、その役員の解任、名宛人の業務に従事する者の解任、名宛人の会員である者の除名を命ずる不利益処分をしようとするとき、④その他行政庁が相当と認めるときは、意見陳述の機会として「聴聞」という手続の実施を必要としています。①～④以外の場合（ex.一定期間の営業停止の処分）は、**弁明の機会の付与**でよいものとされています。

行政手続法13条は、不利益処分に関しての通則的な規定の1つです。つまり、処分に先立って実施される聴聞や弁明の機会の付与といった意見陳述の機会の付与という手続は、不利益処分についてのルールであって、申請に対する処分についてのルールではありません。申請に対する処分の場合には聴聞や弁明の機会の付与といった規定は置かれていなかったことには注意が必要です（13条、5条～11条参照）。

聴聞と弁明の機会の付与

聴聞は、重大な不利益を与える不利益処分の実施に先立って行われる処分の名宛人となるべき者の意見陳述のための手続です。

処分の名宛人となるべき者は、聴聞期日に出頭して口頭で意見を述べ、証拠書類を提出し、行政庁の職員に質問することなどができます。この手続によって、行政の職員の調査だけでなく、処分の名宛人となるべき者の主張にも耳を傾けて事実解明を図ろうとしているわけです。

弁明の機会の付与は、聴聞が必要な場合以外に付与される意見陳述のための手続です。

不利益の程度がそんなに重大でない場合を想定していますから、聴聞とは違って、書面による簡略的な手続にとどめられています。

手続の省略

行政手続法13条2項1号～5号に規定されるケースにおいては、意見陳述の機会を付与することを省略できます。例えば、公益上、緊急に不利益処分をする必要があるため、意見陳述のための手続を執ることができないときがこれにあたります（13条2項1号）。

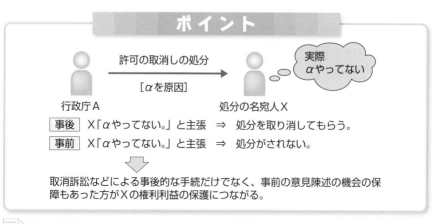

ポイント

許可の取消しの処分
[αを原因]

行政庁A　　　　　　処分の名宛人X

実際 αやってない

| 事後 | X「αやってない。」と主張 ⇒ 処分を取り消してもらう。 |
| 事前 | X「αやってない。」と主張 ⇒ 処分がされない。 |

取消訴訟などによる事後的な手続だけでなく、事前の意見陳述の機会の保障もあった方がXの権利利益の保護につながる。

ミニテスト

1　申請に対する処分についても不許可処分をしようとするときは、聴聞の実施が必要とされている。

2　許認可を取り消す不利益処分をしようとするときは、聴聞の実施が必要とされている。

3　いかなる場合でも、聴聞の手続は省略できない。

解答　1　× 申請に対する処分の場面での聴聞については規定されていない。

2　○ 13条1項。

3　× 一定の場合には省略も可能（13条2項）。

038 不利益処分3

不利益処分をするときは処分の理由も提示……

Q せっかく取得した営業許可が取り消されちゃったんだ。どうしてこんな処分を受けることになったんだろ?

A 不利益処分がされる場合、なぜそのような処分をしたかの理由が一緒に提示されているはずだよ。それを確認してみたらわかるんじゃないかな。

理由の提示

　行政庁は、不利益処分をする場合には、その名宛人に対し、同時に、当該不利益処分の理由を示さなければなりません（14条1項本文）。ただし、当該理由を示さないで処分をすべき差し迫った必要がある場合は、この限りでなく、処分後相当の期間内に、その理由を示せばよいこととされています（14条1項ただし書、2項）。なお、不利益処分を書面でするときは、理由も書面で示さなければなりません（14条3項）。

　このように、行政手続法14条では、営業許可の取消しや営業停止といった処分をする場合に処分理由を提示することを義務付けています。

　理由の提示を要求することによって、行政庁の処分について、①公正確保の機能と②争訟便宜の機能を持たせようとしているのです。

　不利益処分の結論だけでなく、その理由も提示しなければいけないとすることで、担当者は慎重に判断するようになることが期待できますし、逆に、担当者の個人的な感情だけで不利益処分を下すといったことも避けられます（公正確保の機能）。また、不利益処分の理由が提示されることによって、その処分に対して不服を申し立てる際に、処分のどの点について争えばよいか、処分が違法であることを主張するためにどういう資料を集めればよいかといったことがわかりやすくもなるわけです（争訟便宜の機能）。

　そういった意味からすると、この理由は処分と同時に示されることが望ましいといえます。しかし、提示する理由を考えるのにも日数は必要となるわけですから、今すぐにでも処分しなければならない緊急の要請があるときにまで、理由を考えているからということで処分を遅らせるわけにもいきません。

　そこで、例外として、理由を示さないで処分をすべき差し迫った必要がある緊急の場合は、処分と同時に理由までは示さなくてもよいとしたわけです。

　そして、その場合は、処分後相当の期間内に、その理由を示すこととされ

ています。ただし、処分の名宛人の所在が判明しなくなったときその他処分後において理由を示すことが困難な事情があるときはその必要もありません。

なお、理由の提示の程度は、処分の性質などによって異なりますが、一般的には、どのような事実関係について、どのような法律が適用されて、当該処分に至ったのかが理由の記載自体から了知できる程度のものである必要があります。

ポイント

	行政手続法8条	行政手続法14条
適用場面	申請に対する拒否処分をする。処分と同時に理由を提示。	不利益処分をする。処分と同時に理由を提示。
趣　旨	公正確保の機能。争訟便宜の機能。	公正確保の機能。争訟便宜の機能。
例　外	法令に定められた許認可等の要件または公にされた審査基準が数量的指標その他の客観的指標により明確に定められている場合で、当該申請がこれらに適合しないことが申請書の記載または添付書類その他の申請の内容から明らかであるとき。⇒申請者の求めがあったときにこれを示せばよい。	理由を示さないで処分をすべき差し迫った必要があるとき。⇒処分後相当の期間内に理由を示せばよい。※処分の名宛人の所在が判明しなくなったときその他処分後において理由を示すことが困難な事情があるときはその必要もない。
その他	処分が書面でされるときは理由も書面で示す。	処分が書面でされるときは理由も書面で示す。

1　申請に対して拒否処分をする場合、処分をすべき差し迫った必要があるときは、理由は処分後相当の期間内に示せばよい。
2　営業許可の取消しの処分をする場合は理由の提示が必要だが、営業停止の処分をする場合は理由の提示は必要ない。
3　不利益処分を書面でするときは、理由も書面によって示さなければならない。

 解答　1　×　申請に対する拒否処分の際の理由の提示の例外にこんな規定はない。
　　　　2　×　程度の差はあるが、いずれも不利益処分だから理由の提示は必要。
　　　　3　○　14条3項。

039 聴聞手続1

不利益処分に先立って与えられた主張立証の機会、それが「聴聞」……

Q 聴聞手続が受けられるはずなんだけど、それっていつどこでやるの？
民事裁判みたいに自分で訴状を書いて提出しなければ始まらないの？

A いいえ、そんなことはないよ。聴聞が実施される場合、その通知が送られ
てくるはずだよ。そこに示された日時・場所で実施されるんだ。

通　　知

聴聞手続は、まず聴聞の通知がされるところからスタートします。

聴聞の通知は、①予定される不利益処分の内容、根拠法令の条項、②不利益処分の原因となる事実、③聴聞の期日・場所、④聴聞に関する事務を所掌する組織の名称・所在地を、行政庁から不利益処分の名宛人となるべき者に対して、書面で通知するものです（15条1項）。

これは、以下のような理由によるものといえます。

どういった処分が予定されているのか、なぜそのような処分を受けることになるのかなどがきちんと通知されることによって、処分の名宛人となるべき者がそれに対する主張立証の十分な準備を整えることができるようになるからです。不利益処分の名宛人となるべき者に対し、事前に意見陳述の機会を与えようとするシステムの1つが聴聞です。つまり、聴聞は、不利益処分の名宛人となるべき者が自身に下されようとしている不利益処分がされない

ように行政の予定をひっくり返すための戦いの場です。まずは、最低限の情報だけでも知らないと、いつどこで聴聞があるのかもわからず、聴聞でどの点についてどのように争っていけばその処分がされずにすむのかを準備して十分な主張をすることもできないだろうという点が考慮されているわけです。

また、行政手続法15条1項では、聴聞期日まで相当の期間を置いて通知することを要求しています。

これもやはり聴聞の日にきちんと主張するための準備をさせることを趣旨としているからです。「明日聴聞を実施するので来なさい。」といった内容では、主張立証の十分な準備を整えることができないからです。

教　　示

行政庁は、聴聞の通知の際の書面において、一定の事項を不利益処分の名宛人となるべき者に対して教示しなければなりません（15条2項）。

教示すべき事項は、①聴聞の期日に

出頭して意見を述べることができること、②聴聞の期日の出頭に代えて陳述書を提出できること、③証拠書類・証拠物を提出できること、④聴聞が終結する時までの間は当該不利益処分の原因となる事実を証する資料の閲覧を請求できることです。

行政手続法15条1項が、聴聞での主張立証の準備に役立つ情報を提供することを規定しているのに対し、同条2項では、実際の聴聞の場における手続上の権利に関する情報を提供することを規定しています。

聴聞の通知だけでなく、そこで何ができるのかも教えてもらえれば、聴聞に慣れていない者は助かりますし、また、処分の名宛人となるべき者に聴聞手続を十分に利用してもらえるようにしておくことは国民の権利利益の保護にもつながるわけです。

公示送達

行政庁は、不利益処分の名宛人となるべき者の所在が判明しない場合は、行政庁の事務所の掲示場に掲示することによって通知することができます。この場合、掲示を始めた日から2週間を経過したときに、当該通知がその者に到達したものとみなされます（公示送達、15条3項）。

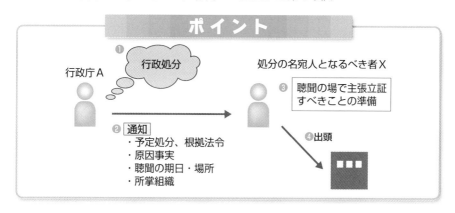

ポイント

行政庁A
❶ 行政処分
処分の名宛人となるべき者X
❸ 聴聞の場で主張立証すべきことの準備

❷ 通知
・予定処分、根拠法令
・原因事実
・聴聞の期日・場所
・所掌組織

❹出頭

ミニテスト

1 聴聞の通知には聴聞の期日と場所の記載があるだけで、予定される不利益処分の内容やその原因となる事実は記載されない。
2 聴聞の通知は、行政庁から不利益処分の名宛人となるべき者に対して行われる。
3 聴聞の通知は、聴聞の期日までに相当な期間をおいて行われる必要がある。

解答 1 × 予定される不利益処分の内容やその原因事実も記載事項の1つ。
　　　2 ○ 15条1項。
　　　3 ○ 15条1項。

040 聴聞手続2

聴聞の場における処分の名宛人となるべき者の側の登場人物……

Q 今度、聴聞を受けることになったんだ。自分一人だとちゃんと言いたいことを言ってこれるか不安なんだけど、何かいい方法ないかな？

A 専門家に頼んで代理人になってもらうこともできるし（代理人）、自分で行くにしても誰かを同行させることもできるよ（補佐人）。

当事者・参加人

当事者とは、聴聞の通知を受けた者のことです。つまり、予定されている不利益処分の名宛人となるべき者のことを指します。

行政手続法では、この者に対する手続的な保障として、聴聞の期日に出頭して意見を述べ、証拠書類等を提出し、行政庁の職員に対して質問すること（20条2項）や、文書等の閲覧請求ができること（18条1項）などを認めています。

参加人とは、聴聞に参加することとなった関係人のことです（17条1項）。

行政手続法では、不利益処分に利害関係を有する第三者の手続保護も図ろうとしています。そのため、当事者以外の関係人も聴聞手続に参加することができる仕組みが採られています。ただし、関係人が聴聞手続に参加できるのは、①聴聞の主宰者が関係人に聴聞手続に参加することを求めたとき、または②関係人が参加を希望して聴聞の主宰者がそれを許可したときです。

代理人

処分の名宛人となるべき者は、自ら聴聞に臨まなければならないわけではなく、代理人を選任することもできます（16条1項）。そして、選任された代理人は、その者のために聴聞に関する一切の行為をすることができます（16条2項）。

補佐人

補佐人とは、聴聞の場において、不利益処分の原因事実について専門的知識をもって処分の名宛人となるべき者を援助する者のことです。

処分の名宛人となるべき者は、主宰者の許可を得て、聴聞の場に補佐人とともに出頭することもできます（20条3項）。

なお、補佐人は、代理人ではありませんから、その者を代理して聴聞に出頭したりはできません。

文書等の閲覧請求

行政手続法18条では、文書等の閲覧請求について規定されています。

処分の名宛人となるべき者は、行政庁に対し、当該事案についてした調査の結果に係る調書、その他当該不利益処分の原因事実を証する資料の閲覧を求めることができます。

この場合、行政庁は、第三者の利益を害するおそれがあるなど正当な理由があるときでなければ、これを拒むことはできません。

なお、文書等の閲覧請求ができるのは、聴聞の通知があった時から聴聞が終結する時までの間です。

予定される不利益処分をひっくり返すだけの主張立証をしようとするなら、その戦略を立てるためにも、行政庁の手持ちの資料を見せてもらって、もっと詳しい情報を手に入れたいところです。とすれば、文書等閲覧請求における閲覧が必要な時期は、聴聞で主張立証する準備のためということから考える必要があります。つまり、聴聞の日から閲覧できますと言われても遅いですし、逆に、聴聞が終結してしまえばその必要はなくなるわけです。

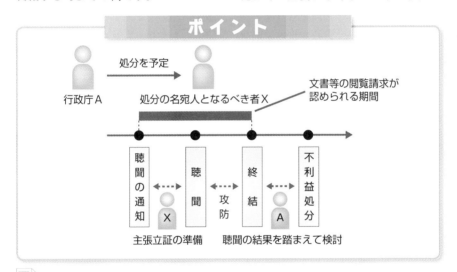

ポイント

行政庁A　処分を予定　→　処分の名宛人となるべき者X

文書等の閲覧請求が認められる期間

聴聞の通知　←‥→　聴聞　←‥→　終結　←‥→　不利益処分

X　攻防　A

主張立証の準備　　聴聞の結果を踏まえて検討

ミニテスト

1　関係人が申出により聴聞に参加するには聴聞の主宰者の許可が必要となる。
2　補佐人は、当事者・参加人の代わりに単独で聴聞に出席し、その者の代理人として主張立証を行うこともできる。
3　文書等の閲覧請求は、聴聞の通知があった時から実際に不利益処分が下される時までの間に認められる。

解答　1　○　17条1項。
　　　2　×　補佐人は代理人ではないから、同行できるだけ（20条3項）。
　　　3　×　聴聞の通知があった時から聴聞が終結する時までの間（18条1項）。

041 聴聞手続3

聴聞の主宰者とは誰か、どのような権限を持っているのか……

Q 聴聞って誰かがきちんと司会進行やってくれるのかな？

A 聴聞は主宰者の進行に従って行われるよ。条文を読むときは、主宰者の権限にどんなものがあるかをチェックするのが大切だよ。

主 宰 者

主宰者とは、聴聞を主宰する者のことです。行政庁が指名する職員などがこれにあたります（19条1項）。

不利益処分を行う権限を有しているのは行政庁ですが、行政庁自身で聴聞を主宰するわけではなく、職員の中から誰かを指名して主宰させたりするわけです。例えば、国土交通省が管轄する事案の場合、不利益処分を行う権限を有するのは国土交通大臣です。この場合、主宰者には国土交通省の職員が指名されることになります。

なお、聴聞は、公正・中立に行われる必要があります。主宰者となる者が、たまたま処分の名宛人となるべき者自身やその者の親族だったり、その者と個人的に特別な関係にあるときは、どうしても判断が偏りがちになってしまいます。そのため、行政手続法19条2項では、そういった者が聴聞の主宰者となれないようにされています。

行政手続法19条2項では、当事者・参加人自身、これらの者の配偶者・4親等内の親族・同居の親族などは主宰者となれない旨が規定されています。なお、不利益処分の原因事実の調査にあたった職員は、この対象になっていません。調査にあたった職員は、当該事案について予断を持っているし、主宰者として指名されない方がよいように思えますが、特に、調査にあたった者と主宰者を分離するという仕組みは採られていません。

聴聞の審理

聴聞審理は、主宰者がとりしきります。

主宰者は、最初の聴聞期日の冒頭において、行政庁の職員に、予定される不利益処分の内容、根拠法令の条項、その原因となった事実について、聴聞の期日に出頭した者に対して説明させます（20条1項）。

当事者・参加人が行政庁の職員に対して質問する場合、主宰者の許可が必要となります（20条2項）。

主宰者は、必要に応じ、当事者・参加人に対して質問を発したり、意見の陳述や証拠書類等の提出を促したり、

行政庁の職員に対して説明を求めたり
することができます（20条4項）。

　主宰者は、当事者・参加人が出頭し
ない場合でも、聴聞審理を行うことが
できます（20条5項）。

　なお、聴聞審理は原則非公開です
（20条6項）。行政庁が公開することを
相当と認めるとき以外は、公開されま
せん。非公開を原則としているのは、
当事者のプライバシー、名誉、社会的
信用などに配慮してのことです。

続行期日の指定

　主宰者は、聴聞審理の結果、なお聴
聞を続行する必要があると認めるとき
は、さらに新たな期日を定めることが
できます（22条1項）。

　この場合、当事者・参加人に対し、
あらかじめ次回の聴聞の期日・場所を
書面で通知しなければなりませんが、
聴聞期日に出頭している当事者・参加
人に対しては当該期日においてこれを
告知すれば足ります（22条2項）。

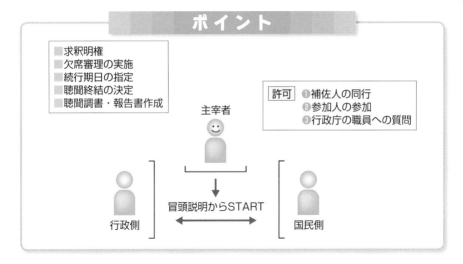

ポイント

- 求釈明権
- 欠席審理の実施
- 続行期日の指定
- 聴聞終結の決定
- 聴聞調書・報告書作成

許可　❶補佐人の同行
　　　❷参加人の参加
　　　❸行政庁の職員への質問

主宰者

行政側　　冒頭説明からSTART　　国民側

ミニテスト

1　聴聞の主宰者は、行政庁と処分の名宛人となるべき者の合議で決定する。
2　聴聞において、当事者が行政庁の職員に対して質問を発するときは、主宰者の許可
　を得てから行う。
3　聴聞審理は、原則として公開して行われる。

　1　×　主宰者には行政庁が指名する職員その他政令で定める者があたる。
　　　2　○　20条2項。
　　　3　×　原則非公開。

042 聴聞手続4

調書・報告書を書いて聴聞の成果を行政庁へ伝える……

Q 不利益処分を行う権限があるのは行政庁だよね。処分の名宛人となるべき者の言いたいことってちゃんと行政庁に伝わってるのかな？

A 聴聞の成果は、主宰者がまとめた調書や報告書によって行政庁にちゃんと伝わるよ。行政庁は、それを読んで最終的な処分を決めるんだ。

調書・報告書

聴聞は、不利益処分に先立って行われる手続です。聴聞の場で行われた事実解明に基づいて、最終的に不利益処分が行われるか否かが決まります。

ただ、通常、不利益処分をなす権限を有するのは行政庁であって、主宰者ではありません。そのため、行政庁は、不利益処分を行うか否かを判断するにあたって、聴聞の成果を主宰者から受け取る必要があります。

そこで、主宰者は、聴聞手続の成果をまとめ、聴聞の調書と報告書を作成して行政庁へ提出することとされています（24条）。

調書とは、聴聞の審理の経過を記載した書面のことです。調書は、聴聞の期日における審理が行われた場合はその期日ごとに、審理が行われなかった場合は聴聞の終結後速やかに作成しなければならず、調書には不利益処分の原因事実に対する陳述の要旨を明らかにしておかなければなりません（24条1項・2項）。

報告書とは、処分の名宛人となるべ

き者の聴聞においての主張に理由があるか否かについて、主宰者がどう思ったかを記載した書面のことです。報告書は、聴聞の終結後速やかに作成しなければなりません（24条3項）。

なお、処分の名宛人となるべき者は、調書・報告書の閲覧を求めることができます（24条4項）。

不利益処分の決定

行政庁は、聴聞調書の内容と報告書に記載された主宰者の意見を十分に参酌して不利益処分の決定をしなければなりません（26条）。

これは、主宰者の意見に行政庁の判断を法的に拘束する力はありませんが、聴聞手続を行った意義を没却させてはならないことを意味します。

例えば、国土交通省が管轄する分野の事業者について、国土交通大臣から不利益処分をなされる前に聴聞を実施しました。主宰者（国土交通省の職員）が、その調書と報告書を取りまとめて国土交通大臣に送ったので、後は国土交通大臣がどのような処分にする

かを考えればいいわけです。しかし、せっかく聴聞を実施したのですから、不利益処分を実施するか否かの最終的な判断を決定するのに、聴聞手続で行われた事実認定を活かすことが大切です。つまり、聴聞手続外で認定された事実を突然持ち出してきて、それを基礎に処分をするといったことは行うべきではないといえます。

聴聞の再開

行政庁は、聴聞の終結後に生じた事情に鑑み、必要があると認めるときは、主宰者に対し、提出された報告書を返戻して聴聞の再開を命ずることができます（25条）。

行政庁が、聴聞が終わった後に生じた事情を考慮し、処分をする前にもう少し話を聞いてみたいと思った場合などのために、行政庁には、聴聞再開を命ずることができる権限を与えたのです。

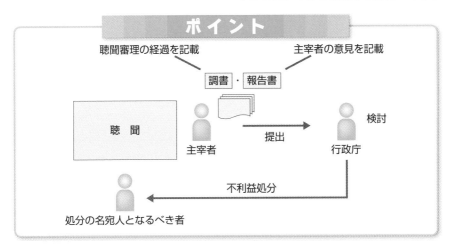

ポイント

聴聞審理の経過を記載　　　　　主宰者の意見を記載

調書・報告書

聴聞

主宰者　　提出　　行政庁　　検討

不利益処分

処分の名宛人となるべき者

ミニテスト

1　調書は当事者が作成するものだが、報告書は聴聞の主宰者が作成する。
2　主宰者が作成する報告書では、不利益処分の原因となる事実に対する当事者の主張に理由があるかどうかについての意見が記載される。
3　当事者は、調書・報告書の閲覧請求をする場合は主宰者の許可を得て行う必要がある。

解答　1　× 調書の作成をするのも主宰者。
　　　　2　○ 報告書は主宰者の意見をまとめたもの。
　　　　3　× 調書・報告書の閲覧請求に主宰者の許可は要求されていない。

043 弁明の機会の付与

聴聞が必要なケース以外における意見陳述のための手続……

Q 行政手続法13条１項では、聴聞のほかにもう１つの意見陳述のための手続が書いてあったよね？

A 弁明の機会の付与のことだね。不利益の程度が軽いときなど聴聞が必要とされる場合以外で執られる手続だよ。

弁明の機会の付与

行政手続法13条１項で規定されている意見陳述のための手続には、聴聞のほかに弁明の機会の付与という方法もありました。

これは、一般に不利益の程度が軽いときに付与される簡易的な意見陳述の機会といえます。

弁明は、行政庁が口頭ですることを認めたときを除き、書面（弁明書）を提出して行います（29条１項）。また、証拠書類等を提出することもできます（29条２項）。このように、通常は、弁明書や証拠書類等だけを提出して自分の言いたいことを書面で主張立証していくことになります。

通　知

弁明の機会の付与の手続も、聴聞と同様、行政庁からその通知がされることによって手続がスタートします。

行政庁は、弁明書の提出期限（口頭による弁明の機会の付与を行う場合は、その日時）までに相当の期間を置いて、不利益処分の名宛人となるべき者に対し、①予定される不利益処分の内容、根拠法令の条項、②不利益処分の原因となる事実、③弁明書の提出先・提出期限（口頭による弁明の機会の付与を行う場合は、その旨、出頭すべき日時・場所）を書面により通知します（30条）。弁明書提出期限までに相当の期間を置くのは、処分の名宛人となるべき者に対して弁明書・証拠書類等の提出についての十分な準備期間を確保しようとするためです。

聴聞の場合、公示送達の規定がありましたが、これは弁明の機会の付与の場合の通知にも準用されています（31条、15条３項）。したがって、処分の名宛人となるべき者が所在不明の場合、行政庁の事務所の掲示板に掲示しておけば、掲示を始めた日から２週間を経過したときに、通知がその者に到達したものとみなされます。

聴聞の場合、教示の規定がありましたが、これは弁明の機会の付与の場合の通知には準用されていません（31条は15条２項を準用していない）。弁明の機会の付与の手続では口頭での意見

陳述権が本来的に保障されているわけではなく、処分の内容の程度と行政庁の負担も考慮した上で、教示の規定は特に設けなくてもよいと考えられたためといえます。

代理人

聴聞の場合、代理人の規定がありましたが、これは弁明の機会の付与の場合にも準用されています（31条、16条）。したがって、代理人を選任して手続を任せることも可能です。

参加人・補佐人

聴聞の場合、参加人や補佐人といった制度がありましたが、これは弁明の機会の付与の場合には準用されていません（31条は17条や20条3項を準用していない）。

文書等閲覧請求

聴聞の場合、聴聞終結までの間は行政庁に対して文書等の閲覧を請求することができる制度がありましたが、弁明の機会の付与の場合には準用されていません（31条は18条を準用していない）。

ポイント

	聴　聞	弁　明
通知方式	書面通知 教示あり	書面通知 教示なし
	名宛人所在不明の場合は公示送達の例による	
審理方式の原則	口頭審理主義	書面審理主義
参加人	○	×
代理人	○	○
補佐人	○	×
文書等の閲覧請求権	○	×

ミニテスト

1　弁明は、行政庁が口頭ですることを認めたときを除き、書面を提出してする。
2　処分の相手方以外の関係人にも参加人として弁明の機会が付与される。
3　弁明は、代理人を選任して行わせることもできる。

解答　1　○　29条1項。
　　　　2　×　参加人制度はない。
　　　　3　○　31条、16条。

044 行政指導

行政指導に対する手続的規制……

Q 行政手続法では、処分以外にも規律の対象となっているものがいくつかあったよね？

A はい。行政指導、届出、命令等制定だよ。行政指導についても規律の対象としているのがこの法律の特色の１つといえるね。

行政指導

行政指導とは、行政機関がその任務・所掌事務の範囲内において一定の行政目的を実現するため特定の者に一定の作為や不作為を求める指導・勧告・助言その他の行為であって処分に該当しないものです（２条６号）。

行政手続法では、行政指導に対してもルールを設定しています。

まずは、行政指導の一般原則についてです。行政手続法32条１項では、行政指導は、行政機関が割り当てられた所掌事務の範囲を超えて行ってはならないことや相手方の任意の協力で実現するものであることに留意しなければならないことが規定され、同条２項では、任意の協力であることにさらに念を押し、行政指導に従わなかったことを理由に不利益な取扱いをしてはならない旨が規定されています。

次に、申請に関連する行政指導についてです。許認可申請が法律上何ら問題のない申請であるはずなのに、「申請を取り下げてくれませんか。」などの指導をしてそれに従わせた場合、な

ぜ許可されないのかも不透明なままになってしまいます。そこで、いわゆる取下げ指導などにも規制をかけることとし、行政手続法33条では、申請の取下げ指導や変更指導は、相手方が指導に従う意思がないことを表明しているときに当該指導を継続してその者の権利行使を妨げるようなことをしてはならない旨が規定されています。

続いて、許認可等の権限に関連する行政指導を見てみましょう。行政庁に許認可権があるということは、最初に許認可をもらう場面でもそうですが、その後も引き続き監督官庁として事業者とかかわり、改善命令や許認可の取消しなどの権限が法律上認められていることも少なくありません。この点、その権限を行使しないときにまで、それをちらつかせて指導に従わざるを得ないようなことをされれば、行政指導を任意の協力で実現させようとする趣旨を失わせてしまいます。そこで、行政手続法34条では、許認可の権限を行使できない場合や行使する意思がない場合に行政指導をするときは、当該権

限を行使し得る旨を殊更に示すことで相手方に行政指導に従うことを余儀なくさせるようなことをしてはならない旨が規定されています。

行政指導の方式

行政指導に携わる者は、その相手方に対して、当該行政指導の趣旨・内容・責任者を明確に示さなければなりません（35条1項）。なお、行政指導が口頭でされる場合、相手方からこれらの事項を記載した書面の交付を求められたときは、原則として書面を交付しなければなりません（35条3項）。

複数の者に対する指導

行政手続法36条では、行政機関は、あらかじめ、事案に応じ、行政指導指針を定めなければならず、かつ、行政上特別の支障がない限り、これを公表しなければならないことが規定されています。

同一の行政目的を実現するため一定の条件に該当する複数の者に対して同様な行政指導をしようとする場合に、相手方によってバラバラの行政指導が行われると行政指導の公平性や信頼性を害することになるからです。

ポイント

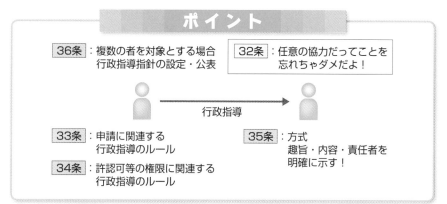

36条：複数の者を対象とする場合　行政指導指針の設定・公表

32条：任意の協力だってことを忘れちゃダメだよ！

行政指導

33条：申請に関連する行政指導のルール

34条：許認可等の権限に関連する行政指導のルール

35条：方式　趣旨・内容・責任者を明確に示す！

ミニテスト

1　行政指導に携わる者は、当該行政機関の所掌事務の範囲を逸脱してはならない。

2　行政指導の相手方以外の利害関係人に対しても、行政指導の趣旨・内容・責任者を明確に示さなければならない。

3　同一の行政目的を実現するため一定の条件に該当する複数の者に対し行政指導をしようとするときは、行政指導指針を定めることが要求されている。

解答　1　○　32条1項。
　　　　2　×　相手方に対してしか規定されていない（35条1項）。
　　　　3　○　36条。

045 行政指導の中止等の求め

行政指導の中止を求めることもできるようになったよ……

Q 平成26年の改正で新しい制度ができたよね？

A 行政指導の中止等の求めや、処分等の求めの制度が導入されるようになったね。平成27年4月から施行されているよ。

行政指導の中止等の求め

国民の救済手段の充実・拡大を図るため、平成26年改正により、法律に基づく行政指導を受けた事業者が、行政指導が法律の要件に適合しないと考えた場合に、行政機関に再考を求める手続が新設されました。

法令に違反する行為の是正を求める行政指導（その根拠となる規定が法律に置かれているものに限ります。）の相手方は、当該行政指導が当該法律に規定する要件に適合しないと思料するときは、当該行政指導をした行政機関に対し、その旨を申し出て、当該行政指導の中止その他必要な措置をとることを求めることができます（36条の2第1項本文）。

行政指導は法律の根拠は不要です。それは行政指導は法律の根拠をもってはいけないということではありませんので、実際には法律に基づく行政指導も存在します。そして、行政指導の中止等の求めの対象となるのは、法律に根拠を有する行政指導のみとされています。

また、行政指導がその相手方について弁明その他意見陳述のための手続を経てされたものであるときは、行政指導の中止等の求めの対象とはなりません（36条の2第1項ただし書）。あらかじめ意見陳述のための手続がとられていて、なお行政指導の必要があると考えられたのだから行政指導が出されているのであって、中止を求めたところで中止されるわけではないと考えられるからです。

なお、行政指導の中止等の申出は、当該行政指導の内容、行政指導がその根拠とする法律の条項、その条項に規定する要件、当該行政指導がその要件に適合しないと思料する理由などを記載した申出書を提出して行わなければなりません（36条の2第2項）。

そして、行政機関は、行政指導の中止等の申出があったときは、必要な調査を行い、当該行政指導が当該法律に規定する要件に適合しないと認めるときは、当該行政指導の中止その他必要な措置をとらなければなりません（36条の2第3項）。

処分等の求め

違法な行為をしている事業者に対し、行政庁は監督官庁として何らかの処分や行政指導をすることになります。従来は、行政手続法上、国民の側から、当該事業者に対する処分や行政指導をするよう求めることは認められていませんでしたが、国民の権利利益の保護を図るため、平成26年改正により、処分や行政指導をするよう求めることができるものとされました。

何人も、法令に違反する事実がある場合において、その是正のためにされるべき処分または行政指導（その根拠となる規定が法律に置かれているものに限ります。）がされていないと思料するときは、当該処分をする権限を有する行政庁または当該行政指導をする権限を有する行政機関に対し、その旨を申し出て、当該処分または行政指導をすることを求めることができます（36条の3第1項）。この場合の申出も申出書を提出して行います（36条の3第2項）。

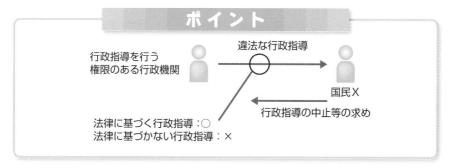

ポイント

違法な行政指導

行政指導を行う権限のある行政機関

国民X

行政指導の中止等の求め

法律に基づく行政指導：○
法律に基づかない行政指導：×

ミニテスト

1　法律に基づかない行政指導は行政指導の中止等の求めの制度の対象とならない。

2　行政指導の中止等の求めは、原則として口頭で申し出ればよい。

3　法令違反の事実がある場合、その是正のために必要な処分を行うことを求めることはできるが、行政指導をすることを求める制度は設けられていない。

解答　1　○　36条の2第1項。

2　×　申出書（書面）によって行う（36条の2第2項）。

3　×　行政指導をすることを求めることもできる（36条の3第1項）。

046 届出・命令等制定

命令等を制定するときに必要な手続が意見公募手続……

Q 届出・命令等制定についても規律されているんだよね？ どんなルールがあるの？

A 届出には到達すれば手続上の義務が履行されたとすること、命令等制定には意見公募手続の実施が要求されていることなどのルールがあるよ。

届　　出

届出とは、行政庁に対し一定の事項の通知をする行為（申請に該当するものを除く。）であって、法令により直接に当該通知が義務付けられているもの（自己の期待する一定の法律上の効果を発生させるためには当該通知をすべきこととされているものを含む。）のことです（2条7号）。

申請は、行政庁の諾否の応答が予定されているのに対し、届出では、行政庁は届出人に応答することは予定されていません。なお、法律の条文上、報告・通報などの用語が用いられていても、この定義に該当する場合には「届出」に該当します。

行政手続法では、「届出」についても規律を設けています。

行政手続法37条において、届出が形式上の要件に適合している場合は、その届出が法令によりその届出の提出先とされている機関の事務所に到達したときに、その届出をすべき手続上の義務は履行されたものとするとの規定が置かれています。

なお、形式上の要件に適合しているとは、届出書の記載事項に不備がないことや届出書に必要な書類が添付されていることなどを指します。

命令等制定

命令等とは、命令・規則、審査基準、処分基準、行政指導指針を指す用語です（2条8号）。

行政手続法38条では、命令等を制定する際の一般原則が定められています。命令等制定機関は、命令等を定めるにあたり、当該命令等がこれを定める根拠となる法令の趣旨に適合するものとなるようにしなければなりません（38条1項）。また、命令等を定めた後においても、当該命令等の規定の実施状況、社会経済情勢の変化等を勘案し、必要に応じ、その内容について検討を加え、その適正の確保に努めなければなりません（38条2項）。

意見公募手続

命令等制定機関は、命令等を定めようとする場合、当該命令等の案および

これに関連する資料をあらかじめ公示し、意見の提出先・意見提出期間を定めて広く一般の意見を求めなければなりません（39条1項）。この場合、公示する命令等の案は、具体的かつ明確な内容のものであって、当該命令等の題名・当該命令等を定める根拠となる法令の条項が明示されたものでなければなりませんし（39条2項）、意見提出期間は、原則として公示の日から起算して30日以上でなければなりません（39条3項）。

そして、命令等制定機関は、意見公募手続の実施によって提出された意見を十分に考慮して、実際に命令等を制定します（42条）。この場合、当該命令等の公布と同時期に、①命令等の題名、②命令等の案の公示の日、③提出意見、④提出意見を考慮した結果とその理由を公示しなければなりません（43条1項）。なお、提出意見については整理・要約したものを公示するという方法によって行うことも可能です（43条2項）。

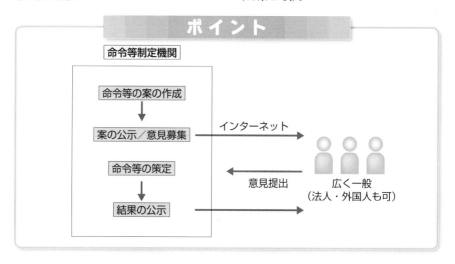

1　個別の法律の条文に届出という文言が用いられていても、行政手続法上の「届出」に該当するとは限らない。
2　自己に利益を付与することについて行政庁の諾否の応答を求める行為は「届出」にあたる。
3　外国人や法人は、意見公募手続に従い意見を提出できない。

解答　1　○　2条7号の定義に該当しないなら行政手続法上の「届出」ではない。
　　　　2　×　行政庁が諾否の応答をすべきなら、それは「申請」にあたる。
　　　　3　×　外国人や法人でも可。

047 適用除外

行政手続法で規定したルールが適用されない分野……

Q 行政手続法では、処分・行政指導・届出・命令等制定に関する手続が定められているけど、これってすべての領域で適用されるものなの?

A いいえ、その適用が除外されることもあるよ。例えば、地方公共団体が条例に基づいて行う処分には行政手続法の処分の規定は適用されないんだ。

地方公共団体

行政手続法3条3項では、地方公共団体の行政活動と行政手続法の適用の有無について規定されています。

まず、地方公共団体の機関がする処分で、その根拠となる規定が条例・規則に置かれているものについては、行政手続法の処分の規定は適用されません。法律は国レベルのルールですが、このように、処分についての実体の根拠規定が地方レベルのルールに置かれているのに、手続だけは国レベルのルールを押し付けるのでは、地方自治を害してしまいますから、行政手続法の処分の規定は適用しないこととされました。一方、地方公共団体の機関がする処分でもその根拠規定が法律・命令に置かれるものには、行政手続法の処分の規定は適用されます。この場合は、処分の実体の根拠規定自体が国レベルのルールだからです。

次に、地方公共団体の機関の職員が行う行政指導については、それが、条例・規則に基づくものか法律・命令に基づくものかを問わず、行政手続法の行政指導の規定は適用されません。行政指導の性格上、それが法律に基づくものか否かの区別がつけにくいものもありますし、また、行政指導の方法は地域ごとに多種多様であることを考慮したためです。

また、地方公共団体の機関に対する届出については、処分と同様のルールが設定されています。つまり、根拠規定が条例・規則に置かれているものについては行政手続法の届出の規定は適用されませんが、法律・命令に置かれているものであれば適用されます。

最後に、地方公共団体の機関が命令等を定める行為については、行政手続法の命令等制定の規定は適用されません。地方公共団体の長が制定する規則は、地方公共団体の機関が定める命令等にあたりますが、これは地方特有の行政立法の定立行為であって、国の干渉を控える必要があるからです。

行政手続法3条1項

行政手続法3条1項では、行政手続法の処分や行政指導の規定が適用され

ない分野が挙げられています。例えば、公務員に対してその職務または身分に関してされる処分・行政指導（9号）や、外国人の出入国、難民の認定、帰化に関する処分・行政指導（10号）などです。

3条1項で適用除外として挙げられているのは、①当該分野に慎重な手続があるから、②刑事手続の一環として処理されるものだから、③性質上、行政手続法とは別の手続をとることが望ましいから、④性質上、行政手続法の規定を一律に適用することに馴染まないからと、理由は様々です。

行政機関同士

例えば、国の機関から地方公共団体の機関に対する処分（これらの機関・団体がその固有の資格において当該処分の名宛人となるものに限る）については、行政手続法の規定は適用されません（4条1項）。行政手続法は、元々が行政と国民との間を規律するルールであって、行政機関相互の行為について規律するものではないからです。

ポイント

【地方公共団体の活動と行政手続法の規定の適用】

処 分	（根拠）条例・規則 ⇒ 適用 × （根拠）法律・命令 ⇒ 適用 ○
行政指導	⇒ 適用 ×
届 出	（根拠）条例・規則 ⇒ 適用 × （根拠）法律・命令 ⇒ 適用 ○
命令等制定	⇒ 適用 ×

※地方公共団体は、行政手続法を適用しないとされた処分、行政指導、届出、命令等制定行為に関する手続について、行政運営における公正の確保と透明性の向上を図るため必要な措置を講ずるよう努めることが要求されています（46条）。つまり、行政手続条例で規律しましょうということです。

ミニテスト

1　地方公共団体の機関がする法律に基づく処分に行政手続法の処分の規定は適用されない。

2　地方公共団体の機関がする条例に基づく処分に行政手続法の処分の規定は適用されない。

3　地方公共団体の機関がする行政指導に行政手続法の行政指導の規定は適用されない。

解答　1 × 適用される。　2 ○ 適用されない。　3 ○ 適用されない。

048 行政不服申立て

行政不服審査法

行政処分の取消しを求めたいけど、裁判してまではちょっと……

Q 裁判じゃなくて、もっとお金も時間もかからない方法で行政処分の取消しを求めることってできないのかな？

A 行政処分の争訟取消しの方法には、裁判のほかにも、行政機関に対して不服を申し立てる方法もあるよ。「行政不服審査法」という法律の話だよ。

概　　要

行政不服申立てとは、行政庁の処分その他公権力の行使にあたる行為に対して不服がある者が、行政機関に対して不服を申立て、その違法性・不当性を審査してもらい、その是正や排除を求める手続のことです。

瑕疵ある行政行為であっても、権限のある行政機関または裁判所が取り消すまでは、一応有効なものとして扱われます（公定力）。

この場合、処分をした行政庁は、瑕疵ある行政行為を取り消すことができます（職権取消し）が、行政行為の相手方たる国民の側からも取消しを求めることができます（争訟取消し）。

この争訟取消しのうち、行政機関が取り消す場合の手続を定めた法律が行政不服審査法です。

平成26年改正

行政不服審査法は、昭和37年の制定以来、50年以上、実質的な法改正はされてきませんでしたが、行政手続法の制定（平成5年）や、行政事件訴訟法の改正（平成16年）など関係法制度の整備・拡充を踏まえ、時代に即して見直し、平成26年6月に抜本的な改正が行われました（平成28年4月1日から施行）。

目　　的

行政不服審査法は、行政庁の違法または不当な処分その他公権力の行使にあたる行為に関し、国民が簡易迅速かつ公正な手続の下で広く行政庁に対する不服申立てをすることができるための制度を定めることにより、国民の権利利益の救済を図るとともに行政の適正な運営を確保することを目的としています（1条1項）。

このように、行政不服審査法は、簡易迅速な手続による国民の権利利益の救済をその目的としています。行政処分について訴訟で取消しを求めて争うこともできますが、訴訟の場合、多大な時間と費用を要することも少なくありません。これに対し、行政不服申立ては、略式の手続ではあるものの、簡易迅速な救済を求める国民のニーズに

対応できる仕組みといえます。

また、行政不服申立てでは、違法または不当な行政庁の処分その他の公権力の行使にあたる行為を争訟の対象としています。なお、行政処分について訴訟で取消しを求めることもできますが、訴訟の場合、司法機関による審査ですので、審査が及ぶのは違法性の判断に限られます。

一　般　法

行政不服審査法は、行政不服申立てについての一般法です（1条2項）。つまり、行政庁の処分その他公権力の行使にあたる行為に関する不服申立てについて、他の法律に特別の定めがある場合にはそちらの法律が適用され、そういった法律がない場合には行政不服審査法の定めによることとなります。

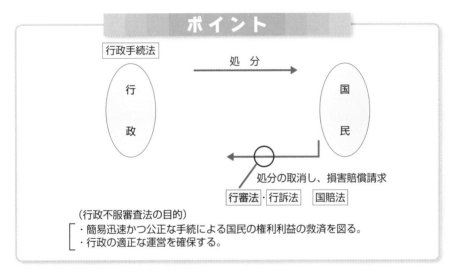

ポイント

（行政不服審査法の目的）
・簡易迅速かつ公正な手続による国民の権利利益の救済を図る。
・行政の適正な運営を確保する。

ミニテスト

1　行政不服審査法では、違法な行政処分のみを不服申立ての対象とし、不当な行政処分はその対象から除外している。

2　行政不服審査法は、簡易迅速かつ公正な手続による国民の権利利益の救済を図るとともに行政の適正な運営を確保することを目的としている。

3　行政処分に対する不服申立てについて、行政不服審査法以外の法律に特別の定めがある場合はその法律が適用される。

解答　1　×　違法性のほか不当性についても審査対象。
　　　　2　○　1条1項。
　　　　3　○　1条2項。

049 不服申立ての種類 行政不服審査法

審査請求、再調査の請求、再審査請求の３種の不服申立て……

Q 平成26年改正で新しく再調査の請求という制度ができたのですか？

A 昔は、審査請求、異議申立て、再審査請求という３種類でしたが、平成26年改正により、審査請求、再調査の請求、再審査請求の３種類になったよ。

審査請求

行政庁の処分に不服がある者は、審査請求をすることができます（２条）。また、法令に基づき行政庁に対して処分についての申請をした者は、当該申請から相当の期間が経過したにもかかわらず、行政庁の不作為がある場合には、当該不作為についての審査請求をすることができます（３条）。

行政不服審査法４条では、審査請求をどの行政庁に対してすればよいかについてのルールが規定されています。審査請求先は、処分庁や不作為庁に上級行政庁があるかないかによって異なります。処分庁や不作為庁に上級行政庁がない場合、当該処分庁や不作為庁自身が審査請求先となります。処分庁や不作為庁に上級行政庁がある場合、上級行政庁が審査請求先となります。なお、処分庁や不作為庁に上級行政庁が複数存在する場合は、最上級行政庁が審査請求先となります。審査請求人にトップによる判断を受ける機会を確保し、かつ、行政事務の統一的な処理を図ることができるからです。また、

例えば、処分庁や不作為庁が主任の大臣である場合は、処分庁や不作為庁である主任の大臣自身が審査請求先とされています。処分庁や不作為庁が上級行政庁から独立してその機関の事務を統括するなど一定の権限を有していることを尊重する観点から、当該処分庁や不作為庁自身である主任の大臣自ら審査請求について処理をするのが適切と考えられるからです。

さらに、上記とは別で、個別の法律で審査請求の宛先が特別に定められている場合は、上級行政庁の有無にかかわりなく、その法律の定める行政庁に審査請求をすることになります。例えば、市町村長が処分した場合、地方自治法に都道府県知事に審査請求する旨の規定があれば、審査請求の宛先は都道府県知事となります。

再調査の請求

例えば、大量定型的になされる処分については、審査請求手続をとる前に、処分の事案・内容等を把握している立場にある処分庁自身が審査請求よ

りも簡略的な手続によって改めて当該処分を見直し、迅速に判断を示すことは、国民の権利利益の迅速な救済に役立ちます。そこで、審査請求とは別に、処分庁に対して再調査の請求をすることを個別の法律により認めることができるものとされています（5条1項）。再調査の請求は平成26年改正により新たに設けられた仕組みです。

処分庁以外の行政庁が審査請求先となっている場合で、法律で再調査の請求が定められているときは、処分を受けた者は、審査庁に対して審査請求をすることとは別に、処分庁に対して再調査の請求をすることを選択できます。

再審査請求

処分についての審査請求の裁決に不服がある者が再審査請求をすることを個別の法律により認めることができます（6条1項）。

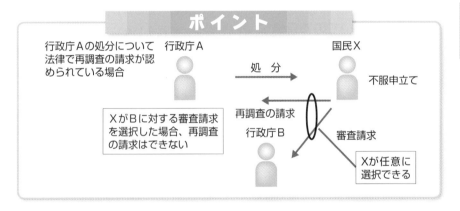

ポイント

行政庁Aの処分について法律で再調査の請求が認められている場合

行政庁A　　処　分　　国民X　　不服申立て

XがBに対する審査請求を選択した場合、再調査の請求はできない

再調査の請求

行政庁B

審査請求

Xが任意に選択できる

ミニテスト

1　行政庁の処分に対しては審査請求が認められるが、不作為に対しては審査請求は認められていない。

2　個別の法律がない場合、処分庁に上級行政庁がないとき、審査請求は処分庁に対して行う。

3　処分庁以外の行政庁へ審査請求ができる場合、法律で再調査の請求が認められているときは、処分庁へ再調査の請求をすることができる。

解答　1　×　行政庁の不作為に対しても審査請求は認められている（3条）。

2　○　4条1号。

3　○　5条1項。

050 不服申立ての対象 行政不服審査法

行政不服申立ての対象は、行政庁の処分と不作為……

Q 行政不服審査法で、不服申立ての対象とされているのは、行政庁の処分だけなのかな？

A いいえ。処分のほか、不作為についても不服申立ての対象だよ。処分と不作為ではルールが違うので、しっかり区分けすることが大切だね。

処分についての審査請求

行政庁の処分に不服がある者は、審査請求をすることができます（2条）。

不作為についての審査請求

法令に基づき行政庁に対して処分についての申請をした者は、当該申請から相当の期間が経過したにもかかわらず、行政庁の不作為がある場合には、当該不作為についての審査請求をすることができます（3条）。

平成26年改正前の旧法では、不作為についての不服申立ては、事務処理の促進を求めるための制度と考えられており、不作為庁自身への異議申立てまたは上級行政庁への審査請求のいずれかを選択することができる仕組みを採っていました。これに対し、平成26年改正による新法は、処分についての審査請求と同様、不作為の場合についても、異議申立てを廃止して、審査請求に一元化した上で、不作為についての審査請求は、当該申請を認容するか否かを判断することで、争訟の一回的解決を図るための制度と位置付けていま

す。なお、旧法では、不作為を「行政庁が法令に基づく申請に対し、相当の期間内になんらかの処分その他公権力の行使に当たる行為をすべきにかかわらず、これをしないこと」と定義していましたが、新法では、不作為を「法令に基づく申請に対して何らの処分をもしないこと」と定義し、これを客観的事実としてとらえ、相当の期間を経過しているか否かについては審査請求の中で判断するものと考えています。

適用除外

行政庁の処分およびその不作為については、特に除外されない限り、審査請求をすることができます（一般概括主義）。

7条1項では、その例外として、適用除外となる処分および不作為について列挙しています。例えば、外国人の出入国または帰化に関するものに対しては、審査請求の規定は適用されません（7条1項10号）。

旧法では、不作為についての不服申立ては、事務処理の促進を求めるため

の制度と考えられていたため、不作為についての適用除外規定は設けられていませんでしたが、平成26年改正による新法では、不作為についての審査請求についても、裁決時に法令に基づく申請に対して一定の処分をする措置をとることができる旨の手続を規定することにより、申請に対する応答内容を確定させ、争訟の一回的解決を図る仕組みとしています。そのため、不作為についての適用除外規定も処分と同様に設けられるようになりました。

特別の不服申立ての制度

　行政不服審査法7条によって審査請求をすることができない処分または不作為の場合でも、別に法令で当該処分または不作為の性質に応じた不服申立ての制度を設けることは可能です（8条）。行政不服審査法は一般法ですから、特別法に別の規定があれば、その規定が優先されるからです。

ポイント

不服申立ての対象
- [行政庁の処分]

  定義：公権力の主体たる国または公共団体が行う行為のうち、その行為によって、直接国民の権利義務を形成しまたはその範囲を確定する効果が法律上認められているもののこと。

  審査請求：○

  再調査の請求：○

- [行政庁の不作為]

  定義：行政庁が、法令に基づく申請に対して何らの処分をもしないこと。

  審査請求：○

  再調査の請求：×

ミニテスト

1　処分に対する不服申立てについては列記主義が採用されている。
2　外国人の出入国または帰化に関するものに対しては、審査請求の規定は適用されない。
3　行政不服審査法の「処分」には、不作為も含まれる。

解答　1　×　一般概括主義を採用。
　　　　　2　○　7条1項10号。
　　　　　3　×　「処分」と「不作為」は別の概念。

051 処分に対する不服申立て 行政不服審査法

行政庁の処分に対して審査請求する場合……

Q 行政庁の処分に対して審査請求をした場合、どのような結論が出ますか?

A 審査請求に対する審査庁の争訟裁断行為は「裁決」と呼ばれ、却下、棄却、認容の種類があるよ。

処分に対する審査請求

行政庁の処分に不服がある者は、審査請求をすることができます（2条）。

この場合、審査庁（審査請求がされた行政庁のこと）は、審査庁に所属する職員のうちから審理手続を行う者を指名します（9条1項）。審理手続を担当する指名された職員のことを審理員といいます。

審査庁が行う争訟裁断行為は裁決と呼ばれます。裁決の権限は審査庁に帰属しますが、審査請求を受けた行政庁は、その請求の適否を確認し、審査請求の審理を行うべき場合には、審査庁に所属する職員の中から審理員を指名して審理を行わせます。そして、最終的には、審査庁が審査請求に対する応答として裁決を行います。審理が公正に行われることを確保する観点から、処分に関与した者であったり、審査請求人自身やその配偶者などは審理員に指名することができない旨も規定されています（9条2項）。

なお、行政庁の処分は再調査の請求の対象にもなっています（5条1項）。

処分についての審査請求の裁決

却下裁決は、審査請求が不適法である場合に本案の審理を拒否する判断のことです。処分についての審査請求が不適法である場合、審査庁は、裁決で、当該審査請求を却下します（45条1項）。例えば、審査請求をすべき期間の経過後にされた審査請求など審査請求自体が不適法な場合、本案の審理をする必要はないため、却下裁決が行われます。

棄却裁決は、審査請求の本案の審理を行い、審査請求人の主張を退け、行政庁の処分を是認する判断のことです。処分についての審査請求が理由がない場合には、審査庁は、裁決で、当該審査請求を棄却します（45条2項）。審査請求に係る処分が違法または不当なものではなく、その処分を取り消す必要はないという場合には、審査請求に理由がないわけですから、棄却裁決がされることになります。なお、審査請求に係る処分が違法または不当ではある場合でも、審査庁は、公益を優先し、当該審査請求を棄却する裁決をす

ることができますが、この場合、審査
庁は、裁決の主文で当該処分が違法ま
たは不当であることを宣言しなければ
なりません（45条3項）。このような
裁決は事情裁決と呼ばれます。

認容裁決は、審査請求の本案の審理
を行い、審査請求人の主張を認め、行
政庁の処分を取り消すなどの判断のこ
とです。処分についての審査請求が理
由がある場合には、審査庁は、裁決
で、当該処分を取り消すことができま
す（46条1項）。法令に基づく申請を
却下した処分を取り消す場合、処分庁

の上級行政庁である審査庁のときは、
当該処分庁に対し、当該処分をすべき
旨を命ずることができ（46条2項1
号）、処分庁である審査庁のときは、
当該処分をすることができます（46条
2項2号）。

また、審査庁が処分庁自身である場
合または処分庁の上級行政庁である場
合であれば、裁決によって処分を変更
することもできます（46条1項）。た
だし、審査請求人の不利益に当該処分
を変更することはできません（48条）。

ポイント

1　行政庁の処分に対する審査請求の場合、審理員による審理が行われる。
2　行政庁の処分に対しては、再調査の請求ができる場合もある。
3　審査請求が形式不適法な場合や審査請求に理由がない場合はいずれも棄却裁決が下
　される。

解答　1　○　審査請求の審理は審理員により行われる（9条1項）。
　　　2　○　処分は再調査の請求の対象でもある（5条1項）。
　　　3　×　審査請求が形式不適法な場合は「却下」裁決（45条1項）。

052 不作為に対する不服申立て　行政不服審査法

行政庁の不作為に対して審査請求する場合……

Q 行政庁の不作為に対して審査請求をした場合、どのような結論が出ますか?

A 審査請求に対する審査庁の争訟裁断行為は「裁決」と呼ばれ、却下、棄却、認容の種類があるよ。

不作為に対する審査請求

法令に基づき行政庁に対して処分についての申請をした者は、当該申請から相当の期間が経過したにもかかわらず、行政庁の不作為がある場合には、当該不作為についての審査請求をすることができます(3条)。

この場合、審査庁は、審査庁に所属する職員のうちから審理手続を行う者を指名します(9条1項)。審理手続を担当する指名された職員のことを審理員といいます。

審査庁が行う争訟裁断行為は裁決と呼ばれます。裁決の権限は審査庁に帰属しますが、審査請求を受けた行政庁は、その請求の適否を確認し、審査請求の審理を行うべき場合には、審査庁に所属する職員の中から審理員を指名して審理を行わせます。そして、最終的には、審査庁が審査請求に対する応答として裁決を行います。審理が公正に行われることを確保する観点から、不作為に関与した者であったり、審査請求人自身やその配偶者などは審理員に指名することができない旨も規定されています(9条2項)。

なお、行政庁の不作為は再調査の請求の対象とはなっていません。

不作為についての審査請求の裁決

却下裁決は、審査請求が不適法である場合に本案の審理を拒否する判断のことです。不作為についての審査請求が当該不作為に係る処分についての申請から相当の期間が経過しないでされたものである場合その他不適法である場合には、審査庁は、裁決で、当該審査請求を却下します(49条1項)。

棄却裁決は、審査請求の本案の審理を行い、審査請求人の主張を退け、行政庁の不作為を是認する判断のことです。不作為についての審査請求が理由がない場合には、審査庁は、裁決で、当該審査請求を棄却します(49条2項)。

認容裁決は、審査請求の本案の審理を行い、審査請求人の主張を認め、行政庁の不作為の違法または不当を確認する判断のことです。不作為についての審査請求が理由がある場合には、審

査庁は、裁決で、当該不作為が違法または不当である旨を宣言します（49条3項）。この場合、不作為庁の上級行政庁である審査庁のときは、審査庁は、当該申請に対して一定の処分をすべきものと認めるときは、当該不作為庁に対し、当該処分をすべき旨を命ずることができ（49条3項1号）、不作為庁である審査庁のときは、審査庁は、当該申請に対して一定の処分をすべきものと認めるときは、当該処分をすることができます（49条3項2号）。

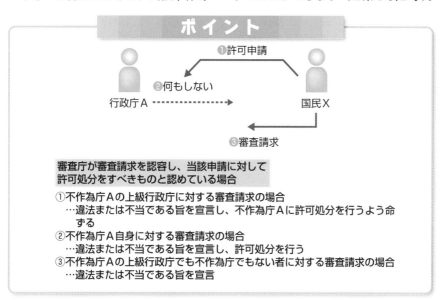

ポイント

❶許可申請

行政庁A ·········❷何もしない········➤ 国民X

❸審査請求

審査庁が審査請求を認容し、当該申請に対して許可処分をすべきものと認めている場合

①不作為庁Aの上級行政庁に対する審査請求の場合
　…違法または不当である旨を宣言し、不作為庁Aに許可処分を行うよう命ずる
②不作為庁A自身に対する審査請求の場合
　…違法または不当である旨を宣言し、許可処分を行う
③不作為庁Aの上級行政庁でも不作為庁でもない者に対する審査請求の場合
　…違法または不当である旨を宣言

1　行政庁の不作為に対する審査請求の場合、審理員による審理が行われる。
2　行政庁の不作為は、再調査の請求の対象ともなっている。
3　審査請求が形式不適法な場合や審査請求に理由がない場合はいずれも却下裁決が下される。

解答　1　○　不作為に対する審査請求の審理も審理員により行われる（9条1項）。
　　　　2　×　不作為は再調査の請求の対象ではない。
　　　　3　×　審査請求に理由がない場合は「棄却」裁決（49条2項）。

053 審査請求人

審査請求できるのは誰なの……

Q 行政庁の処分に対して審査請求するのは、処分を受けた直接の相手方でなければダメなの？　不作為の場合はどうなの？

A いいえ。処分を受けた直接の相手方でなくても審査請求できるときもあるよ。不作為の場合は、審査請求できるのは申請をした者に限られるよ。

審査請求人適格

処分についての審査請求は、行政庁の違法・不当な処分により自己の権利や法律上保護された利益を侵害され、または侵害されるおそれがある者がすることができます。つまり、処分の直接の相手方でなくても、審査請求することができます。

一方、不作為についての審査請求は、法令に基づき申請をした者に限り、することができます。

法人でない社団

行政不服審査法10条では、「法人でない社団又は財団で代表者又は管理人の定めがあるものは、その名で審査請求をすることができる。」と規定されています。

法人格を有するか否かは取引法上の権利義務の主体となる地位が認められるかどうかの問題であって、行政救済とは局面を異にします。審査請求をすることができるかどうかの判断においては、必ずしも法人性を前提とする必要はありません。そこで、法人でない社団・財団であっても、代表者・管理人の定めがあれば、その団体名で審査請求できることとしたのです。

参 加 人

利害関係人は、審理員の許可を得て、参加人として当該審査請求に参加することができます（13条1項）。また、審理員は、必要があると認めるときは、利害関係人に対し、参加人として当該審査請求に参加することを求めることができます（13条2項）。

総 代

行政不服審査法11条では、総代に関する条文が置かれています。

総代とは、みんなの代表といった意味でとらえるとよいでしょう。

多数人が共同して審査請求をしようとする場合、3人を超えない総代を選べます（11条1項）。なお、共同審査請求人が総代を互選しない場合でも、審査庁は、必要があると認めるときは総代を選ぶことを命ずることができます（11条2項）。

総代は、審査請求の取下げを除き、他の審査請求人のために審査請求に関する一切の行為をすることができます（11条3項）。総代が選任されたときは、共同審査請求人は、総代を通じてのみ、その行為をすることができます（11条4項）。

代理人

行政不服審査法12条では、代理人に関する条文が置かれています。

審査請求は、必ずしも審査請求人自身で行わなければならない手続ではなく、代理人によって行うことも可能です（12条1項）。

代理人は、審査請求人のために、当該審査請求に関する一切の行為をすることができます（12条2項本文）。ただし、審査請求の取下げを行う場合には、それについての特別の委任を受けている必要があります（12条2項ただし書）。

ポイント

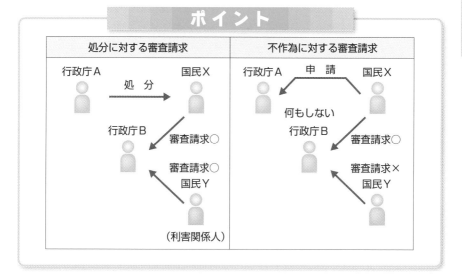

処分に対する審査請求	不作為に対する審査請求
行政庁A　処分　国民X	行政庁A　申請　国民X
行政庁B　審査請求○	何もしない　行政庁B　審査請求○
審査請求○　国民Y	審査請求×　国民Y
（利害関係人）	

ミニテスト

1　処分に対する審査請求は、処分を受けた相手方でなければすることができない。
2　不作為に対する審査請求は、法令に基づき申請をした者でなければすることができない。
3　審査請求は、代理人を通じて行うことはできない。

解答　1　×　処分の相手方には限られない。
　　　　2　○　法令に基づき申請した者に限られる。
　　　　3　×　代理人に任せることもできる。

054 審査請求の手続

審査請求書を作成して、期日までに提出することが必要……

Q 行政庁の処分に対する審査請求は、いつまでにどこに提出すればいいの？

A 法律で定められた審査請求期間内に行う必要があるよ。処分には不可争力が働くからだね。また、基本的には審査庁に提出すればいいんだけど、処分庁経由によるパターンもあるよ。

概　要

　審査請求を、きちんと審査庁に取り扱ってもらうためには、審査請求人としてふさわしいかどうかのチェック以外にも、審査請求ができる期間内であることなどの条件もクリアしておかなければなりません。

審査請求期間

　行政庁の処分には不可争力（012参照）が働きますから、一定期間を経過すると審査請求できなくなります。

　行政不服審査法18条では、審査請求ができる期間に関する条文が置かれています。通常は、審査請求は、処分があったことを知った日の翌日から起算して3ヶ月を経過したときは、行うことができません（18条1項本文）。ただし、正当な理由があるときはこの限りではないとされています（18条1項ただし書）。また、処分があったことを知らなくても、処分の日の翌日から起算して1年を経過したときは、行うことができません（18条2項本文）。ただし、正当な理由があるときはこの

限りではないとされています（18条2項ただし書）。

　一方、不作為については、行政庁の不作為が続いている間は審査請求ができると考えられますから、期間の制限は設けられていません。

書面による申立て

　審査請求は、原則として、書面（審査請求書）を提出して行わなければなりません（19条1項）。

　手続の開始時点において書面性を要求するのは、審査請求の存在や争点を明確にするためといえます。

　なお、審査請求書は、直接審査庁に提出しますが、審査請求人の選択によって処分庁を経由して審査請求を行うことも可能です（21条1項本文）。

　訴願法（行政不服審査法の前身となった法律です。）の頃は、処分庁を経由して訴願を行うこととされていましたので、処分庁のところで放置されるという弊害があったのです。そこで、行政不服審査法では、処分庁経由を義務付けず、審査庁に直接審査請求する

ことを認めるとともに、審査請求人の選択によって処分庁経由で審査請求を行うことも認めたのです。なお、処分庁経由で審査請求が行われた場合に、処分庁は審査請求書を直ちに審査庁に送付すべきことを義務付ける規定も置かれています（21条2項）。

補　正

審査請求書が行政不服審査法19条の規定に違反する場合、審査庁は、相当の期間を定め、その期間内に不備を補正すべきことを命じなければなりません（23条）。

補正を命じられることなく却下されてしまうと、再度書面を提出するまでの間に審査請求期間が経過し、不可争力によって審査請求ができなくなってしまうおそれがあるからです。そのため、不備があれば、その不備を補正すべきことを命じることを義務化したのです。

ポイント

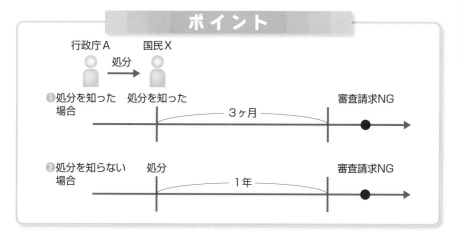

1　行政庁の処分に対する審査請求には期間制限は設けられていない。
2　行政庁の不作為に対する審査請求には期間制限は設けられていない。
3　審査請求を処分庁経由で行うことはできない。

解答　1　×　期間制限はある（18条）。
　　　　2　○　期間制限はない。
　　　　3　×　審査請求は処分庁経由でもできる（21条1項）。

055 教示制度その他

行政不服審査法

行政庁が不服申立てできる処分を書面で行う場合には教示が必要……

Q 処分に対して不服申立てができるとしても、それを処分の相手方が知らなかったら、不服申立て制度を利用できないじゃない？

A 確かにその通りだね。だから、①不服申立てができる旨、②不服申立てをすべき行政庁、③不服申立て期間を教示することが必要とされているんだ。

必要的教示

行政不服審査法によって不服申立てを認めたとしても、国民がそれを利用可能なことを知らないのでは、簡易迅速な手続による国民の権利利益の救済という目的は達成できないことになってしまいます。このとき、行政庁が不服申立てができる処分をする際に、不服申立てに関する一定の事項を教えてあげれば親切です。そこで登場するのが教示制度です。

行政庁は、不服申立てができる処分を書面で行う場合、処分の相手方に対し、①不服申立てができる旨、②不服申立てをすべき行政庁、③不服申立てができる期間について書面で教示しなければなりません（82条1項）。なお、処分が口頭でされる場合は、教示義務はありません。通常、口頭による処分には重要なものは少ないからです。

請求による教示

行政庁は、利害関係人から、①不服申立てができる処分かどうか、②不服申立てはどの行政庁に対してすればよ

いか、③いつまでに不服申立てをすればよいかについての教示を求められた場合、これらの事項について教示しなければなりません（82条2項）。この場合、書面による教示を求められれば、行政庁は、当該教示は書面でしなければなりません（82条3項）。

教示をしない場合

行政庁が行政不服審査法82条の規定による教示をしなかったときは、当該処分について不服がある者は、当該処分庁に対して不服申立書を提出することができます（83条1項）。

誤った教示をした場合

処分庁が教示をしてくれたとしても、その教示が誤っている場合もあり得ます。行政不服審査法22条では、そういった場合の救済に関する条文が置かれています。

例えば、行政庁Bに対して審査請求ができる処分について、処分庁Aが誤って行政庁Cを審査庁として教示した場合に、行政庁Cに審査請求されたと

きは、行政庁Cでこれを却下せず、行政庁Cから行政庁Bまたは処分庁Aに審査請求書を送付し、その旨を審査請求人に通知するなどの措置をとることが要求されています（22条1項・2項）。これにより審査請求書が行政庁Bに送付されれば、はじめから行政庁Bに審査請求されていたものとして扱われます（22条5項）。

情報の提供

行政不服審査法84条では、不服申立てをしようとする者または不服申立て

をした者の便宜を図ることを目的として、これらの者の求めに応じ、個々の不服申立てが円滑にされるために必要な情報の提供を努力義務として規定しています。

公　　表

行政不服審査法85条では、行政庁がした裁決等の内容その他当該行政庁における不服申立ての処理状況についての公表を努力義務として規定しています。

ポイント

必要的教示	[どんな場合]	不服申立てができる処分を書面でする場合
	[教示事項]	①不服申立てができる旨 ②不服申立てをすべき行政庁 ③不服申立てをすることができる期間
	[書面性]	書面で教示しなければならない
請求による教示	[どんな場合]	利害関係人から教示を求められた場合
	[教示事項]	①不服申立てができる処分かどうか ②不服申立てをすべき行政庁 ③不服申立てをすることができる期間
	[書面性]	書面を求められたときは書面で教示

ミニテスト

1　行政庁が、不服申立てができる処分を書面で行う場合には一定事項の教示を必要とするが、処分を口頭で行う場合はこの限りでない。

2　行政庁は、利害関係人からの請求によって教示を求められたときは、必ず書面で教示をしなければならない。

3　行政不服審査法には、行政庁が誤った教示をした場合の救済規定も置かれている。

解答　1　○　82条1項。
　　　　2　×　書面を要求されれば書面で教示。必ずではない（82条3項）。
　　　　3　○　22条参照。

056 執行停止

審査請求をしただけでは処分の効力は生じたままだから……

Q 営業停止の処分を受けたから審査請求をしたんだ。でも、請求が認容されて処分の取消しという結論が出るまでは営業しちゃいけないのかな?

A 原則論ではそうなるね。でも、それだと困るよね。そんなときのために執行停止の制度が用意されてるんだよ。

執行不停止の原則

審査請求は、処分の効力、処分の執行、手続の続行を妨げないのが原則です(25条1項)。

審査請求をして審査庁がそれに理由があると判断した場合は、処分は取り消されることになりますが、審査請求をしただけの段階では、まだ処分が取り消されたわけではなく、結論が出されるまでの間は、その処分の効力は維持されたままです。

例えば、違法な営業停止の処分がされたとしても、当該処分も取り消されるまでは一応有効なわけですし、審査請求をしただけでは、その処分の効力は停止せず、未だ営業できないままの状態なのです。

執行停止

執行停止とは、処分の効力、処分の執行または手続の続行の全部または一部の停止その他の措置のことです。

例えば、営業停止処分の効力の停止が認められると、請求が棄却されて処分が違法・不当ではなかったと確定することで処分の効力が生じるようになります。つまり、審査中は、とりあえず処分の効力はストップの状態とし、営業していてよいことにしておくわけです。

この点、処分庁自身または処分庁の上級行政庁が審査庁の場合は、審査請求人の申立てによりまたは職権で、執行停止をすることができます(25条2項)。

一方、処分庁自身でも処分庁の上級行政庁でもない行政庁が審査庁の場合は、審査請求人の申立てにより、執行停止をすることができます(25条3項)。なお、この場合は、処分の効力・処分の執行・手続の続行の停止以外の措置をすることはできません。

行政庁のした処分に対して、審査請求の結論が出る前の段階で審査庁がその処分に口をはさむのが執行停止ですから、それなりの大義名分が必要になります。そこで、処分権があることや上下関係または国民の申立てを大義名分と考えているのです。審査庁が処分庁自身または処分庁の上級行政庁の場

合ならどちらもありますし、処分庁自身でも処分庁の上級行政庁でもない場合は国民の申立てが大義名分になります。

さて、審査請求人の申立てがあった場合は、審査庁は、速やかに執行停止をするかどうかを決定しなければなりません（25条7項）。

この点、処分、処分の執行または手続の続行により生ずる重大な損害を避けるため緊急の必要があると認めるときは、審査庁は、執行停止をしなければなりません（必要的執行停止、25条4項本文）。ただし、この場合でも、執行停止をすると公共の福祉に重大な影響を及ぼすおそれがあるときや、本案について理由がないとみえるときは、執行停止をしなくてもよいとされています（25条4項ただし書）。

ポイント

執行停止の種類	①処分の効力の停止	処分の有する法的効果を停止し、以後その処分はなかったものとすること。
	②処分の執行の停止	処分を実施する行為を停止すること（ex.処分の代執行の停止）。
	③手続の続行の停止	処分を前提とした後続処分をさせないこと（ex.土地収用の事業認定処分の後続の収用裁決手続の停止）。
	④その他の措置	係争処分に代わる処分を行い、係争処分の効力や執行を停止したのと同じ状態を実現すること（ex.免許取消処分に代えて免許停止処分をする）。

行政庁A（処分庁）の処分に対し、行政庁B（審査庁）が審査請求先となる場合

BがAの上級行政庁である
・申立てのほか職権でもOK

BがAの上級行政庁ではない
・申立てのあるときはOK（職権NG）

ミニテスト

1 行政庁の処分に対する審査請求があった場合、その処分の効力は原則として停止するが、審査庁が相当と認めたときは効力は停止しない。

2 審査庁が処分庁の上級行政庁の場合は、職権による執行停止も認められている。

3 執行停止の申立てがあった場合、処分により生ずる重大な損害を避けるため緊急の必要があると認めるときは、原則として執行停止をしなければならない。

解答 1 × 原則は不停止、執行停止は例外として認められるにすぎない（25条1項）。

2 ○ 25条2項。

3 ○ 25条4項。

057 審査請求の審理手続　行政不服審査法

審査請求の審理は書面審理で行われる……

Q 審査請求ってどういう審理をするの？　やっぱり裁判みたいな感じなのかな？

A いいえ。裁判とは違って、通常、審査請求の審理は書面だけで行われるんだよ。その方が簡易迅速な手続の要請に適うからね。

審理員による審理

　審査庁は、審査庁に所属する職員のうちから審理手続を行う者を指名します（9条1項）。審査請求における審理手続は審査庁の事務ですが、実際には審査庁を補佐する審査庁の職員が具体的な手続を行うことになっています。そして、審査庁となるべき行政庁は、審理員となるべき者の名簿を作成するよう努めるとともに、これを作成したときは、当該審査庁となるべき行政庁および関係処分庁の事務所における備付けその他の適当な方法により公にしておかなければなりません（17条）。

　審理員による審理が行われることは処分についての審査請求の場合も不作為についての審査請求の場合も同様です。

弁明書・反論書

　行政庁Aの処分に不服があるXが審査庁Bに審査請求する場合、Xは、審査請求書をBに提出します（19条1項）。そして、Bは審理員としてCを

指名した場合、審査請求の審理はCによって行われることになります。この場合、Cは、審査請求書の写しをAに送付し、相当の期間を定めて弁明書の提出を求めます（29条1項・2項）。これに対し、Aが処分の内容や理由を記載した弁明書を作成し、Cに送付します（29条3項）。さらに、Xは、弁明書に記載された事項に対する反論を記載した反論書を提出することができます（30条1項）。そして、Cが、審査請求書、弁明書、反論書を読んで、審査請求に理由があるかどうかについて審理します。このように、審査請求の審理は書面で行われますが、例外として、Xの申立てがあった場合には口頭で意見を陳述する機会が付与される仕組みも設けられています（31条1項）。

審理手続の終結

　審理員は、必要な審理を終えたと認めるときは、審理手続を終結します（41条1項）。

　審理員は、審理手続を終結したとき

は、遅滞なく、審査庁がすべき裁決に関する意見書（審理員意見書）を作成し、速やかに、これを事件記録とともに、審査庁に提出しなければなりません（42条1項・2項）。審理の結果が審査庁による裁決に適正に反映されるよう、審理員は、審理の結果を審査庁がすべき裁決に関する意見書にまとめ、これを事件記録とともに審査庁に提出するものとしています。

そして、審査庁は、審理員意見書の提出を受けたときは、行政不服審査会等に諮問します（43条1項）。その後、審査庁は、行政不服審査会等から諮問に対する答申を受け、裁決を下します（44条）。裁決の客観性・公正性を確保するため、第三者機関である行政不服審査会等が、審理員が行った審理手続の適正性や法令解釈を含めてチェックする仕組みが採られています。

ポイント

行政庁Aの処分を受けたXが行政庁Bに審査請求し、Bは審理員にCを指名

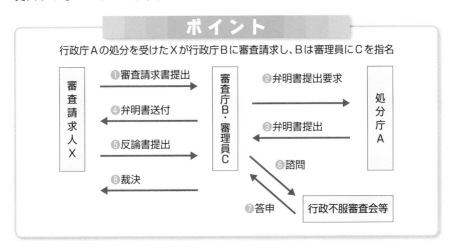

ミニテスト

1 審査請求の審理は書面によるのが原則である。
2 審査請求人に口頭での意見陳述が認められるのは、行政庁が相当と認めたときに限られる。
3 審理員は、審理手続を終結したときは、行政不服審査会等に諮問し、その答申を受けて、審理員意見書を作成しなければならない。

解答 1 ○ 25条1項。
2 × 口頭意見陳述が認められるのは審査請求人の申立てがあったとき。
3 × 行政不服審査会等への諮問は、審理員意見書を受け取った審査庁によってなされる（43条1項）。

058 行政事件訴訟

行政事件訴訟法

行政庁の処分を取り消す場合、訴訟でこれを求めることもできた……

Q 行政庁の処分に不服があるときは、裁判所に対して取消しを求める訴えを提起することもできたよね？

A はい、その通りだね。行政事件訴訟法という法律に基づいて取消訴訟を提起することができるよ。行政不服申立てと比較してみようね。

概　　要

　行政不服申立てと行政事件訴訟は、どちらも行政上の紛争を解決する行政争訟制度です。ただし、行政不服申立てが行政機関による争訟裁断行為であったのに対し、行政事件訴訟は裁判所による争訟裁断行為です。

　行政不服申立ては、簡易迅速な手続による救済手段である反面、行政内部の審査である性質上、審査の中立性には疑義が残るといえます。

　これに対し、行政権から中立な裁判所が、厳格な手続に従って、国民の権利利益の救済を図る制度が行政事件訴訟です。ただし、訴訟は司法作用ですから、その対象は行政行為の違法性の審査に限られ、行政行為の当・不当についてまで裁判所が判断できるわけではありません。

一 般 法

　行政事件訴訟法は、行政事件訴訟について定めた法律です。昭和37年に制定されました。

　この法律は、行政事件訴訟に関する一般法です（1条）。したがって、他の法律に特別の定めがある場合にはそちらの法律が適用されますが、そういった法律がない場合には行政事件訴訟の手続は行政事件訴訟法の定めによることとなります。

民事訴訟との関係

　行政事件訴訟法7条では、「行政事件訴訟に関し、この法律に定めがない事項については、民事訴訟の例による。」と規定されています。

　行政事件訴訟法は、行政事件訴訟についての一般法ですが、その具体的な訴訟手続のすべてを規律しているわけではありません。そこで、訴訟手続のルールは民事訴訟の規定を準用することとしたわけです。

　なお、行政事件訴訟法44条では、「行政庁の処分その他公権力の行使に当たる行為については、民事保全法に規定する仮処分をすることができない。」と規定されています。

　仮処分とは、民事訴訟の本案の権利の実現を保全するための仮差押え・係

争物に関する仮処分・民事訴訟の本案の権利関係につき仮の地位を定めるための仮処分の総称です。

違法な行政行為は取り消せばよいといえますが、実際に訴えを提起してから判決を得るまでにはそれなりに時間がかかります。そうすると、判決が確定する前に、原状回復が著しく困難な既成事実がつくられてしまうおそれがあります。

この点、民事訴訟では、そのような事態を招かないため、債務者に一定の行為を命じまたは禁止するなどの「仮処分命令」が認められています。

ただし、仮処分命令が悪用されると、行政活動がそれに縛られて停滞してしまうおそれがあります。

そこで、行政事件訴訟法では、仮の権利保護の仕組みを独自に設けることとし、行政事件訴訟について行政事件訴訟法に定めがない事項は民事訴訟の例によるとの規定（7条）を置きますが、行政庁の処分その他公権力の行使にあたる行為については、民事保全法の規定する仮処分をすることはできない旨を明記したのです（44条）。

ポイント

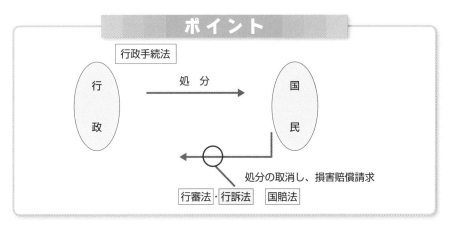

1 個別の法律において行政事件訴訟法と異なる規定を設けることはできない。
2 行政事件訴訟法に規定がない事項は民事訴訟の例による。
3 行政庁の処分その他公権力の行使にあたる行為について、民事保全法に規定する仮処分をすることができる。

解答 1 × 行政事件訴訟法は一般法（1条）。
2 ○ 7条。
3 × できない（44条）。

059 行政事件訴訟の分類 行政事件訴訟法

抗告訴訟、当事者訴訟、民衆訴訟、機関訴訟……

Q 行政事件訴訟にはどういった訴訟類型が規定されているの？

A 行政事件訴訟法でいう行政事件訴訟とは、抗告訴訟、当事者訴訟、民衆訴訟、機関訴訟のことだよ。学習のメインとなる行政庁の処分を取り消す訴訟（処分取消訴訟）は「抗告訴訟」の一類型だよ。

主観訴訟と客観訴訟

裁判所法3条1項では、「裁判所は、日本国憲法に特別の定のある場合を除いて一切の法律上の争訟を裁判し、その他法律において特に定める権限を有する。」と規定されています。

法律上の争訟とは、①当事者間の具体的な法律関係に関する紛争に、②法を適用すれば終局的な解決が可能である争訟のことです。この2つの要素を満たさない場合は、法律上の争訟にあたらず、司法審査の対象から外されます。なお、他に特別の法律の規定があり、司法審査が認められている場合は別です。

行政事件訴訟には、①抗告訴訟、②当事者訴訟、③民衆訴訟、④機関訴訟の4つの訴訟類型があります（2条）。

このうち、①抗告訴訟と②当事者訴訟は、主観訴訟に区分されます。主観訴訟は、国民の権利利益の保護を目的とした訴訟です。裁判所法3条1項の「法律上の争訟」にあたります。

一方、③民衆訴訟と④機関訴訟は、客観訴訟に区分されます。客観訴訟は、国民の個人的な権利利益とは関係なく、客観的な法秩序の維持を目的とした訴訟です。裁判所法3条1項の「法律上の争訟」にはあたらず、法律の特別の定めがある場合にのみ提起することが認められます。

抗告訴訟

抗告訴訟は、行政庁の公権力の行使に関する不服の訴訟のことです（3条1項）。

法定された抗告訴訟には、①処分の取消しの訴え（3条2項）、②裁決の取消しの訴え（3条3項）、③無効等確認の訴え（処分・裁決の存否や効力の有無の確認を求める訴訟、3条4項）、④不作為の違法確認の訴え（行政庁が法令に基づく申請に対し、相当の期間内に何らかの処分をすべきであるのにこれをしないことの違法性の確認を求める訴訟、3条5項）、⑤義務付けの訴え（行政庁に処分・裁決をすべき旨を命ずることを求める訴訟、3条6項）、⑥差止めの訴え（行政庁に処分・裁決をしてはならない旨を命ず

ることを求める訴訟、3条7項）があ
ります。

当事者訴訟

当事者訴訟は、当事者間の法律関係
を確認・形成する処分や裁決に関する
訴訟で法令の規定によりその法律関係
の当事者の一方を被告とする訴訟や、
公法上の法律関係に関する確認の訴え
その他の公法上の法律関係に関する訴
訟のことです（4条)。

民衆訴訟

民衆訴訟は、国または公共団体の機
関の法規に適合しない行為の是正を求
める訴訟で、選挙人たる資格その他自
己の法律上の利益にかかわらない資格
で提起する訴訟です（5条)。

機関訴訟

機関訴訟は、国または公共団体の機
関相互間における権限の存否またはそ
の行使に関する紛争についての訴訟で
す（6条)。

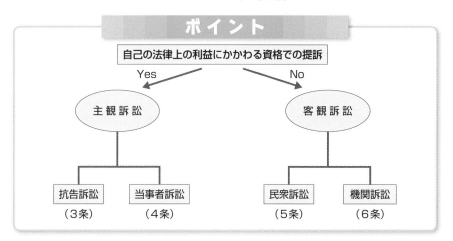

ポイント

自己の法律上の利益にかかわる資格での提訴

Yes → 主観訴訟

No → 客観訴訟

主観訴訟
- 抗告訴訟（3条）
- 当事者訴訟（4条）

客観訴訟
- 民衆訴訟（5条）
- 機関訴訟（6条）

ミニテスト

1　抗告訴訟は、処分取消訴訟、裁決取消訴訟、無効等確認訴訟、不作為の違法確認訴
　訟の4種類が法定されている。
2　民衆訴訟とは、国または公共団体の機関相互間における権限の存否またはその行使
　に関する紛争についての訴訟のことである。
3　民衆訴訟は、法律の定める場合に限られる。

解答　1　× 義務付け訴訟、差止訴訟も法定された抗告訴訟の類型。
　　　2　× これは「機関訴訟」。
　　　3　○ 民衆訴訟は客観訴訟なので法律の定める場合に限られる。

060 処分取消訴訟と審査請求 行政事件訴訟法

処分取消訴訟と審査請求の関係は自由選択……

Q 行政庁の違法な処分に対しては、処分取消訴訟も審査請求もどちらもできそうだけど、両者はどのような関係にあるの？

A 処分取消訴訟と審査請求は自由選択なので、原則として、好きなように提起していいんだよ。

自由選択主義

　行政事件訴訟法8条1項本文では、「処分の取消しの訴えは、当該処分につき法令の規定により審査請求をすることができる場合においても、直ちに提起することを妨げない。」と規定されています（自由選択主義）。

　自由選択主義が採られるのは、行政不服申立てによって簡易迅速な救済を求めるか、行政事件訴訟で裁判所に訴えて慎重な手続での救済を求めるかの選択は、救済を望む国民が自らの判断で決めた方がよいと考えられたからです。なお、どちらも希望する場合であれば、両方提起することも可能です。

　ただし、個別の法律で、審査請求に対する裁決を経た後でなければ処分取消訴訟は提起できない旨の定めがある場合は、この限りではありません。この場合、処分取消訴訟は、審査請求の裁決を経た後で提起することになります（審査請求前置、8条1項ただし書）。

　このように、審査請求前置を採っているのは、行政の事務処理が大量な場合などには単純なミスもあり得るので、訴訟に先立って行政にもう一度チェックさせるのが合理的なときもあるだろうとの判断に基づくものといえます。そのため、処分取消訴訟と審査請求の関係について、原則通り自由選択とはせずに、審査請求を前置する旨を個別の法律において規定している場合もあるのです。

　ただし、審査請求前置主義が採られていても、処分、処分の執行、手続の続行により生ずる著しい損害を避けるため緊急の必要があるときなど審査請求に対する裁決を経ないでも処分取消訴訟を提起することができる場合もあります（8条2項）。

訴訟手続の中止

　処分取消訴訟と審査請求を自由に選択できる場合で、当該処分について審査請求がされているときは、裁判所は、その審査請求に対する裁決があるまで（審査請求があった日から3ヶ月を経過しても裁決がないときはその期間を経過するまで）、訴訟手続を中止

できます（8条3項）。

　行政事件訴訟法8条1項本文からは、同一の処分について、審査請求と処分取消訴訟を同時に提起することも可能になりますが、その場合には、行政庁の判断（裁決）と裁判所の判断（判決）に食い違いが生じ、両者で矛盾する結論が下される可能性は否定できません。そのため、原告が審査請求も行っている場合には、裁判所は、審査請求の裁決があるまでは、訴訟手続を中止できることとしたのです。なお、訴訟手続の中止が嫌なのであれば、審査請求は行わず、処分取消訴訟のみを提起すればよいのです。

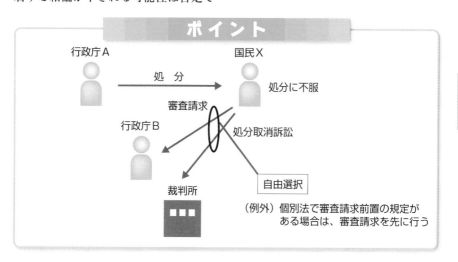

ポイント

行政庁A　　　　　　　　　　国民X

処　分　→　　　処分に不服

審査請求

行政庁B　　　　　処分取消訴訟

裁判所　　　　　　　自由選択

（例外）個別法で審査請求前置の規定が
　　　　ある場合は、審査請求を先に行う

 ミニテスト

1　行政庁の処分に対する審査請求と処分取消訴訟の関係は原則として自由選択の関係といえる。

2　個別の法律において審査請求前置の規定を設けることはできない。

3　裁判所は、処分取消訴訟と審査請求の両方が提起されているときは、処分取消訴訟の訴訟手続を中止することができる。

解答　1　○　8条1項。
　　　　 2　×　できる（8条1項）。
　　　　 3　○　8条3項。

061 原処分主義

処分取消訴訟と裁決取消訴訟の関係……

Q 裁決取消訴訟において、審査請求をする原因となった元の処分の違法性を理由として取消しを求めることはできるのかな？

A 裁決取消訴訟において、原処分の違法を理由として取消しを求めることは否定されてるんだ。これを「原処分主義」と呼ぶよ。

原処分主義

　行政事件訴訟法10条2項では、「処分の取消しの訴えとその処分についての審査請求を棄却した裁決の取消しの訴えとを提起することができる場合には、裁決の取消しの訴えにおいては、処分の違法を理由として取消しを求めることができない。」と規定されています（原処分主義）。

　行政庁の処分に対し、審査請求がされ、それに対して審査庁が裁決を下した場合、形式的には2つの行政行為（処分庁の処分と審査庁の裁決）が存在することになります。

　この場合、理論的には、処分取消訴訟と裁決取消訴訟の両方を提起することができます。しかし、処分の違法性を主張したいのであれば、それは処分取消訴訟によるべきです。つまり、裁決取消訴訟では、裁決固有の瑕疵が争訟の対象なのであって、原処分の違法性を理由として裁決取消訴訟を提起したとしても、不適法なものとして却下されるだけなのです。

　例えば、公務員Xが、停職処分を受

け、これを不服として人事院に審査請求をしたところ、人事院は、審査の結果、減給処分に変更する裁決を下したとしましょう。しかし、Xは、なお処分事由の不存在を主張したいと思っています。このような場合に、原処分の違法性について争いたいときは、原処分についての取消訴訟と裁決についての取消訴訟のいずれを提起すればよいでしょうか。

　判例は、このような場合でも原処分主義を貫き、原処分の違法性について争いたいのだったら原処分の取消訴訟を提起すればよいとしています（最高裁S62.4.21）。

裁決主義の場合の例外

　裁決主義とは、原処分に対しての出訴（処分取消訴訟の提起）を許さず、裁決取消訴訟のみを提起可能とする考え方のことです。

　例えば、電波法96条の2では、「この法律又はこの法律に基づく命令の規定による総務大臣の処分に不服がある者は、当該処分についての審査請求に

対する裁決に対してのみ、取消しの訴えを提起することができる。」と規定されています。

裁決主義が採られる場合は、原処分の違法を主張して裁決取消訴訟を提起することが認められます。

原処分主義が採られ、処分取消訴訟の中でのみ処分の違法性を主張できるとされているのは、その前提として、処分取消訴訟と裁決取消訴訟の両方が提起可能であることが挙げられます。そのため、裁決主義が採られる場合には、その前提が崩れ、裁決取消訴訟しか認められていないのに、処分の違法性を裁決取消訴訟の中で主張できないとしてしまうと、処分の違法性について訴訟で争う途を閉ざしてしまうことになるからです。

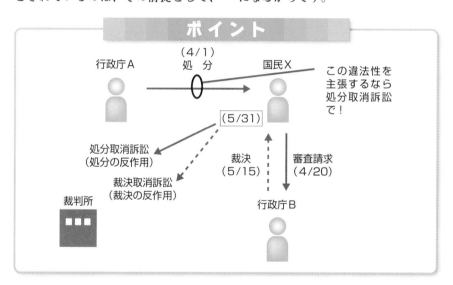

ポイント

（4/1）
行政庁A　処分　国民X

この違法性を主張するなら処分取消訴訟で！

（5/31）

処分取消訴訟
（処分の反作用）

裁決取消訴訟
（裁決の反作用）

裁判所

裁決
（5/15）

審査請求
（4/20）

行政庁B

 ミニテスト

1　処分に対する審査請求の裁決がなされた場合、元の処分の違法性を理由として裁決取消訴訟を提起することになる。

2　審査請求を棄却する裁決があった場合、裁決固有の瑕疵についても裁決取消訴訟で争うことはできなくなる。

3　個別法が裁決主義を採用している場合、元の処分の違法性についても裁決取消訴訟の中で主張することができる。

 解答　1　× 原処分主義（10条2項）。
　　　　2　× 裁決固有の瑕疵は裁決取消訴訟で争える。
　　　　3　○ 裁決主義の場合の例外。

062 取消訴訟の要件審理 行政事件訴訟法

訴訟要件を満たしていない場合、訴えは却下される……

Q 行政庁の処分に対して取消訴訟を提起したいけど、何に対しても誰でもいつでも提起できるってものじゃないよね？

A そうだね。まずは、訴訟対象となりえる処分か、原告としてふさわしいか、出訴期間内かなどのチェックがあるんだ。これを「要件審理」というよ。

概　　要

　違法な行政活動が行われていたとしても、そのすべてについて、いつでも、誰でも、取消訴訟を提起できるわけではありません。

　提起された訴訟が一定の要件（訴訟要件）を備えていて初めて裁判所は原告の主張に耳を傾けてくれるのです。訴訟の中身についての審理は「本案審理」、訴訟要件を備えているか否かの審理は「要件審理」と呼ばれています。

　要件審理は、本案審理に先立って行われ、訴訟要件を備えていない場合には、当該訴訟は却下されることになります。

　裁判官の人数も、裁判所の数も、1日の時間も、すべて無限のものではありません。そのため、裁判として扱える事件の数にも限界がありますから、本案審理にふさわしくない訴えは、いわば「門前払い」という形で排除することで、限られた人員・場所・時間の中で効率的な訴訟運営を図ることは、本当に裁判での救済が必要な人たちに

その途を確保することにもつながるわけです。

　処分取消訴訟を例に挙げれば、実際の審理に入るのに先立って、そもそも訴訟の対象なるべき処分といえるのか（処分性）、訴えを提起した者は原告としてふさわしい者といえるのか（原告適格）、処分を取り消す必要性が現実にあるのか（狭義の訴えの利益）、訴えの相手方を正しく選択できているのか（被告適格）、裁判所の管轄は間違ってないか（裁判管轄）、訴えを提起できる期間を過ぎていないかどうか（出訴期間）などのチェックが行われます。

処　分　性

　裁判所に処分取消訴訟を取り扱ってもらうには、行政庁の行為が「行政庁の処分その他公権力の行使」（3条2項）にあたる必要があります（063〜067参照）。

　なお、審査請求その他の不服申立て（※行政事件訴訟法ではこれを単に「審査請求」と表現します。）に対する

行政庁の裁決、決定その他の行為（※行政事件訴訟法ではこれを単に「裁決」と表現します。）は、裁決取消訴訟で処理されますので、処分取消訴訟の対象ではありません。

原告適格

処分取消訴訟を提起できる者は、当該処分の取消しを求めるにつき法律上の利益を有する者に限られます（068〜072参照）。

狭義の訴えの利益

裁判は、当事者に現実的救済を与えることを目的としていますから、処分取消訴訟を提起するには、原告適格を備えているだけでなく、処分を現実に取り消してもらう必要性がある場合でなければなりません。処分が取り消された場合に現実に法律上の利益が回復される状態にあることを「狭義の訴えの利益」があるといいます（073〜074参照）。

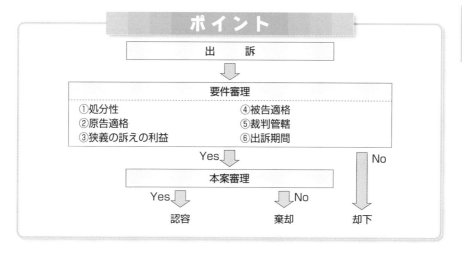

ポイント

出　訴

要件審理
①処分性　　　　④被告適格
②原告適格　　　⑤裁判管轄
③狭義の訴えの利益　⑥出訴期間

Yes → 本案審理　　　　No

Yes → 認容　　　No → 棄却　　　却下

ミニテスト

1　処分取消訴訟は、行政庁の処分その他公権力の行使にあたる行為の取消しを求める訴訟である。
2　審査請求に対する裁決の取消しを求める訴えも処分取消訴訟に含まれる。
3　処分取消訴訟は出訴期間内に提起する必要がある。

解答　1　○　3条2項。
　　　2　×　「裁決取消訴訟」で取り扱われる。
　　　3　○　出訴期間は要件審理項目の1つ。

063 処分性

取消訴訟の対象となる行政庁の処分とは……

Q 処分取消訴訟の対象となる行政庁の処分って、簡単にいうとどのようなものなの?

A そうだね。単純にまとめれば、公権力性を有していて、国民の権利義務に関して具体的な法的効果を発生させるような行為かな。

処 分 性

処分取消訴訟として取り扱ってもらうためには、行政庁の行為が「行政庁の処分その他公権力の行使」(3条2項)にあたる必要があります。

処分性が認められない場合は、取消しを求める対象が存在しないことになりますから、その訴えは却下されることになります。

この行政庁の処分について、行政事件訴訟法上、定義規定は存在しませんが、判例は、公権力の主体たる国または公共団体が行う行為のうち、その行為によって、直接国民の権利義務を形成またはその範囲を確定する効果が法律上認められているものをいうとしています(最高裁S39.10.29)。

処分取消訴訟は、本来、行政機関の処分その他公権力の行使にあたる行為によって権利利益を侵害された者の救済を図るための制度なのですから、こういった意味における行為が存在しないのであれば、国民の権利利益が侵害されることはないはずで、処分取消訴訟を提起させる必要もないといえるか

らです。

つまり、行政庁の行為が、①公権力性を有していて、②国民の権利義務に関して具体的な法的効果を発生させるものという要素を満たしているかどうかによって処分性の有無をチェックしているといえます。

もっとも、行政機関の行為に処分性が認められるか否かは個別具体的な事情に基づくため、画一的に判断することは難しいです。最近の判例は、従来に比べ、柔軟に解釈し、処分性を肯定する方向にあるといえます。

公権力性

一般に、講学上の行政行為には処分性は認められるといえるでしょう。例えば、営業許可の取消処分、営業許可申請に対する不許可処分には処分性が認められます。

一方、行政庁の行為であっても、私法上の契約などのように公権力性が認められない場合には、処分性は否定されます。例えば、国有普通財産の払下げ行為には処分性は認められず、処分

取消訴訟の対象とはなりません。これは、国有普通財産の払下げは、申請書の提出、払下げの許可という形式はとっていますが、その実質は私法上の売買と変わらないからです。

法的効果の発生

行政庁の行為が法的効果を有しない場合には、通常、その行為が直接国民の権利義務を形成しまたはその範囲を確定することはありませんので、処分性は認められません。例えば、道路交通法上の反則金の納付通告には処分性は認められず、処分取消訴訟の対象とはなりません。これは、反則金の通告は、これによって国民に法的効果を生じさせるものではなく、反則金を任意に納付すれば提訴されないですむという効果を有するにとどまるものだからです。

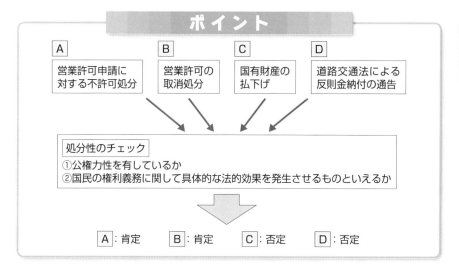

ポイント

A	B	C	D
営業許可申請に対する不許可処分	営業許可の取消処分	国有財産の払下げ	道路交通法による反則金納付の通告

処分性のチェック
①公権力性を有しているか
②国民の権利義務に関して具体的な法的効果を発生させるものといえるか

A：肯定　　B：肯定　　C：否定　　D：否定

ミニテスト

1　行政行為には「処分性」が認められる。
2　行政契約には「処分性」が認められる。
3　国民の権利義務に直接の法的効果を発生させないものでも「処分性」が認められる。

解答　1　○　要素①②の両方を満たす。
　　　　2　×　要素①を満たさない。
　　　　3　×　要素②を満たさない。

064 行政立法と処分性 行政事件訴訟法

行政による規範定立行為や行政の内部行為の処分性は……

Q 規範定立行為とか通達といった行政立法には処分性は認められないと考えてよいのかな？

A そうだね。ただ、告示によるみなし道路の一括指定に関する平成14年の最高裁判例もあるから、その判例には注意が必要だよ。

規範定立行為

行政庁が法規命令を制定する行為は、特定人の具体的な権利義務に影響を及ぼすものではないため、通常、処分性は否定されます。

しかし、規範定立行為であっても、その規範に基づいた具体的な執行を待たずとも、特定人に具体的な法的効果を及ぼすものと解釈できる場合は、規範定立行為にも処分性を認め得るといえます。

告示によるみなし道路の指定

判例には、建築基準法42条2項に基づいて行政庁のする道路の指定は、告示による一括指定の方法でされた場合でも、処分取消訴訟の対象となる行政処分にあたるとしたものがあります（最高裁H14.1.17）。

建築基準法43条1項の規定によれば、建築物の敷地は、同法42条1項各号に該当する「道路」（幅4m以上が必要）に接することが原則とされています。しかし、4m未満の道に接する建築物が多数あったことから、これら

を救済するため、例外的に、現に建築物が立ち並んでいる幅4m未満の道で特定行政庁の指定したものについては、同法上の「道路」とみなすこととされています（建築基準法42条2項）。これが建築基準法42条2項の道路の指定の話です。

そして、この2項道路の指定には、地番等により個別具体的に道を指定して行う「個別指定の方式」と、告示などによって一定の要件を定めて一括して指定する「一括指定の方式」があります。2項道路に指定された場合には、道路内での建築等の制限（同法44条）や私道の変更・廃止の制限（同法45条）など、当該道路の敷地所有者に私権の制限が加えられるため、個別指定のみならず、告示のような一括指定の方法による2項道路の指定についても、処分取消訴訟の対象となる行政処分にあたるとされたのです。

内部行為

行政機関内部または行政機関相互間で行われる行為は、行政機関を拘束す

るものだとしても、国民との関係において直接具体的な法的効果を生じさせるものではないため、通常、処分性は否定されます。

判例には、行政機関から行政機関に対して出された通達を、処分取消訴訟の対象となる行政処分にはあたらない

としたものがあります（最高裁S43.12.24）。

本件通達は、行政組織内部における命令にすぎず、一般国民を拘束するものではなく、行政機関を拘束するにとどまるものだからです。

ポイント

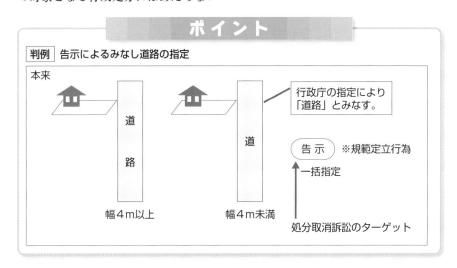

判例　告示によるみなし道路の指定

本来

行政庁の指定により「道路」とみなす。

道路

幅4m以上

道

告示　※規範定立行為

一括指定

幅4m未満

処分取消訴訟のターゲット

1　行政庁による規範定立行為は、処分性が否定され、処分取消訴訟の対象となる行政処分にあたらない。
2　行政庁が建築基準法42条2項に基づいて行う道路の指定は、個別指定の方式ではなく、告示による一括指定の方法でされた場合には、処分性は否定され、処分取消訴訟の対象となる行政処分にあたらない。
3　行政内部を拘束するにすぎない通達に関しては、処分性が否定され、処分取消訴訟の対象となる行政処分にあたらない。

解答　1　○
　　　　2　× 一括指定の方式による場合でも処分性は肯定（最高裁H14.1.17）。
　　　　3　○

第4編　行政争訟

065 行政計画と処分性 行政事件訴訟法

土地区画整理事業計画の処分性は……

Q 土地区画整理事業計画の決定・公告の段階であれば、まだ処分性は認められないと考えてよいのかな?

A いいえ。計画の決定・公告の段階でも処分性は肯定されるよ。新しくこの見解を示した平成20年の判例には注意が必要だよ。

土地区画整理事業計画

判例は、土地区画整理事業の事業計画の決定・公告は、処分取消訴訟の対象となる行政処分にあたるとしています（最高裁H20.9.10）。

市町村によって土地区画整理事業の施行にかかる事業計画が決定・公告されれば、施行地区内の宅地所有者等は、換地処分の公告がある日まで、建築行為等の制限を受け、その制限を継続的に課され続けることになります。つまり、施行地区内の宅地所有者等は、事業計画の決定・公告によって、一定の規制を伴う土地区画整理事業の手続に従って換地処分を受けるべき地位に立たされるわけです。その意味では、その法的地位に直接的な影響が生ずるものというべきであり、事業計画に伴う法的効果が一般的・抽象的なものにすぎないとはいえません。

また、換地処分等を対象として取消訴訟を提起すればよいとも考えられますが、その場合、工事も一定程度進行しているでしょうから、当該換地処分等の取消訴訟において、宅地所有者等

が事業計画の違法を主張し、その時点でその主張が認められたとしても、当該換地処分等を取り消すことは公益に適合しないとして事情判決（31条、処分は違法であるが公益を優先してその取消しを認めないとする判断のこと。）が下される可能性も相当程度に存します。このような観点からは、換地処分等がされた段階でこれを対象として取消訴訟を提起することができるとしても、宅地所有者等の被る権利利益の侵害に対する救済が十分に果たされるとはいえず、実効的な権利救済を図るためにも、事業計画の決定・公告がされた段階で、これを対象とした取消訴訟の提起を認めることには合理性があるといえます。

つまり、市町村の施行に係る土地区画整理事業の事業計画の決定・公告は、施行地区内の宅地所有者等の法的地位に変動をもたらすものであって、取消訴訟の対象とするに足りる法的効果を有するものといえ、また、実効的な権利救済を図るという観点からも、これを対象とした取消訴訟の提起を認

めるのが合理的なわけです。

　この判例は、従来、土地区画整理事業計画において、行政計画は、行政組織内部における効力を有するのみであり、いわば青写真的なものにすぎず、行政計画の決定・公告の段階においてはまだ処分性は認められないとした過去の判決（最高裁 S 41.2.23）を変更したものといえます。

 **用途地域指定**

　用途地域とは、地域の用途の混在を防止するために都市計画法において指定された地域の種類のことです。住居、商業、工業などの種類があります。

　判例は、都市計画区域内において工業地域を指定する決定は、処分取消訴訟の対象となる行政処分にあたらないとしています（最高裁S57.4.22）。用途地域の指定は、当該地域内の不特定多数の者に対する一般的抽象的な効果を生ずるにすぎず、当該地域内の個人に対する具体的な権利侵害を伴う処分があったものとはいえないからです。

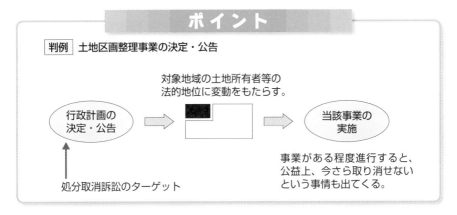

ポイント

| 判例 | 土地区画整理事業の決定・公告 |

対象地域の土地所有者等の
法的地位に変動をもたらす。

行政計画の
決定・公告　→　□　→　当該事業の
実施

↑
処分取消訴訟のターゲット

事業がある程度進行すると、
公益上、今さら取り消せない
という事情も出てくる。

ミニテスト

1　土地区画整理事業計画の決定・公告の段階では、紛争の成熟性がなく、処分性は否定されるため、処分取消訴訟の対象とはならない。
2　従来は、土地区画整理事業計画の決定・公告に対する処分性は肯定されていたが、最近の判例ではこれを否定するようになった。
3　都市計画法の用途地域の指定は、処分取消訴訟の対象とはならない。

解答　1　×　処分性は認められる（最高裁H20.9.10）。
　　　　2　×　逆。従来否定されていたが、平成20年の最高裁判決では肯定された。
　　　　3　○　処分性は認められない（最高裁S57.4.22）。

066 行政指導と処分性 行政事件訴訟法

表示行為、行政指導、事実行為の処分性は……

Q 行政指導には処分性は認められないと考えてよいのかな？

A 一般的にはそのように考えられるよ。ただ、行政指導を対象とした取消訴訟の提起を認めている平成17年の最高裁判例もあるから、その判例は注意が必要だよ。

表示行為

行政庁の行為が、特定の国民に対して直接具体的な法的効果を生じさせない場合には、処分性は認められません。行政庁の行為が、単に法律的見解を示すだけの行為（表示行為）は、通常、処分性は否定されます。

例えば、公務員の採用内定の通知は、処分性は否定されます（最高裁S 57.5.27）。採用内定通知は、採用発令の手続を支障なく行うための準備手続としてなされる事実上の行為にすぎず、この通知によって公務員たる地位を取得するわけではないからです。

ただし、表示行為にすぎないと思える行為でも、関連法令の仕組み全体の解釈に基づき、相手方私人の法的地位の変動が認められるならば、処分性の概念を拡張して、処分取消訴訟の対象とされます。

例えば、関税定率法に基づく税関長の通知は、処分性が肯定されます（最高裁S 54.12.25）。関税定率法による通知の法律上の性質は、税関長の判断結果の表明ですが、もともと法律の規定

に準拠してされたものであり、これによって貨物を適法に輸入できなくなるという法律上の効果を及ぼすものといえるからです。

行政指導

行政指導は、相手方私人の任意の協力の下に実現されるべきものであって、行政指導だけで相手方に法的効果を生じさせるものではありません。そのため、行政指導は、通常、処分性は否定されます。

しかし、判例には、医療法に基づく病院開設中止勧告を行政指導にあたると解しつつ、その処分性を肯定したものがあります（最高裁H17.7.15）。これは、022 においても記載しましたが、最高裁は、医療法に基づく病院開設中止勧告は、行政指導として定められてはいるけれども、当該勧告は、行政事件訴訟法3条2項の「行政庁の処分その他公権力の行使に当たる行為」に該当すると判断しています。

交通反則通告

　交通反則通告制度は、道路交通法違反行為のうち、比較的軽微なもので、警察官が現認する明白で定型的なものを反則行為とし、反則行為をした者に対して、定額の反則金の納付を通告し、その通告を受けた者が任意に反則金を納付したときは、その反則行為について刑事訴追をしないとするものです。

　判例には、道路交通法の反則通告について、その処分性を否定したものがあります（最高裁S57.7.15）。通告を受けた者が、その自由意思により、通告に係る反則金を納付し、これによる事案の終結の途を選んだのに、後になってからやっぱり通告を取り消してほしいと取消訴訟を提起しても、それは不適法なものといえるからです。

ポイント

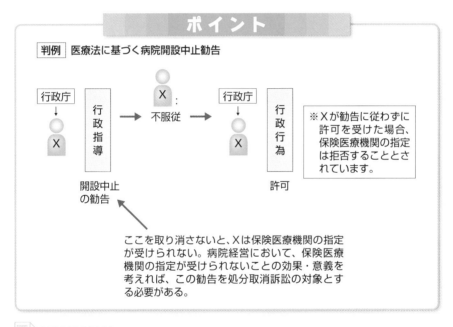

判例 医療法に基づく病院開設中止勧告

行政庁 → X → 行政指導 → X：不服従 → 行政庁 → X → 行政行為

開設中止の勧告　　　　　　　　　　　　　許可

※Xが勧告に従わずに許可を受けた場合、保険医療機関の指定は拒否することとされています。

ここを取り消さないと、Xは保険医療機関の指定が受けられない。病院経営において、保険医療機関の指定が受けられないことの効果・意義を考えれば、この勧告を処分取消訴訟の対象とする必要がある。

ミニテスト

1　公務員の採用内定の通知は、「行政庁の処分その他公権力の行使に当たる行為」（3条2項）に該当する。
2　関税定率法に基づく税関長の通知は、「行政庁の処分その他公権力の行使に当たる行為」（3条2項）に該当する。
3　医療法に基づく病院開設中止勧告は、「行政庁の処分その他公権力の行使に当たる行為」（3条2項）に該当する。

解答　1　×　処分性否定。　2　○　処分性肯定。　3　○　処分性肯定。

067 私法行為と処分性 行政事件訴訟法

行政契約の処分性は……

Q 行政と国民との間で締結される売買契約のようないわゆる行政契約には処分性は認められないと考えてよいのかな？

A そうだね。判例にも、国有普通財産の払下げについての処分性を否定したものがあるね。

概　　要

行政庁の行為であっても、私法上の契約などのようにそもそも公権力性が認められない行為は、通常、処分性は否定されます。

国有普通財産の払下げ

国有普通財産の払下げについては、処分性が否定され、「行政庁の処分その他公権力の行使に当たる行為」（3条2項）には該当しません（最高裁S35.7.12）。

これは、以下のような理由によるものといえます。

国有普通財産の払下げは、単に代金を得て国の歳入に充てることのみを目的とし、売り払った後においてその管理処分につき監督する必要はありません。つまり、これは国が買受人とまったく同等の立場においてなす私法上の売買契約といえます。払下げが、申請書の提出およびこれに対する許可という形式はとっていても、その実質は私法上の売買と異なるところはないからです。

供　　託

弁済供託における供託金取戻請求が供託官により却下された場合、当該却下処分の処分性は肯定され、「行政庁の処分その他公権力の行使に当たる行為」に該当します（最高裁S45.7.15）。

これは、以下のような理由によるものといえます。

もともと、弁済供託は、弁済者の申請により供託官が債権者のために供託物を受け入れ管理するもので、民法上の寄託契約の性質を有するものといえます。しかし、供託によって、弁済者は債務を免れることとなりますし、また、金銭債務の弁済供託事務は大量で、確実かつ迅速な処理を要する関係上、法律秩序の維持・安定を期するという公益上の目的から、法（供託法、供託規則）は、供託官に供託事務を取り扱わせ、供託官が弁済者から供託物の取戻しの請求を受けたときには、単に、民法上の寄託契約の当事者的地位にとどまらず、行政機関としての立場からこの請求について理由があるかどうかを判断する権限を供託官に与えて

いるのです。

したがって、そのような法が存する以上、供託官が供託金取戻請求を理由がないと認めて却下する行為は行政処分であって、弁済者は当該却下行為が権限のある機関によって取り消される

までは供託金を取り戻すことができません。つまり、供託関係が民法上の寄託関係であるからといって、供託官の当該却下行為が民法上の履行拒絶にすぎないものということはできないからです。

ポイント

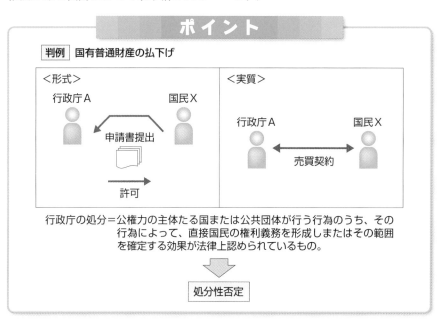

判例　国有普通財産の払下げ

<形式>

行政庁A　　　　国民X

申請書提出

許可

<実質>

行政庁A　　　　国民X

売買契約

行政庁の処分＝公権力の主体たる国または公共団体が行う行為のうち、その行為によって、直接国民の権利義務を形成しまたはその範囲を確定する効果が法律上認められているもの。

処分性否定

 ミニテスト

1　一般に、私法上の行為は、行政処分ではないため、その処分性は否定される。

2　国有普通財産の払下げは、「行政庁の処分その他公権力の行使に当たる行為」（3条2項）に該当する。

3　供託金取戻請求に対する供託官の却下処分は、「行政庁の処分その他公権力の行使に当たる行為」（3条2項）に該当する。

 解答　1　○
2　×　処分性否定。
3　○　処分性肯定。

068 原告適格

処分取消訴訟を提起することができる者の適格性は……

Q 処分取消訴訟を提起できるのって、どんな人なの？

A 処分取消訴訟を提起できるのは、処分の取消しを求めるにつき法律上の利益を有する者だよ。原告としてふさわしいかどうかの適性の有無は「原告適格」の問題になるね。要件審理の１つだよ。

概　　要

処分取消訴訟における原告適格とは、処分の取消しを求めて出訴することができる資格のことです。

処分取消訴訟は、当該処分の取消しを求めるにつき法律上の利益を有する者（処分の効果が期間の経過その他の理由によりなくなった後においてもなお処分の取消しによって回復すべき法律上の利益を有する者を含む。）に限り、提起することができます（９条１項）。

原告適格の有無

訴訟を提起する者に原告適格が認められなければ、裁判所は、その訴えを取り扱ってくれません。

そこで、この原告適格がいかなる場合に認められるかを考えていきましょう。それは「法律上の利益」という語句をどのように解釈するかにかかってきます。

判例は、「法律上の利益」を法律上保護された利益であると考えることをベースに、実際の運用において柔軟な

解釈を行うことによって原告適格の範囲を拡大しているものと評価できます。

行政処分の直接の相手方は、通常、原告適格を有していると判断されるかと思われますが、実際には、処分の直接の相手方でなくても処分取消訴訟を提起することは可能です。なぜなら、原告適格は、「法律上の利益」を有している者には認められるものですから、行政庁の処分によってそれが侵害されている場合であれば、その者が処分の直接の相手方ではなくても出訴できるわけです。一方で、行政庁の処分によって侵害される利益が「法律上の利益」ではなく、単なる反射的な利益でしかない場合には、その者からの出訴は認められないことになります。

なお、平成16年の行政事件訴訟法改正によって、行政事件訴訟法９条２項が新設され、「法律上の利益」を解釈する際に考慮すべき事項について規定されました。

行政事件訴訟法９条２項では、裁判所は、処分の相手方以外の者について

法律上の利益の有無を判断するにあたっては、当該処分の根拠となる法令の規定の文言のみによることなく、当該法令の趣旨・目的、当該処分において考慮されるべき利益の内容・性質を考慮するものとし、この場合において、当該法令の趣旨・目的を考慮するにあたっては、当該法令と目的を共通にする関係法令があるときはその趣旨・目的をも参酌するものとし、当該利益の内容・性質を考慮するにあたっては、当該処分がその根拠となる法令に違反してされた場合に害されることとなる利益の内容・性質、これが害される態様・程度をも勘案するものとする旨が規定されています。

ポイント

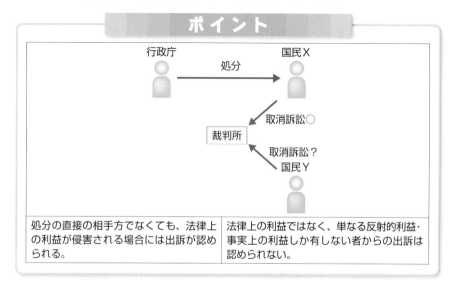

| 処分の直接の相手方でなくても、法律上の利益が侵害される場合には出訴が認められる。 | 法律上の利益ではなく、単なる反射的利益・事実上の利益しか有しない者からの出訴は認められない。 |

ミニテスト

1　行政庁の処分の直接の相手方でなくても、原告適格が認められることがある。
2　行政庁の処分により法律上の利益が侵害される者ではなく、単なる反射的利益しか有しない者でも、当該処分の取消しを求める原告適格が認められる。
3　保健所長がした食品衛生法に基づく飲食店の営業許可について、近隣の飲食店営業者には、当該許可処分の取消しを求める原告適格が認められる。

解答　1　○　法律上の利益を侵害される場合であれば原告適格は認められる。
　　　　2　×　反射的利益しか有しない者には原告適格はない。
　　　　3　×　近隣営業者の営業利益は法律上の利益とはいえず、原告適格はない。

069 処分の相手方以外の者 行政事件訴訟法

原告適格は、処分の取消しを求めるにつき法律上の利益を有する者……

> **Q** 処分の直接の相手方でなくても、法律上の利益が侵害される者には処分取消訴訟の原告適格が認められるんだったよね？
>
> **A** その通りだよ。Xに対する許可処分により、Yに法律上保護された利益が害される場合、Yがこの処分の取消しを求めて出訴できるんだ。

概　要

行政上の法律関係を、処分を行う行政庁とその相手方という二面関係で把握するだけなら、原告適格における法律上の利益の判断もそう難しくないでしょう。しかし、個々人を取り巻く利益状況は複雑ですから、1つの行政処分をめぐる利益状況についても、単に処分の相手方に対して及ぼす作用だけを考えればよいというわけでもありません。

行政上の法律関係が、行政庁、処分の相手方、第三者という三面関係であることも意識して、処分をめぐる利益状況に見合った救済のあり方を検討していきましょう。

公衆浴場事件

近所に新規業者が営業許可を取得してオープンすれば、以前から営業許可を取得して営業していた既存業者の営業利益は減ってしまうかもしれません。しかし、法律が許可制を採用しているのは、既存業者の売上を守るためではなく、適正な者に営業させようと

いう意図です。許可を受ければその仕事をでき、収入を得ることができますが、だからといって、近所に参入してきた新規業者に出された許可に対し、既存業者が文句を言えるわけではありません。このように、通常、既存業者には近隣の新規業者に出された許可処分の取消しを求める原告適格は否定されます。

ただ、判例は、公衆浴場事件において、公衆浴場の既存業者の営業上の利益は、公衆浴場法によって保護された法律上の利益であるとして、既存業者に、新規業者に対する許可処分の取消しを求める原告適格を肯定しています（最高裁S 37.1.19）。

公衆浴場営業の場合、既存業者から一定以上の距離をあけていなければ新規業者に許可を出さないとする制限がかかっています（距離制限）。つまり、既存業者には、公衆浴場法によって地域独占的な利益が保護されていますから、近隣の新規業者に対する許可処分によって既存業者の法律上の利益が侵害されると判断できるわけです。

競願者訴訟

1つの枠をめぐって複数の申請が競合し、同一の審査手続に従って申請相互の優劣を判断してその許否を決める関係があったとしましょう。このような関係を競願関係と呼び、この関係にある者を競願者と呼びます。

例えば、ABCの3人の申請が1つの枠をめぐって競合した場合、Aに対して許可処分がされるということは、必然的にB・Cの申請は拒否されるということになります。

この場合、B・Cは、不服があれば、自己への申請拒否処分に対して取消訴訟を提起できるのは当然ですが、Aに対する許可処分についての取消訴訟を提起することもできるのです。

このような場合、Aに対する許可処分は、Aには利益をもたらすものですが、競願者B・Cには不利益的効果を及ぼすものだからです（二重効果的処分）。

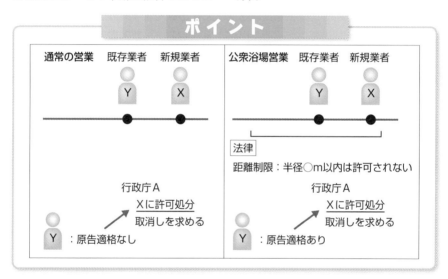

ポイント

通常の営業　既存業者　新規業者
Y　X

行政庁A
Xに許可処分
取消しを求める
Y：原告適格なし

公衆浴場営業　既存業者　新規業者
Y　X

法律
距離制限：半径○m以内は許可されない

行政庁A
Xに許可処分
取消しを求める
Y：原告適格あり

ミニテスト

1　既存の質屋営業者の営業上の利益は反射的利益にすぎない。
2　既存の公衆浴場営業者の営業上の利益は反射的利益にすぎない。
3　競願者訴訟では、処分の相手方以外に原告適格が認められることがある。

解答　1　○
　　　2　×　この場合の営業上の利益は法律上の利益といえる。
　　　3　○

070 反射的利益

原告適格は、処分の取消しを求めるにつき法律上の利益を有する者……

Q 法律上の利益ではなく、単なる反射的利益しか有しない者には処分取消訴訟の原告適格が認められないんだったよね？

A その通りだよ。法律が保護しているのがもっぱら公益であって、個々人の個別的利益の保護を考えていないなら、原告適格は認められないよ。

概　要

処分取消訴訟は、当該処分の取消しを求めるにつき法律上の利益を有する者に限って提起することができます（9条1項）。

処分の直接の相手方でなくても、当該処分によって法律上の利益を侵害される第三者には原告適格が認められることがあります。しかし、そういった利益がない場合には、原告適格は認められません。

主婦連ジュース訴訟

この裁判は、一般消費者が、公正取引委員会による規約の認定処分につき、「不当景品類及び不当表示防止法」（景表法）による不服申立てをする法律上の利益を有するかが争われ、法律上の利益は有しないという判断がされたものです（最高裁S53.3.14）。

この事件は、以下のような内容でした。公正取引委員会が、社団法人日本果汁協会の申請に基づいて、飲料等の表示に関する公正競争規約（その内容において、果汁含有率5％未満や果汁を含まない飲料について、その旨の表示に代えて「合成着色飲料」・「香料使用」などによる表示方法を認めていた）を認定する処分を行いました。これに対し、一般消費者が、それでは一般消費者に誤りなく伝えておらず、適正な表示とはいえないとして、同処分に対する不服申立てをしたというものです。

これに対し、判例は、「法律上の利益を有する者」とは、当該処分により自己の権利や法律上保護された利益を侵害されまたは必然的に侵害されるおそれのある者のことである旨を示し、「不当景品類及び不当表示防止法」（景表法）の規定により一般消費者が受ける利益は、公正取引委員会による同法の適正な運用によって実現されるべき公益の保護の結果として生ずる反射的な利益ないし事実上の利益であって、公正取引委員会による公正競争規約の認定処分につき、同法に基づく不服申立てをする法律上の利益とはいえないと判断したのです。

これは、行政不服申立ての当事者適

格について判断したものですが、行政事件訴訟における原告適格の解釈についても同様に考えられます。

「法律上の利益」とは、行政法規の解釈によって個々人の個別的利益として法律上保護されたと考えられる利益であって、行政法規がもっぱら公益など他の目的を達成する過程において、たまたま一定の者が受けることとなった利益（反射的利益）とは区別されています。

この判例でいえば、一般消費者の利益は、「不当景品類及び不当表示防止法」（景表法）で保護された利益ではなく、単なる反射的利益にすぎないというわけです。

ポイント

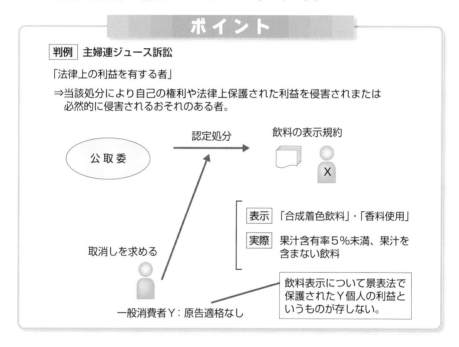

判例 主婦連ジュース訴訟

「法律上の利益を有する者」

⇒当該処分により自己の権利や法律上保護された利益を侵害されまたは必然的に侵害されるおそれのある者。

認定処分　飲料の表示規約

公取委

X

取消しを求める

表示 「合成着色飲料」・「香料使用」

実際 果汁含有率5％未満、果汁を含まない飲料

飲料表示について景表法で保護されたY個人の利益というものが存しない。

一般消費者Y：原告適格なし

ミニテスト

1　処分取消訴訟を提起できるのは、処分の直接の相手方に限られる。

2　法律上の利益を有する者とは、処分により自己の権利や法律上保護された利益を侵害されまたは必然的に侵害されるおそれのある者のことをいう。

3　公正取引委員会による飲料等の表示に関する規約の認定につき、一般消費者であるというだけでは原告適格は認められない。

解答　1　× 処分の直接の相手方でなくても原告適格が認められることがある。

2　○

3　○ 最高裁S53.3.14。

071 近隣住民

原告適格は、処分の取消しを求めるにつき法律上の利益を有する者……

Q 処分の直接の相手方でなくても原告適格が認められるそうだけど、近隣住民なんかの場合はどうなの？

A 法律上保護された利益が侵害されるなら原告適格は認められるよ。原子力発電所の設置許可処分と近隣住民の関係をイメージするとよいよ。

概　　要

　第三者の原告適格が問題となる事案では、環境訴訟のように、近隣住民が原告となって提起する訴訟もあります。例えば、事業者に対する原子炉設置の許可処分に対して、原子炉設置の安全性に疑問を持つ近隣住民が許可処分の違法性を争う場合がこれにあたります。

　ここでは、3つの判例を見てみましょう。

小田急高架化訴訟

　この事件は、建設大臣（現国土交通大臣）が、都市計画法に基づき、東京都に対し、小田急小田原線の一定区間の連続立体交差化を内容とする都市計画事業の認可の処分をしたことに対し、周辺住民が、同処分の取消しを求める訴えを提起したものです（最高裁H17.12.7）。

　裁判所は、都市計画法は、認可制を設ける規定を通じて、都市の健全な発展と秩序ある整備を図るなどの公益的見地から都市計画施設の整備に関する

事業を規制するとともに、騒音・振動等によって健康や生活環境に係る著しい被害を直接的に受けるおそれのある個々の住民に対して、そのような被害を受けないという利益を個々人の個別的利益としても保護すべきものとする趣旨も含んでいるものと考え、そのような住民には、当該事業の認可処分の取消しを求める法律上の利益が認められるとして、原告適格を肯定しました。

新潟空港事件

　この事件は、運輸大臣（現国土交通大臣）が、日本航空に対し、空港発着の定期航空運送事業免許の処分をしたことに対して、周辺住民が、同処分の取消しを求める訴えを提起したものです（最高裁H1.2.17）。

　裁判所は、航空法および関連法規をあわせて解釈すれば、免許制を設ける規定を通じて、個々人の個別的利益も保護すべき趣旨を含んでいるものと考え、周辺住民の原告適格を肯定しました。

もんじゅ訴訟

この事件は、内閣総理大臣が、動力炉核燃料開発事業団に対して行った原子炉設置許可の処分に対して、周辺住民が同処分の無効確認を求めて出訴したものです（最高裁H4.9.22）。事案は無効確認訴訟に関するものでしたが、ここでは、学習の便宜上、処分の取消しを求めて訴えを提起したものとして考えてみましょう。

この場合、行政法規は、許可制を設ける規定を通じて、設置許可申請に係る原子炉の周辺に居住し、原子炉事故等がもたらす災害により生命・身体等に直接的かつ重大な被害を受けることが想定される範囲の住民個々人の個別的利益も保護すべき趣旨を含んでいるものと考えられ、周辺住民の原告適格は肯定されます。

ポイント

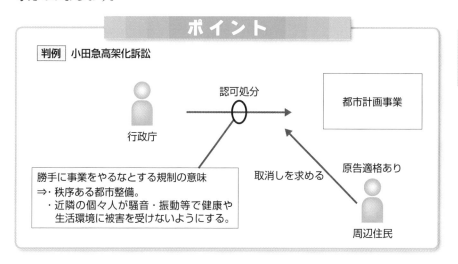

判例 小田急高架化訴訟

認可処分

都市計画事業

行政庁

勝手に事業をやるなとする規制の意味
⇒・秩序ある都市整備。
　・近隣の個々人が騒音・振動等で健康や生活環境に被害を受けないようにする。

取消しを求める

原告適格あり

周辺住民

ミニテスト

1　鉄道の連続立体交差化を内容とする都市計画事業の認可処分について、周辺住民には原告適格が認められる。

2　墓地の経営許可について、周辺住民には原告適格が認められる。

3　林地開発許可について、生命・身体に対する直接的被害が予想される範囲内の住民には原告適格が認められる。

解答　1　○　原告適格肯定（最高裁H17.12.7）。
　　　2　×　原告適格否定（最高裁H12.3.17）。
　　　3　○　原告適格肯定（最高裁H13.3.13）。

072 原告適格その他の判例　行政事件訴訟法

原告適格は、処分の取消しを求めるにつき法律上の利益を有する者……

Q 原告適格の有無について色々な判例を見てきたけど、他に有名な判例はもうないの？

A 特急料金改定の認可処分についての鉄道利用客や、文化財の指定解除処分についての学術研究者の原告適格を否定した判例などがあるよ。

概　　要

　判例は、原告適格の認定について、行政事件訴訟法9条2項の新設（平成16年改正）以前から柔軟な解釈によってこれを拡大して認定していたものといえます。

　しかし、処分の根拠となる法律が個々人の個別的利益までは保護していないとか、処分によって影響を受ける者が不特定であるとか、侵害される利益が生命・身体の安全にかかわらないといった場合には、その者の原告適格は否定されることになるでしょう。

特急料金改定認可処分

　地方鉄道への特別急行料金の改定の認可処分に対して、地方鉄道の路線の周辺の居住者で地方鉄道の特別急行列車を利用している者が、同処分の取消しを求める訴えを提起した事件です（最高裁H1.4.13）。

　この場合、その者の原告適格は否定されました。地方鉄道法はもっぱら公益の確保が目的であり、鉄道利用者個々人の個別的利益として乗車料金が

値上げされないことを保護しようとしたものではないからです。

伊場遺跡事件

　県教育委員会が行った史跡に指定されていた伊場遺跡の指定解除処分に対して、学術研究者が、同処分の取消しを求める訴えを提起した事件です（最高裁H1.6.20）。

　この場合、その者の原告適格は否定されました。文化財保護条例・文化財保護法はもっぱら公益の確保が目的であり、学術研究者の学問研究上の利益を保護したものではないからです。

風俗営業規制

　公安委員会が行ったパチンコ店への営業許可処分に対して、風俗営業制限地域内に居住する近隣住民が、同処分の取消しを求めて訴えを提起した事件です（最高裁H10.12.17）。

　この場合、その者の原告適格は否定されました。風俗営業法は、良好な風俗環境の保全というもっぱら公益的な見地から風俗営業の制限地域の指定を

行うことを予定していて、風俗営業制限地域内の近隣住民の個別的利益まで保護しようとしたものではないからです。

町名変更

町が、現在の町名を変更したことに対して、同町の町民がその取消しを求める訴えを提起した事件です（最高裁S48.1.19）。

この場合、その者の原告適格は否定されました。町名は、地域特定のための名称であって、個々人が特定の町名を自己の居住地の表示に用いることによる利益・不利益は法律上のものではなく、町民個々人に、現在の町名をみだりに変更されないという利益は法的に保護されていないからです。

ポイント

事　例	原告	原告適格
ジュースの果汁表示に対する認可処分	一般消費者	×
遺跡に関する史跡指定解除処分	学術研究者	×
特急料金の改定に対する認可処分	鉄道利用客	×
近隣店に対する質屋営業許可処分	既存業者	×
近隣店に対する公衆浴場営業許可処分	既存業者	○
原子炉の設置許可処分	周辺住民	○
定期航空運送事業の免許処分	周辺住民	○
鉄道工事に関する都市計画事業の認可処分	周辺住民	○
風俗営業の制限地域内での風俗営業許可処分	制限地域内の住民	×
林地開発許可処分	周辺住民	○
公有水面の埋立免許または竣工認可の処分	周辺で漁業を営む者	×
市の情報公開条例に基づく文書の公開決定	国	×
競輪の場外車券発売施設の設置許可	施設の周辺住民	×
競輪の場外車券発売施設の設置許可	周辺の医療施設開設者	○

ミニテスト

1　特急料金改定認可処分につき、路線周辺の鉄道利用者の原告適格は否定される。
2　史跡指定解除処分につき、学術研究者の原告適格は否定される。
3　風俗営業許可につき、営業制限地域内の住民の原告適格は否定される。

解答　1　○　原告適格否定（最高裁H1.4.13）。
　　　　2　○　原告適格否定（最高裁H1.6.20）。
　　　　3　○　原告適格否定（最高裁H10.12.17）。

073 狭義の訴えの利益 行政事件訴訟法

処分が取り消されることで現実に回復される法律上の利益がある……

Q 原告適格を備えていれば、それだけで訴えの利益があると判断していいんだよね？

A いいえ。原告適格だけでなく、現実に処分を取り消す必要性がある場合でなければいけないよ。これは「狭義の訴えの利益」の問題なんだ。

概　要

　裁判は、当事者に現実的救済を与えることを目的とするものですから、処分取消訴訟の提起には、原告適格が備わっているだけでなく、その処分を現実に取り消す必要性がある場合でなければなりません。

　この処分が取り消された場合に現実に回復される法律上の利益のことを「狭義の訴えの利益」といいます。

　営業停止処分を受けた者が、処分の取消しを求めて訴訟をしている間に当該停止期間が満了して営業再開できるようになれば、もはや営業停止処分を取り消す必要性はなくなるというイメージです。

　つまり、処分を取り消す「法律上の利益」について、原告適格は、訴えを起こそうとしている「人」に着目してその適格性をチェックするものといえます。一方、狭義の訴えの利益は、原告適格が肯定されたとして実際にその人が取消訴訟で勝訴することによって救済される「利益」があるかどうかをチェックするものといえます。

9条1項かっこ書

　行政事件訴訟法9条1項では、処分取消訴訟は、当該処分の取消しを求める法律上の利益を有する者でなければ提起できない旨を規定していますが、この法律上の利益は、処分の効果が期間の経過その他の理由によりなくなった後においてもなお処分の取消しによって回復すべき法律上の利益を有する場合を含んでいます（9条1項かっこ書）。

　例えば、懲戒免職処分を受けた公務員が、その処分を取消訴訟で争っている間に本人が議員に立候補した場合を考えてみましょう。公職選挙法の規定により、公務員は、公職に立候補するとその届出の日に公務員たる職を失うことになります（公職選挙法90条）。つまり、仮に免職処分の取消しが認められたとしても、本人は公務員に復職できないわけです。その意味では、この処分を現実に取り消す必要性は消滅しているようにも思えます。しかし、免職処分から付随的に発生した効果を消滅させる必要性があることだってあ

ります。このような付随的効果の排除を考慮し、法律上の利益があると判断する余地を認めているのが行政事件訴訟法9条1項かっこ書の規定です。

つまり、公務員に復職するという意味において免職処分を取り消す必要はないですが、給料請求権の行使など他にこの処分の取消しを認める必要性があれば、なお法律上の利益はあるといえるのです。

また、例えば、自動車運転免許停止処分を受けた者が、停止期間経過後で

も停止処分の日から満1年を経過するまではまだ訴えの利益があります。

確かに、停止期間が明ければ自動車の運転はできるようになっているため、当該処分を取り消す必要はないようにも思えます。しかし、道路交通法違反の行政処分では、過去1年以内に免許停止処分の前歴があると不利益な取扱いを受けることがあります。そのため、免許停止処分を取り消しておく必要性はなお残存しているといえるわけです。

ポイント

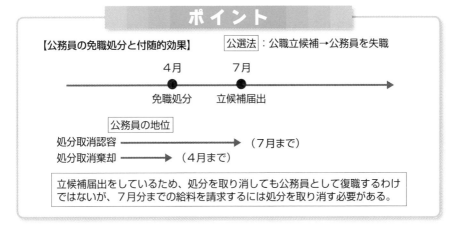

【公務員の免職処分と付随的効果】　公選法：公職立候補→公務員を失職

```
              4月            7月
               ●             ●
            免職処分       立候補届出
```

公務員の地位

処分取消認容 ────────────→　（7月まで）
処分取消棄却 ───────→　（4月まで）

立候補届出をしているため、処分を取り消しても公務員として復職するわけではないが、7月分までの給料を請求するには処分を取り消す必要がある。

ミニテスト

1　取消訴訟の提起が認められるには狭義の訴えの利益がある必要がある。
2　免職処分を受けた公務員が、処分取消訴訟の係属中に公職に立候補した場合、それによって訴えの利益は消滅する。
3　自動車運転免許停止処分を受けても、停止期間が明ければ、その時点で訴えの利益は消滅する。

解答　1　○
　　　　2　×　給料請求権に関し、訴えの利益は残存。
　　　　3　×　前歴が消えるまでは訴えの利益は残存。

074 訴えの利益が失われる 行政事件訴訟法

処分が取り消されることで現実に回復される法律上の利益がない……

Q 訴えの利益は、現実に処分を取り消す必要性があることだと考えたら、時間の経過によってその必要性がなくなることもあるんじゃない?

A その通りだね。特定日の利用申請に対する不許可処分とかだと、その日を過ぎれば、処分を取り消しても、もうその日には利用できないからね。

概　　要

　処分取消訴訟において狭義の訴えの利益が失われる場合とは、当該処分を実際に取り消す必要性がなくなる場合のことです。

　これには、①処分の完了や時間の経過によって処分の効力自体が消滅した場合や、②後発的な事情の変化による場合があります。

処分の効力が消滅

　許認可処分に基づく事業が完了した場合は、許認可の効力も消滅します。そのため、当該処分を取り消す必要性はなくなるわけです。

　例えば、建築基準法における建築確認について、確認処分の対象建築物の工事が完了した後に、確認処分の取消しの訴えを提起する利益があるといえるでしょうか。

　建築確認は、建築物の建築計画が適法であることを確認する行為で、これを受けなければ工事をすることができないという効果が付与されるものです。しかし、工事が完成してしまえ

ば、建築確認処分の効果も完了します。そのため、もうこれを取り消す必要性はなくなるのです。

　次に、例えば、自動車運転免許停止処分を受けた者が、当該処分から無違反・無処分で1年を経過した場合に、同処分の取消しの訴えを提起する利益があるといえるでしょうか。

　前の処分から1年以内に前歴があると道路交通法違反の行政処分で不利益な取扱いを受けることがあります。しかし、1年を経過している場合には、道路交通法上の処分において不利益的な取扱いを受けることはありません。そのため、その効力が消滅することによって、もうこれを取り消す必要性はなくなるのです。

　また、時間の経過によって訴えの利益が消滅することもあります。

　例えば、メーデーなど特定の日に使用するためにある場所の使用許可を得ようと許可申請をしたところ不許可の処分がなされ、その日を過ぎた後に、同処分の取消しを求める訴えを提起する利益があるといえるでしょうか。

この場合、仮に不許可処分の取消しが認められたとしても、すでに使用したい日が経過しているため、もうその日にその場所を使うことは物理的に不可能になっています。つまり、時間の経過によって同処分を取り消す必要性がなくなるのです。

後発的な事情の変化

ある処分に対して取消訴訟を提起することが本来は認められるケースだったとしても、処分後の事情の変化によって、その処分を取り消す必要性がなくなる場合もあります。

例えば、保安林の指定解除処分がされても、その処分に起因する洪水・渇水の危険が代替施設の設置によって解消された場合、同処分を取り消す必要はなくなるため、訴えの利益は認められなくなるのです。

ポイント

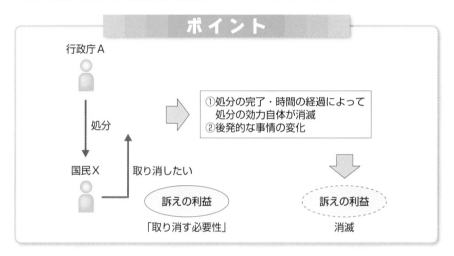

行政庁A

処分

国民X　取り消したい

訴えの利益

「取り消す必要性」

①処分の完了・時間の経過によって処分の効力自体が消滅
②後発的な事情の変化

訴えの利益

消滅

ミニテスト

1　建築確認処分の取消しを求める利益は、対象建築物の工事の完了によっては失われない。
2　特定の日に予定された公園使用の不許可処分の取消しを求める利益は、その特定の日が経過したとしても失われない。
3　生活保護法に基づく保護変更決定の取消しを求める利益は、原告の死亡によって失われる。

解答　1　× 工事の完了により本件訴えの利益は失われる。
　　　　2　× 時間の経過によって本件訴えの利益は失われる。
　　　　3　○ 原告死亡という事情の発生によって本件訴えの利益は失われる。

075 被告適格

行政事件訴訟法

被告を正しく選択できているか……

Q 自分が原告としてふさわしいかだけでなく、被告を正しく選択できているかどうかも要件審理の1つだったよね？

A その通りだね。「被告適格」の問題だよ。行政事件訴訟法では、被告適格に関する規定も置かれているよ。

被告適格

行政事件訴訟法11条では、処分をした行政庁が国または公共団体に所属する場合には、取消訴訟は、当該処分をした行政庁の所属する行政主体（国または公共団体）を被告として提起しなければならないことが規定されています。

これは、平成16年の行政事件訴訟法改正によって、改められたものです。改正前は、処分を行った行政庁自身を被告として訴訟を提起することとされていましたが、それだと、訴えの提起にあたり、原告たる国民に、被告適格を有する行政庁を特定させなければならない負担を強いることになってしまい、国民の権利救済としては不十分だったわけです。そのため、被告を、個別の行政庁ではなく、原則として、行政主体（国または公共団体）とするよう切り替えたのです。

この改正の狙いは、行政事件訴訟を国民にとって利用しやすくすることで国民の権利利益の保護を図ろうとするものでした。そして、被告適格の変更は、行政事件訴訟を、ユーザーにとってより利用しやすい仕組みとさせたものといえるでしょう。

取消訴訟の被告適格を行政主体（国または公共団体）としてもらったことで、原告は、被告を特定するための負担や被告を誤ったときのリスクが軽減されるわけです。

なお、国または公共団体を被告として取消訴訟を提起する場合に、訴状には、民事訴訟の例により記載すべき事項とあわせて、処分をした行政庁を記載することが要求されています（11条4項）が、これは便宜的に要求されているだけで、その記載をしなかったり間違ったりしても、原告の不利益となるわけではありません。なぜなら、国または公共団体は、取消訴訟の被告とされた場合、原告の訴状の記載にかかわらず、自ら裁判所に対して処分をした行政庁を明らかにすることが要求されています（11条5項）ので、行政庁特定の負担は行政側が負うことになっているからです。

被告を誤った場合の救済

平成16年改正により、被告適格が行政庁から国や公共団体といった行政主体を原則とすることに変更され（11条）、また、行政庁が処分・裁決をする際の教示規定（46条）が設けられたことにより、改正後は被告を誤った訴訟が提起されることは少なくなると考えられています。しかし、被告を誤ることがまったくなくなるわけではないでしょうから、被告を誤った訴えの救済規定は残すこととし、行政事件訴訟法15条1項では、被告の誤認について、原告の故意または重過失によるものでない場合には被告の変更を許すことが規定されています。

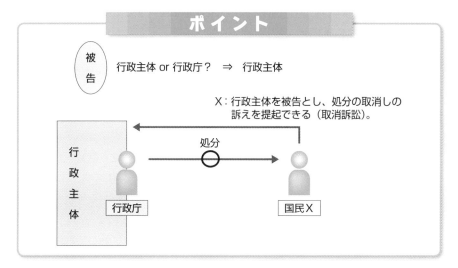

ポイント

被告　行政主体 or 行政庁？　⇒　行政主体

X：行政主体を被告とし、処分の取消しの訴えを提起できる（取消訴訟）。

行政主体　行政庁　処分　国民X

ミニテスト

1　国の行政庁がした処分に関する取消訴訟の被告は、国である。
2　国の行政庁がした裁決に関する取消訴訟の被告は、当該行政庁である。
3　国または地方公共団体に所属しない行政庁がした処分に関する取消訴訟の被告は、当該行政庁である。

解答　1　○　11条1項1号。
　　　　　2　×　国が被告（11条1項2号）。
　　　　　3　○　11条2項。

076 裁判管轄

裁判所を正しく選択できているか……

Q 裁判所は、全国にあちこちあるし、簡易裁判所、地方裁判所、最高裁判所などがあるけど、好きな裁判所に訴えを提起していいの？

A いいえ。裁判管轄というのがあって、審級管轄や土地管轄が決められているよ。好きな裁判所を自分で自由に選べるわけではないよ。

審級管轄

裁判所には、最高裁判所、高等裁判所、地方裁判所、簡易裁判所、家庭裁判所がありますが、処分取消訴訟は、地方裁判所に対して提起します（裁判所法24条1号、33条1項1号）。

土地管轄

次に、どこの地方裁判所に訴えればよいかを考えてみましょう。

行政事件訴訟法12条1項では、処分取消訴訟は、被告の普通裁判籍の所在地を管轄する裁判所または処分をした行政庁の所在地を管轄する裁判所の管轄に属するものとすることが規定されています。

これは、以下のような理由によるものといえます。

平成16年の行政事件訴訟法改正によって、取消訴訟の被告は、従来の行政庁から行政主体に切り替えられました。これに伴い、裁判所の管轄を被告たる行政主体（国または公共団体）の普通裁判籍の所在地を管轄する裁判所とされましたが、従来通り、行政庁の所在地を管轄する裁判所についても維持することとしたからです。

なお、被告が国の場合、国の普通裁判籍は、「訴訟について国を代表する官庁の所在地」（民事訴訟法4条6項）です。訴訟について国を代表する官庁は法務省になり、法務省の所在地は東京ですから、東京地方裁判所が管轄となります。

被告適格が行政庁から行政主体に切り替えられたことによって、原告は、国の行政庁の処分に対して取消訴訟を提起する場合は、「被告は国、裁判所は東京地方裁判所」という形で提訴すれば、とりあえずは間違いないので、取消訴訟の提起は容易になったといえます。

付加的裁判管轄

土地の収用、鉱業権の設定その他不動産または特定の場所に係る処分についての取消訴訟は、その不動産または場所の所在地の裁判所にも提起できます（12条2項）。

また、処分に関して、当該事案の処

理にあたった下級行政機関の所在地の裁判所にも提起できます（12条3項）。

特定管轄裁判所

国を被告とする取消訴訟は、原告の普通裁判籍の所在地を管轄する高等裁判所の所在地を管轄する地方裁判所にも提起できます（12条4項）。

例えば、兵庫県に住所を有する者が国土交通大臣の処分を争う場合、国を被告として東京地方裁判所に訴訟を提起できます（12条1項）。

しかし、この場合、事案の処理にあたった下級行政機関が兵庫県に所在する場合でもない限り、神戸地方裁判所には訴訟を提起できません。これだと、東京地方裁判所まで行かなくてはなりませんが、それは不便です。そこで、このような場合には、大阪地方裁判所への訴訟の提起を認めたのが行政事件訴訟法12条4項（特定管轄裁判所）の規定です。

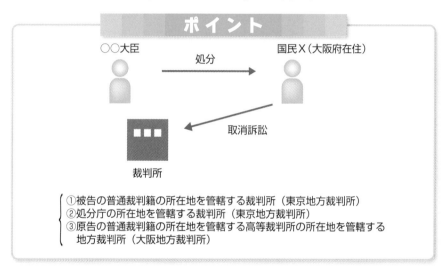

ポイント

○○大臣 ──処分→ 国民X（大阪府在住）

取消訴訟

裁判所

①被告の普通裁判籍の所在地を管轄する裁判所（東京地方裁判所）
②処分庁の所在地を管轄する裁判所（東京地方裁判所）
③原告の普通裁判籍の所在地を管轄する高等裁判所の所在地を管轄する地方裁判所（大阪地方裁判所）

ミニテスト

1　処分取消訴訟は、処分庁の所在地を管轄する裁判所に提起しなければならない。

2　処分取消訴訟は、当該処分に関し事案の処理にあたった下級行政機関の所在地の裁判所にも提起することができる。

3　国を被告とする取消訴訟は、原告の普通裁判籍の所在地を管轄する高等裁判所の所在地を管轄する地方裁判所にも提起することができる。

解答　1　× 被告の普通裁判籍の所在地を管轄する裁判所にも提起可能。
　　　2　○　12条3項。　3　○　12条4項。

077 出訴期間

処分から一定の期間を経過すると、取消訴訟は提起できなくなる……

Q 行政庁の処分には**不可争力が働く**よね。だから、取消訴訟はいつまででも提起可能というわけではないんだよね？

A その通りだね。行政事件訴訟法には出訴期間の定めがあって、その期間を過ぎれば、取消訴訟の提起は認められなくなるんだよ。

概　　要

出訴期間とは、訴訟を提起することができる期間のことです。

行政庁の処分には、不可争力（012参照）が働きますから、一定期間を経過すれば、国民の側からその処分の取消しを求めて争うことはできなくなります。そのため、出訴期間が定められたわけです。

出訴期間

取消訴訟は、処分があったことを知った日から6ヶ月を経過したときは提起することができなくなります（14条1項本文）。ただし、正当な理由があるときは、この限りでなく、期間の延長が認められます（14条1項ただし書）。

これは平成16年の行政事件訴訟法改正によって改められたものです。法改正前は、出訴期間は3ヶ月とされ、この期間は不変期間と考えられていました。

しかし、3ヶ月以内だと期間が短すぎ、原告に負担を強いることになっていましたし、正当な理由があっても期間を過ぎているとの一事をもって提訴が認められなかったのです。

そこで、平成16年の改正によって、出訴期間を6ヶ月に延長し、これを不変期間と考えず、正当な理由があれば延長もできるようにしたのです。

なお、処分があったことを知った日とは、処分があったことを現実に知った日のことです。処分を記載した書類が当事者の住所地に送達されるなど、通常、処分があったことを知ることができる状態に置かれたときは、知ったものと推定されます。

また、処分があったことを知らなくても、取消訴訟は、処分の日から1年を経過したときは提起することができません（14条2項）。ただし、この場合も、正当な理由があるときは、この限りではなく、期間の延長が認められます（14条2項ただし書）

審査請求ができる場合

例えば、処分について審査請求があった場合について考えてみましょう。

この場合、処分取消訴訟は、その審査請求に対する裁決があったことを知った日から6ヶ月を経過したときまたは当該裁決の日から1年を経過したときに提起できなくなります（14条3項本文）。ただし、正当な理由があるときは、この限りではなく、期間の延長が認められます（14条3項ただし書）。

処分について審査請求がされた場合、審査請求中に出訴期間がそのまま進行してしまうと訴訟が提起できなくなる可能性があるため、裁決がされるのを待って、出訴期間の起算を開始することとしています。

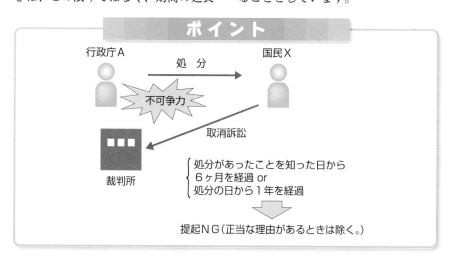

1　処分があったことを知った日から3ヶ月が経過している場合、取消訴訟は提起できなくなる。

2　正当な理由があっても、処分の日から1年が経過している場合、取消訴訟は提起できなくなる。

3　行政庁の処分と異なり、裁決には不可争力は働かないため、裁決取消訴訟には出訴期間の制限はない。

解答　1　×　6ヶ月。
　　　　2　×　正当な理由があれば期間は延長できる。
　　　　3　×　裁決も行政庁の行為である以上不可争力は働くし、出訴期間もある。

078 関連請求

行政事件訴訟法

2つ以上の請求を1つの訴訟で請求する……

Q 国の行政庁の処分に対し、国を相手に取消訴訟と一緒に損害賠償請求訴訟もやりたいんだけど、できるかな？

A 取消訴訟には関連請求を併合することもできるよ。これを「請求の客観的併合」と呼んでいるよ。

概　　要

　複数の事件でも、その事件が関連性を有していれば、争点や証拠が共通するため、できるだけ1つの裁判手続でまとめて審理する方が合理的ともいえます。

　行政事件訴訟法では、取消訴訟と関連性のある請求については取消訴訟と一括して審理できるように、移送（13条）、併合（16条〜19条）に関する規定が置かれています。

移　　送

　取消訴訟がA地方裁判所で扱われ、それと関連する請求に係る訴訟がB地方裁判所で扱われている場合、B地方裁判所は、申立てまたは職権によって、その訴訟を取消訴訟の係属するA地方裁判所に移送することができます（13条）。なお、行政事件訴訟法13条は、関連請求に係る訴訟を扱っている裁判所から取消訴訟を扱っている裁判所への移送を認める規定です。逆にA地方裁判所からB地方裁判所への移送については規定されていません。

　なお、特定管轄裁判所（076参照）に取消訴訟が提起され、他の裁判所に事実上・法律上同一の原因に基づいてされた処分取消訴訟が提起されている場合、当該特定管轄裁判所は、当事者の住所・所在地、尋問を受けるべき証人の住所、争点・証拠の共通性その他の事情を考慮して、相当と認めるときは、申立てまたは職権によって、訴訟を他の裁判所に移送することができます（12条5項）。平成16年の行政事件訴訟法改正によってこのような規定が設けられました。

客観的併合

　1人の原告が1人の被告に対して2つ以上の請求を1つの訴訟に併合して提起することもできます（客観的併合、16条1項）。この請求の客観的併合では、被告が同一であることが必要とされています。平成16年の行政事件訴訟法改正によって被告適格が個々の行政庁から行政主体に切り替えられましたので、併合の幅も広がり、取消訴訟と損害賠償請求の併合も可能となり

ました。

主観的併合

　複数の原告が請求する場合または複数の被告に請求する場合でも、それが取消訴訟の関連請求であるときは、請求を併合して訴えを提起することが認められます（主観的併合、17条1項）。

追加的併合

　第三者は、取消訴訟の口頭弁論の終結に至るまで、その訴訟の当事者の一方を被告として、関連請求に係る訴えをこれに併合して提起することもできます（18条前段）。これは、関連請求について第三者による追加的主観的併合を認めるものです。

　また、原告は、取消訴訟の口頭弁論の終結に至るまで、関連請求に係る訴えをこれに併合することもできます（19条1項前段）。取消訴訟の被告に対するものを併合すること（追加的客観的併合）も、被告を異にする訴えを併合すること（追加的主観的併合）もできます。

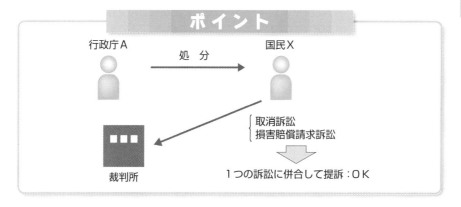

ポイント

行政庁A　　処　分　　国民X

取消訴訟
損害賠償請求訴訟

裁判所　　1つの訴訟に併合して提訴：OK

ミニテスト

1　処分取消訴訟と裁決取消訴訟を併合して提起することはできない。
2　処分取消訴訟が地方裁判所に係属中に、関連請求として損害賠償請求を追加的に併合することもできる。
3　複数の被告に請求する場合に請求を併合して訴えを提起することはできない。

解答　1　×　併合提起できる。
　　　　2　○　最初から併合提起するほか、追加的併合もできる。
　　　　3　×　複数の被告に対する請求も関連請求なら併合提起できる。

157

079 訴えの変更、訴訟参加　行政事件訴訟法

国を被告とした処分取消訴訟から損害賠償請求への切替え……

Q 行政庁の処分に対し、当初は取消訴訟を提起したけど、取り消す必要がなくなったので、同処分による損害の賠償請求をやりたいんだけど？

A その場合は、「訴えの変更」が認められそうだよ。今までの訴訟でやってきたことが全部無駄になるわけじゃないからよかったね。

訴えの変更

行政事件訴訟法21条では、取消訴訟を国または公共団体に対する損害賠償その他の請求に変更することが認められています。

訴えの変更は、原告の申立てにより、裁判所が相当であると認めるときは、請求の基礎に変更がない限り、口頭弁論の終結に至るまでは、可能とされます。

例えば、営業停止処分に対し、当初は処分取消訴訟を提起したが、訴訟をしている間に営業停止期間が満了して訴えの利益を欠くことになった場合に、当該取消訴訟を、その処分を原因として生じた損害についての賠償請求の訴訟へと変更することも可能です。

取消訴訟も損害賠償請求訴訟も、どちらもその処分の違法性を理由としているわけです。争点が共通していますし、証拠も共通のものを利用できますから、最初から損害賠償請求訴訟を始めるよりはこれまでの主張や提出証拠の流用を認める方が効率的といえるわけです。

なお、行政事件訴訟法21条は、取消訴訟からの変更を認める規定ですので、逆の場合については規定されていません。

第三者の訴訟参加

行政事件訴訟法22条では、裁判所は、訴訟の結果により権利を害される第三者があるときは、申立てまたは職権により、決定をもって、その第三者を訴訟に参加させることができる旨が規定されています。

これは、以下のような理由によるものといえます。

取消訴訟の判決の効力は、第三者に対しても及ぶからです。そのため、第三者も訴訟の結果によってその権利利益に影響を受ける立場にあるといえますから、当該第三者への手続保障の観点から、訴訟参加の制度が認められたのです。

行政庁の訴訟参加

行政事件訴訟法23条では、裁判所は、処分をした行政庁以外の行政庁を

訴訟に参加させることが必要であると認めるときは、申立てまたは職権により、決定をもって、その行政庁を訴訟に参加させることができる旨が規定されています。

これは、訴訟資料を豊富にして、より適正な審理を確保しようとする観点から、処分庁以外の行政庁を訴訟に参加させる制度が認められたものといえます。

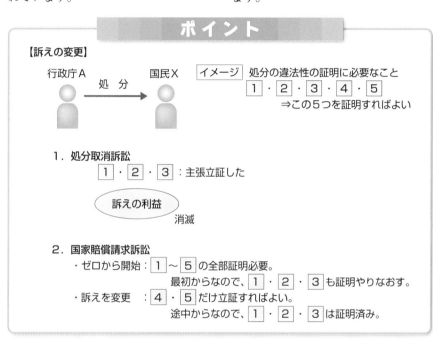

【訴えの変更】

行政庁A　処　分　国民X

イメージ　処分の違法性の証明に必要なこと
1・2・3・4・5
⇒この5つを証明すればよい

1．処分取消訴訟
1・2・3：主張立証した

訴えの利益
消滅

2．国家賠償請求訴訟
・ゼロから開始：1～5の全部証明必要。
最初からなので、1・2・3も証明やりなおす。
・訴えを変更　：4・5だけ立証すればよい。
途中からなので、1・2・3は証明済み。

ミニテスト

1　処分取消訴訟の利益が訴訟係属中に消滅した場合、取消訴訟を同処分に起因する損害の賠償請求訴訟に変更することは許されない。
2　請求の基礎が変更することになっても訴えの変更は認められる。
3　処分取消訴訟において、処分庁以外の行政庁を訴訟参加させることが必要と認めるときは、裁判所は、職権でも、その行政庁を訴訟参加させることができる。

解答　1　×　このような変更は認められる。
　　　2　×　訴えの変更は、請求の基礎に変更があるときは認められない。
　　　3　○　申立てによるほか、職権でも可。

159

080 教示制度

行政庁が取消訴訟を提起できる処分を書面で行う場合には教示が必要……

Q 処分取消訴訟について、誰を被告としていつまでに提起すればいいかは処分の相手方に知らせてあげた方が親切じゃないの？

A 確かにその通りだね。だから、被告とすべき者や出訴期間などを教示することが必要とされているんだよ。

概　　要

行政事件訴訟法の教示制度は、平成16年の改正によって導入されたものです。同改正では、国民が行政処分を争うための訴訟を利用しやすくし、わかりやすくするため、教示制度を導入したのです。

行政庁は、取消訴訟を提起することができる処分を書面でする場合、当該処分の相手方に対し、①当該処分に係る取消訴訟の被告とすべき者、②当該処分に係る取消訴訟の出訴期間、③法律に当該処分についての審査請求に対する裁決を経た後でなければ処分取消訴訟を提起することができない旨（審査請求前置）の定めがあるときはその旨について、書面で教示しなければなりません（46条1項）。なお、処分が口頭でされる場合は、教示義務はありません。通常、口頭による処分には重要なものは少ないからです。

また、行政庁は、法律に処分についての審査請求に対する裁決に対してのみ取消訴訟を提起することができる旨（裁決主義）の定めがある場合において、当該処分をするときは、当該処分の相手方に対し、法律にその定めがある旨を書面で教示しなければなりません（46条2項）。なお、当該処分が口頭でされる場合、その必要はありません。

当事者訴訟

当事者訴訟にも教示制度が設けられています。

行政庁は、当事者間の法律関係を確認しまたは形成する処分に関する訴訟で法令の規定によりその法律関係の当事者の一方を被告とするもの（形式的当事者訴訟、4条前段）を提起することができる処分をする場合、当該処分の相手方に対し、①当該訴訟の被告とすべき者、②当該訴訟の出訴期間を書面で教示しなければなりません（46条3項）。なお、口頭で処分がされる場合、その必要はありません。

誤った教示

行政庁が誤った教示をした場合の救済について、行政事件訴訟法では特別

な規定を置いていません。

　例えば、行政庁が誤った教示をしたことにより、出訴期間6ヶ月を過ぎてしまった場合はどうでしょうか。

　行政事件訴訟法では、出訴期間について正当な理由があるときは6ヶ月を経過しても出訴を認めることとしています（14条1項）。したがって、行政庁が誤った教示をしたことが、正当な

理由となり、出訴期間の延長が認められれば、6ヶ月を経過しても出訴が認められるのです。

請求による教示

　行政事件訴訟法における教示規定には、行政不服審査法のような「請求による教示」の制度は設けられていません。

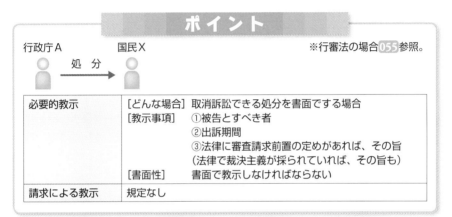

ポイント

行政庁A　　　処分　　　国民X　　　　　　　　　　　　※行審法の場合 055 参照。	
必要的教示	［どんな場合］取消訴訟できる処分を書面でする場合 ［教示事項］①被告とすべき者 　　　　　　②出訴期間 　　　　　　③法律に審査請求前置の定めがあれば、その旨 　　　　　　（法律で裁決主義が採られていれば、その旨も） ［書面性］書面で教示しなければならない
請求による教示	規定なし

📝 ミニテスト

1　行政庁が取消訴訟を提起できる処分を書面でする場合、一定事項を書面で教示する必要があるが、口頭で処分する場合はこの限りでない。
2　行政事件訴訟法には、行政不服審査法と同様、利害関係人からの請求による教示の規定が置かれている。
3　行政事件訴訟法には、行政不服審査法に相応する形で、誤った教示に対する救済の規定が置かれている。

解答　1　○　46条1項。
　　　　2　×　行政不服審査法のような請求による教示の規定はない。
　　　　3　×　行政不服審査法に相応する誤った教示の救済の規定はない。

081 執行停止

行政事件訴訟法

原則は、取消訴訟を提起しただけでは処分の効力は生きたままだから……

Q 営業停止命令の処分を受けて取消訴訟を提起したんだ。でも、請求が認容されて処分の取消しという結論が出るまでは営業しちゃいけないのかな？

A 原則論ではそうなるね。でも、それだと困るよね。そんなときのために執行停止の制度が用意されてるんだよ。

概　　要

　処分取消訴訟の提起は、処分の効力、処分の執行、手続の続行を妨げません（執行不停止の原則、25条1項）。つまり、処分について取消訴訟が提起されても、それだけでは処分には影響を与えず、その効力等は維持されたままです。訴訟が進行し、最終的な結論が出て、処分の取消しを認める判決が得られれば、ようやく処分の効力は消滅するわけです。

　しかし、訴えの提起から判決を得るまでには一定の時間を要します。

　民事訴訟では民事保全法に基づく仮処分など権利保全の制度がありますが、行政事件訴訟法では仮処分が制限されています（44条）。

　そこで、処分についての仮の救済制度が特に必要になるであろうと考えられ、設けられたのが執行停止の仕組みというわけです。

　処分について執行停止が認められるためには、処分、処分の執行、手続の続行により生ずる重大な損害を避けるため緊急の必要があるときでなければ

なりません（25条2項）。「重大な損害」という要件は、従来は、「回復の困難な損害」とされていましたが、平成16年の行政事件訴訟法改正によってこれを緩和したものになります。なお、その判断にあたっては、損害の回復の困難の程度を考慮するものとし、損害の性質・程度、処分の内容・性質をも勘案するものとされています（25条3項）。

　例えば、営業許可の取消処分は、重大な損害を生ずる可能性があるので、執行停止の対象となり得ます。しかし、営業許可申請に対する不許可処分は、その執行を停止しても、当該処分がなされなかった状態に戻るだけで、それにより申立人が営業できる状態になるわけでもないですから、執行停止の対象とはなりません。

　また、行政事件訴訟法における執行停止は、申立てによって行われます。行政不服審査法では、審査請求において処分庁の上級行政庁が審査にあたる場合には職権での執行停止を認めていましたが、裁判所が、職権で執行停止

することはできません。

なお、執行停止は、公共の福祉に重大な影響を及ぼすおそれがあるとき、または本案について理由がないとみえるときには、認められません（25条4項）。

内閣総理大臣の異議

執行停止の申立てがあったり、執行停止の決定があった場合、これに対して、内閣総理大臣は、裁判所に異議を述べることが認められています（27条1項）。これは、司法による執行停止の濫用から行政の停滞を避けるために認められた制度といえます。

なお、内閣総理大臣は、異議を述べるには理由を付さなければなりませんし（27条2項）、やむを得ない場合でなければ異議を述べることはできず、異議を述べたときは、次の国会でこれを報告しなければなりません（27条6項）。これは、内閣総理大臣の異議が濫用されることを避け、事後的に政治責任を追及することを可能とするため、要件で絞りをかけたものといえます。

内閣総理大臣の異議があったときは、裁判所は、執行停止をすることができず、すでに執行停止の決定をしているときはこれを取り消さなければなりません（27条4項）。

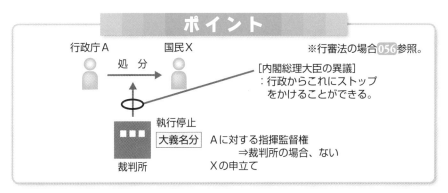

ポイント

行政庁A　　　　国民X　　　　　　　　　　※行審法の場合 056 参照。

処　分

[内閣総理大臣の異議]
：行政からこれにストップ
をかけることができる。

執行停止
大義名分　Aに対する指揮監督権
　　　　　　⇒裁判所の場合、ない
裁判所　　　　Xの申立て

ミニテスト

1　処分がされた場合、取消訴訟を提起していなくても、執行停止の申立てだけを行うこともできる。
2　執行停止は、公共の福祉に重大な影響を及ぼすおそれがあるとき、または本案について理由がないとみえるときは、することができない。
3　裁判所は、当事者の申立てによらず、職権で執行停止することもできる。

解答　1　×　取消訴訟を提起せず、執行停止だけを申し立てることはできない。
2　○　25条4項。
3　×　職権での執行停止はできない。

082 取消訴訟の審理

行政事件訴訟法

処分の違法性が審理の対象……

Q 処分取消訴訟を提起して、要件審理を全部クリアしたら、ようやく本案審理にたどり着けるんだね。本案審理では何が争点になるの？

A 処分が違法かどうかが審理の対象だよ。違法なら請求が認容されて処分を取り消してもらえるし、そうでないなら請求は棄却されるんだ。

審理の対象

通常の民事訴訟では、当事者間の権利関係・法律関係が審理の対象となりますが、行政事件訴訟では、処分の違法性が審理の対象となります。

取消しの理由の制限

処分取消訴訟においては、自己の法律上の利益に関係のない違法を理由として取消しを求めることはできません（10条1項）。処分取消訴訟の目的は、違法な行政処分によって権利利益を侵害された者の救済を図ることにあるわけですから、取消訴訟の提起を自己の利益に関係するものに限定しているのです。

違法の判断時期

裁判所が、行政庁の処分の違法性の判断にあたってどの時点を基準にするかについては、処分時を基準とすべきとする考え方や、判決時を基準とすべきとする考え方があります。

判例は、処分時を基準にすべきと考えています（最高裁S27.1.25）。

これは、以下のような理由によるものといえます。

処分取消訴訟において裁判所が判断すべきことは、係争の行政処分が違法に行われたか否かであって、仮に処分後法律が改正されたとしても、行政庁が改正後の法律に基づいて行政処分をしたことになるわけではなく、裁判所が改正後の法律（判決時の法律）によって行政処分の当否を判断することはふさわしくないからです。

取消訴訟の審理

処分取消訴訟は、裁判ですから、当事者主義・口頭弁論主義に基づき、当事者の弁論を通じてのみ行われ、裁判所は、弁論に現れた証拠資料にのみ基づいて判断を下します（7条）。ただし、裁判所は、必要があると認めるときは、職権で証拠調べをすることが認められています（24条本文）。

釈明処分の特則

平成16年の行政事件訴訟法改正により、裁判所が、釈明処分として、行政

庁に対し、①処分の理由を明らかにする資料の提出を求めること（23条の2第1項）、②審査請求に係る事件の記録の提出を求めること（23条の2第2項）ができる制度が設けられました。

これは、民事訴訟法151条が定める釈明処分の特則であり、行政事件訴訟の審理の充実・促進を図るため、導入されたものといえます。

裁量処分

行政事件訴訟法30条では、行政庁の

裁量処分については、裁量権の逸脱または濫用があった場合に限り、裁判所は、その処分を取り消すことができる旨が規定されています。

裁量処分において、法律が認めた裁量の範囲内での選択は違法の問題は生じません。そのため、裁判所が違法なものとして取り消すことができるのは、行政庁に裁量権の逸脱または濫用があった場合だけということになるわけです。

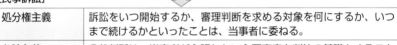

ポイント

行政事件訴訟法7条：「行政事件訴訟に関し、この法律に定めがない事項については、民事訴訟の例による。」

[民事訴訟]

処分権主義	訴訟をいつ開始するか、審理判断を求める対象を何にするか、いつまで続けるかといったことは、当事者に委ねる。
弁論主義	①裁判所は、当事者が主張しない主要事実を判決の基礎とすることはできない。 ②裁判所は、主要事実について当事者間に争いがない場合、これをそのまま判決の基礎としなければならない。 ③事実認定の基礎となる証拠は当事者が申し出たものに限る。

ミニテスト

1　自己の法律上の利益に関係ない違法を理由に処分取消訴訟は提起できない。
2　処分取消訴訟において、裁判所は、判決時の法律に照らして、行政庁の処分の違法性の判断を行う。
3　裁量処分は、裁量の逸脱または濫用があった場合以外は違法とならない。

解答　1　○　10条1項。
　　　　2　×　処分時の法律を基準。
　　　　3　○　30条。

083 取消訴訟の判決

行政事件訴訟法

却下判決、棄却判決、認容判決……

Q 処分の取消しを求めて訴えを提起したわけだから、判決は、取消しを認めるかどうかだよね？

A そうだね。本案審理の結果、取消しを認める判決は「認容判決」と呼ばれているよ。

判決の種類

まず、取消訴訟の提起が、法律上の要件を欠き不適法である場合には、審理自体を拒否する判決を下します。これを「却下判決」といいます。つまり、門前払いされるわけですから、この場合、本案審理は行われません。

次に、本案審理を行い、原告の主張に理由がないと判断すれば請求を拒否する判決を下します。これを「棄却判決」といいます。つまり、行政庁の処分に違法性はなかったとして、行政側を勝たせる判決を出すことです。一方、原告の主張に理由があったと判断すれば請求を認める判決を下します。これを「認容判決」といいます。つまり、行政庁の処分に違法性があったことを認め、原告側を勝たせる判決を出すことです。

事情判決

事情判決とは、行政庁の処分を違法とは認めるものの、公益を理由として原告の請求は棄却するやり方のことです（31条）。

通常、取消訴訟において、行政処分の違法性が認められれば、原告の請求が認容され、当該処分は取り消されることになります。

しかし、行政処分が行われれば、それを基礎としていくつもの事実が積み重なり、後になってからそれらを取り消すことは公益に適合しないことがあります。

例えば、土地区画整理事業における換地処分の取消しを求めた場合を考えてみましょう。

この換地処分が違法であったとしても、当該処分を取り消すことで、土地区画整理事業計画全体を修正しなければならなくなるような場合には、公の利益に著しい障害を生じることになります。この場合、処分自体は違法と判断しても、それを取り消すことはしないとする判断を必要とする場合があります。

つまり、事情判決では、処分は違法と認めても、既成事実を尊重し、私人の利益保護よりも公益を優先させ、請求は棄却して、処分の効力は消滅しな

いようにしているわけです。

　ただし、このような形で請求を棄却する場合は、当該判決の主文において、処分が違法であることは宣言しておかなければなりません。

　なお、事情判決は、請求棄却という形式はとりますが、処分の違法宣言はなされますから、実質的には原告勝訴の側面はあり、処分の取消しはできな

いものの、訴訟費用については被告側（行政側）の負担と考えられます。

　また、請求棄却という形式をとり、結果的には被告である行政側を勝たせるものですが、判決主文において、行政庁の処分が違法であることが宣言されていますから、被告である行政側は、この違法宣言に不服がある場合、上訴することが可能です。

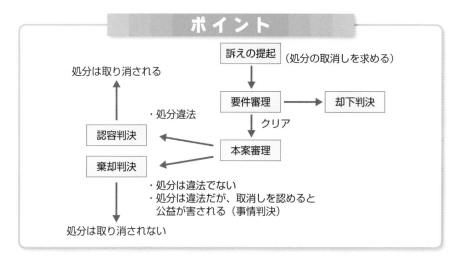

ポイント

処分は取り消される

訴えの提起（処分の取消しを求める）

要件審理　→　却下判決

クリア

・処分違法

認容判決

棄却判決

本案審理

・処分は違法でない
・処分は違法だが、取消しを認めると
　公益が害される（事情判決）

処分は取り消されない

1　事情判決は、処分の違法を認めるものであるため、請求認容の判決である。
2　事情判決においては、処分の違法性が判決主文において示される。
3　事情判決は、公益よりも私人の利益の保護を優先させた制度といえる。

解答　1　× 事情判決は「請求棄却」の判決。
　　　　2　○ 判決主文で処分の違法性は示す必要がある。
　　　　3　× 逆。私人の利益保護よりも公益を優先させる制度といえる。

084 判決の効力

行政事件訴訟法

処分取消訴訟に対する裁判所の判決にはどのような効力が……

> **Q** 行政庁の処分に対して取消訴訟を提起し、請求認容の判決をもらったよ。その判決にはどのような効力があるのかな？
>
> **A** 判決により処分はさかのぼってなかったことになるし、その事件について関係行政庁を拘束したりするよね。

概　要

取消訴訟の判決には、形成力、既判力、拘束力、第三者効といった効力があります。

形 成 力

形成力とは、判決内容通りに法律関係を発生・変更・消滅させる効力です。

取消訴訟において原告の請求を認容する判決が確定すれば、処分の効力は、行政庁による取消しを必要とせず、最初からなかったことになります。

既 判 力

既判力とは、取消判決が当事者および裁判所を拘束し、同一事項について、この判決と矛盾するような主張・判断を後の訴訟においてすることができなくなる効力です。

紛争の蒸返しを防ぐために認められたものといえます。

取消訴訟において行政処分の違法性が認められず、請求を棄却する判決が確定していれば、同一の処分を理由と

した国家賠償請求訴訟を後で提起しようとしても、その訴訟において同処分が違法であるとする主張はできないことになります。

この処分については違法でないという判断が既に確定しているわけですから、違う裁判でまたこの処分の違法性を争うことを認めるのでは紛争の蒸返しになってしまうからです。

拘 束 力

拘束力とは、取消判決が、その事件について、処分をした行政庁その他関係行政庁を拘束する効力です。

例えば、申請を却下した処分の取消しを求め、その請求を認容する判決が確定すれば、その処分をした行政庁は、判決の趣旨に従い、改めて申請に対する処分をしなければならないわけです（33条2項）。また、申請に基づいてした処分が判決により手続に違法があることを理由として取り消された場合についても同様です（33条3項）。

そして、拘束力が働く結果、行政庁は、取り消された行政処分と同一事情

の下においては、再度、同一の理由で同一の処分を行うことはできなくなります。

第三者効

取消判決は、第三者に対しても効力を有します（32条1項）。

例えば、行政庁Aの農地買収処分の相手方Xが買収処分の取消しを求める訴訟を提起し、請求を認容する判決が確定すれば、買収処分はなかったものとされ、農地の売渡しの相手方Yにもこの判決の効力が及びます。したがっ

て、Yは農地を返還しなければならなくなります。第三者YにもXの提起した訴訟の効力を及ぼさないと、Xは勝訴しても農地を取り戻せなくなるからです。

なお、第三者は、判決の効力によって自己の権利利益を侵害されるおそれがありますから、行政事件訴訟法では、第三者の権利利益の防御の機会を保障するため、第三者の訴訟参加（22条）、第三者の再審の訴え（34条）といった仕組みが設けられています。

ポイント

形成力	判決内容通りに法律関係を発生・変更・消滅させる。取消判決により、処分の効力は最初からなかったことになる。
既判力	判決が当事者および裁判所を拘束し、同一事項について、この判決と矛盾するような主張・判断を後の訴訟においてすることができなくなる。
拘束力	取消判決が、その事件について、処分をした行政庁その他の関係行政庁を拘束する。
第三者効	取消判決の効力は、訴訟当事者だけでなく、第三者にも及ぶ。

ミニテスト

1　取消判決がその事件について処分庁その他関係行政庁を拘束する効力のことを形成力という。

2　申請を却下した処分が判決により取り消された場合、当該処分庁は、判決の趣旨に従い、改めて申請に対する処分をしなければならない。

3　処分を取り消す判決は、第三者に対しても効力を有する。

解答　1　×　この効力は「拘束力」。
　　　2　○　33条2項。
　　　3　○　第三者効。

085 無効、不作為

行政事件訴訟法

重大かつ明白な瑕疵がある行政行為は無効……

Q 行政処分に重大かつ明白な瑕疵がある場合は、取消しの対象ではなく、当然に無効だったよね？

A その通りだね。だから取り消す必要はないんだけど、無効を確認しておきたいという人のために、無効確認訴訟という訴訟類型があるよ。

無効確認訴訟

　無効確認訴訟は、処分・裁決に続く処分により損害を受けるおそれのある者その他当該処分・裁決の無効の確認を求めるにつき法律上の利益を有する者が提起できます。出訴期間の定めはありません。

　例えば、重大かつ明白な違法がある課税処分がなされても、その名宛人には納税義務はなく、放置しておいてもよいのですが、行政庁側が違法であると認識していない場合には、そのまま滞納処分に発展するおそれがあります。そこで、当該処分の名宛人は、予防的にその無効を確認するための訴訟を提起できるようにされたのです。

　また、処分・裁決の存否またはその効力の有無を前提とする現在の法律関係に関する訴えによって目的を達することができる場合、無効確認訴訟は提起できません。

　例えば、収用委員会が土地収用裁決を行い、これに基づき土地が売り渡された場合、当該収用裁決に重大かつ明白な違法があったとき、売主が、当該収用裁決の無効を理由に土地の所有権が自分にあることを主張する場合は、現在の法律関係に関する訴えとして土地所有権の確認について民事訴訟が提起できるなら、無効確認訴訟ではなく、民事訴訟を提起して、その中で収用裁決が無効であることを主張すればよいことになります。

争点訴訟

　争点訴訟とは、私法上の法律関係に関する訴訟において、処分・裁決の存否またはその効力の有無が先決問題として争われる訴訟です（45条）。

　訴訟手続自体は民事訴訟なのですが、その争点が行政行為の有効・無効にあり、行政事件訴訟に準じた取扱いが要請されるため、行政事件訴訟法にその規定が置かれています。

　例えば、行政庁AがXの農地の買収処分（重大かつ明白な違法あり）を行い、その後、同農地をYに売り渡した場合、処分の相手方Xが、Yを被告として土地の所有権の確認を求める訴訟がこれにあたります。この訴訟自体は

民事訴訟ですが、前提の買収処分の有効・無効によってどちらの土地といえるかの結論が左右されますから、行政処分の有効性が争点とされる訴訟といえます。

不作為の違法確認の訴え

不作為の違法確認の訴えとは、行政庁が法令に基づく申請に対し、相当の期間内に何らかの処分・裁決をすべきであるにもかかわらず、これをしないことについての違法の確認を求める訴訟のことです（3条5号）。出訴期間の定めはありません。

行政庁に対して許認可申請を行った

のに、これに対して行政庁がなすべき処分を行わない場合、行政庁が何もしないことが違法であることの確認を裁判所にしてもらうための仕組みが不作為の違法確認の訴えの制度です。

不作為の違法確認の訴えは、処分・裁決についての申請をした者に限り、提起することが認められています（原告適格、37条）。

なお、この訴訟だけだと、不作為の違法を確認してもらうにすぎず、行政庁に一定の行為を義務付けることまではできません。そのため、そこまで求める場合は、義務付け訴訟を併合して提起する必要があります。

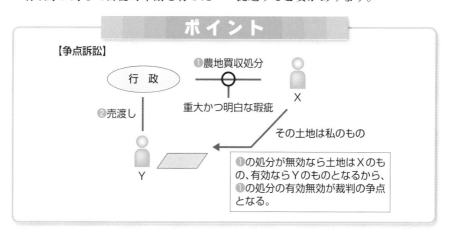

ポイント

【争点訴訟】

行　政

❶農地買収処分

重大かつ明白な瑕疵

X

❷売渡し

Y

その土地は私のもの

❶の処分が無効なら土地はXのもの、有効ならYのものとなるから、❶の処分の有効無効が裁判の争点となる。

ミニテスト

1　無効確認訴訟には出訴期間の制限の規定はない。

2　処分の無効確認を求める法律上の利益を有する者は、無効確認訴訟を提起できる。

3　処分が無効であることは無効確認訴訟によってのみ主張でき、民事訴訟においてこれを主張することはできない。

解答　1 ○　2 ○　3 × 民事訴訟において主張可。

086 義務付け、差止め 行政事件訴訟法

平成16年改正によって新たに法定された訴訟類型……

Q あそこの事業者に対して行政庁から処分を出してほしいけど、裁判所を通じてそれを行政庁に義務付けることなんてできるのかな？

A 行政事件訴訟法には義務付け訴訟という制度があるよね。この制度を利用して、義務付け訴訟を提起する方法があるよ。

概　　要

平成16年の行政事件訴訟法改正によって、義務付け訴訟と差止め訴訟が抗告訴訟の一類型として新たに法定されました。

非申請型義務付け訴訟

非申請型義務付け訴訟は、一定の処分がされないことにより重大な損害を生ずるおそれがあり、かつ、その損害を避けるため他に適当な方法がないときに、提起できます（37条の2第1項）。

例えば、工場の周辺住民が、行政庁から当該工場に対して改善命令を出すことの義務付けを求めて提起する訴訟がこれにあたります。

この訴えは、行政庁から一定の処分をすべき旨を命ずることを求めるにつき法律上の利益を有する者に限って、提起することができます（原告適格、37条の2第3項）。

申請型義務付け訴訟

申請型義務付け訴訟は、申請を前提として、①不作為型（申請に対して行政庁が何もしないパターン）と、②処分拒否型（申請が行政庁によって拒否されたパターン）に区分されます（37条の3第1項）。

不作為型・処分拒否型いずれについても、申請に対する処分を義務付けることを求める訴えは、法令に基づく申請をした者に限って、提起することが認められます（原告適格、37条の3第2項）。

なお、不作為型では当該処分の不作為の違法確認の訴え、処分拒否型では当該処分の取消し（または無効確認の訴え）を、それぞれ併合して提起しなければなりません（併合提起、37条の3第3項）。

差止め訴訟

差止め訴訟とは、行政庁が一定の処分・裁決をすべきでないにもかかわらずこれがされようとしている場合において、行政庁がその処分・裁決をしてはならない旨を命ずることを求める訴訟のことです（3条7項）。

差止め訴訟を提起できるのは、一定

の処分・裁決がされることにより重大な損害を生ずるおそれがある場合に限られます（37条の4第1項本文）。ただし、その損害を避けるため他に適当な方法があるときは、この限りではありません（37条の4第1項ただし書）。

差止め訴訟は、行政庁が一定の処分・裁決をしてはならない旨を命ずることを求めるにつき法律上の利益を有する者に限って、提起できます（原告適格、37条の4第3項）。

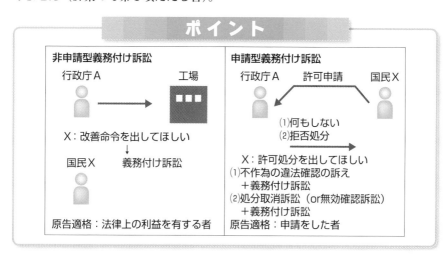

ミニテスト

1　非申請型義務付け訴訟は、法律上の利益を有しない者でも提起できる。
2　許可申請に対する拒否処分に対し、義務付け訴訟を提起する場合、処分取消訴訟または無効確認訴訟と併合提起しなければならない。
3　許可申請に対する拒否処分に対し、処分取消訴訟を提起する場合、義務付け訴訟と併合提起しなければならない。

解答　1　× 法律上の利益を有する者でなければ提起できない。
　　　　2　○ 申請型義務付け訴訟は、併合提起が要求される。
　　　　3　× 取消訴訟は、それのみを単体で行うことができる。

087 仮の権利保護

判決が出るまで時間がかかるけど……

Q 取消訴訟には執行停止制度があるけど、義務付け訴訟や差止め訴訟にも仮の権利保護制度はあるの？

A 義務付け訴訟には仮の義務付け、差止め訴訟には仮の差止めという制度があるよ。

取消訴訟

処分取消訴訟の提起があった場合、処分、処分の執行、手続の続行により生ずる重大な損害を避けるため緊急の必要があるときは、裁判所は、申立てにより、決定をもって、処分の効力、処分の執行、手続の続行の全部または一部の停止をすることができる制度があります（25条2項）。これを執行停止といいます。また、裁決取消訴訟の提起があった場合でも同様です（29条）。

無効等確認訴訟

無効等確認訴訟には取消訴訟における執行停止に関する規定（25条〜29条）が準用されています（38条3項）。

不作為の違法確認

不作為の違法確認訴訟には取消訴訟における執行停止に関する規定は準用されていません（38条参照）。

義務付け訴訟

平成16年改正前は、義務付け訴訟が法定の抗告訴訟として類型化されていなかったため、仮の義務付けについての規定も置かれていませんでした。しかし、本案判決の以前に仮の権利保護の制度を設けることは国民の権利救済のため必要なことといえます。そこで、平成16年改正により、義務付け訴訟を新たな訴訟類型として法定するとともに、国民の権利利益の実効的な救済を可能にすべきとの観点から、仮の義務付けについても規定されるようになりました。

義務付け訴訟の提起があった場合において、その訴訟に係る処分または裁決がされないことにより生ずる償うことのできない損害を避けるため緊急の必要があり、かつ、本案について理由があるとみえるときは、裁判所は、申立てにより、決定をもって、仮に行政庁がその処分または裁決をすべき旨を命ずることができます（37条の5第1項）。公共の福祉に重大な影響を及ぼすおそれがあるときは、仮の義務付けをすることはできません（37条の5第3項）。なお、仮の義務付けの決定が

後で取り消されたときは、当該行政庁は、当該仮の義務付けの決定に基づいてした処分または裁決を取り消さなければなりません（37条の5第5項）。

差止め訴訟

平成16年改正により、差止め訴訟とともに仮の差止めについても規定されるようになりました。

差止めの訴えの提起があった場合において、その訴訟に係る処分または裁決がされることにより生ずる償うことのできない損害を避けるため緊急の必要があり、かつ、本案について理由があるとみえるときは、裁判所は、申立てにより、決定をもって、仮に行政庁がその処分または裁決をしてはならない旨を命ずることができます（37条の5第2項）。

ポイント

	執行停止	仮の義務付け	仮の差止め
訴訟	処分取消訴訟 裁決取消訴訟 無効等確認訴訟	義務付け訴訟	差止め訴訟
申立ての要否	必要	必要	必要
損害の程度	重大な損害	償うことのできない損害	償うことのできない損害
本案の要件	理由がないとみえるときはできない	理由があるとみえるときにできる	理由があるとみえるときにできる
内閣総理大臣の異議の制度	あり	あり	あり

ミニテスト

1　無効等確認訴訟にも取消訴訟の執行停止の規定が準用される。

2　不作為の違法確認訴訟にも取消訴訟の執行停止の規定が準用される。

3　仮の義務付け・仮の差止めは、申立てがなくても、裁判所の職権により行うことができる。

解答　1　○　38条3項。

　　　　　2　×　不作為の違法確認訴訟には執行停止の規定は準用されない。

　　　　　3　×　裁判所は申立てがなければ仮の義務付け・仮の差止めはできない（37条の5第1項・2項）。

088 抗告訴訟以外の訴訟 行政事件訴訟法

当事者訴訟（4条）、民衆訴訟（5条）、機関訴訟（6条）……

Q 行政事件訴訟法3条で規定されている抗告訴訟のほかにも、訴訟類型が規定されていたよね？

A そうだね。主観訴訟として当事者訴訟、客観訴訟として民衆訴訟と機関訴訟についての定めがあるよ。

当事者訴訟

当事者訴訟（4条）は、形式的当事者訴訟と実質的当事者訴訟に区別されます。

形式的当事者訴訟とは、当事者間の法律関係を確認しまたは形成する処分または裁決に関する訴訟で法令の規定によりその法律関係の当事者の一方を被告とする訴訟のことです（4条前段）。

例えば、土地収用法133条2項の損失補償の訴えがこれにあたります。行政庁Aによって土地所有者Xの土地の収用およびその際の補償額を決定し、この土地を電力会社Yが取得するとしましょう。Xがこの補償額に不服があれば、本来は、行政庁の処分に対して取消訴訟を提起すべきところですが、土地収用法では、損失補償に不服があるときは土地所有者Xと電力会社Yを当事者とする訴えによるべきとしているのです。

実質的当事者訴訟とは、公法上の法律関係に関する確認の訴えその他の公法上の法律関係に関する訴訟のことです（4条後段）。

例えば、公務員Xが無効な免職処分を受けた場合、Xが裁判所に対して、当該免職処分の無効を前提として、身分の確認の訴えを提起する場合がこれにあたります。争訟の対象が、公法上の法律関係についてですから、実質的当事者訴訟にあたります。

民衆訴訟

民衆訴訟（5条）とは、国または公共団体の機関の法規に適合しない行為の是正を求めるもので、選挙人たる資格その他自己の法律上の利益にかかわらない資格で提起する訴訟のことです。

例えば、公職選挙法で定められている選挙の効力に関する訴訟（公職選挙法203条、204条）や、地方自治法で定められている住民訴訟（地方自治法242条の2）がこれにあたります。

機関訴訟

機関訴訟（6条）とは、国または公共団体の機関相互間における権限の存

否またはその行使に関する紛争についての訴訟のことです。

例えば、地方自治法で定められている地方公共団体の議会の議決が権限を超えまたは違法かどうかについて長と議会が対立したときに、最終的に裁判所に出訴する場合（地方自治法176条7項）がこれにあたります。

民衆訴訟や機関訴訟は、客観訴訟と呼ばれるものです。

客観訴訟とは、個人の権利利益とは直接関係がなく、法の正しい運用の確保を目的とする訴訟です。日本の裁判制度では、客観訴訟は例外的な位置付けとされ、法律に特別の定めがないと提起できません。そのため、民衆訴訟や機関訴訟の具体例は、公職選挙法や地方自治法といった法律で特別に認められた裁判類型なのです。

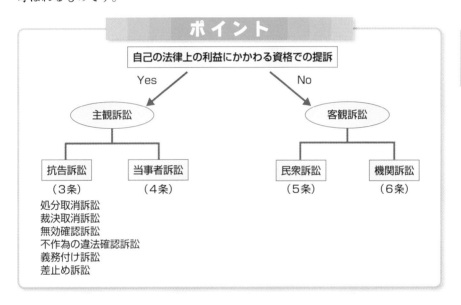

ポイント

自己の法律上の利益にかかわる資格での提訴

Yes → 主観訴訟

No → 客観訴訟

主観訴訟
- 抗告訴訟（3条）
  - 処分取消訴訟
  - 裁決取消訴訟
  - 無効確認訴訟
  - 不作為の違法確認訴訟
  - 義務付け訴訟
  - 差止め訴訟
- 当事者訴訟（4条）

客観訴訟
- 民衆訴訟（5条）
- 機関訴訟（6条）

ミニテスト

1 土地収用法に基づいて土地所有者が起業者を被告として提起する損失補償に関する訴えは、当事者訴訟に該当する。

2 公職選挙法で定められている当選無効訴訟は、民衆訴訟に該当する。

3 地方自治法で定められている住民訴訟は、機関訴訟に該当する。

解答 1 ○ 当事者訴訟。

2 ○ 民衆訴訟。

3 × 民衆訴訟。

089 国家賠償請求

国家賠償法

公務員の不法行為に基づく損害についての国家賠償……

Q 公務員が職務を行うについて故意または過失により生じた損害の賠償は誰に請求すればいいの？

A 国家賠償法に基づき国または公共団体に対して損害賠償請求をすることができるよ。

概　要

憲法17条では、「何人も、公務員の不法行為により、損害を受けたときは、法律の定めるところにより、国又は公共団体に、その賠償を求めることができる。」と規定し、国または公共団体が公務員の不法行為によって生じた損害の賠償責任を負うことがあることを認めました。

そして、この規定を受けて制定された法律が「国家賠償法」です。昭和22年に制定されました。

国家賠償法1条1項では、「国又は公共団体の公権力の行使に当る公務員が、その職務を行うについて、故意又は過失によつて違法に他人に損害を加えたときは、国又は公共団体が、これを賠償する責に任ずる。」と規定されています。

この国家賠償法1条によって国または公共団体が負う責任は、本来公務員個人が負うべき責任を、国または公共団体に代わりに負わせたものといえます（代位責任）。憲法17条および国家賠償法1条は、不法行為責任はあくまでも行為者個人の違法行為に対する責任を追及するものであることを前提としながら、被害者救済の観点から、国または公共団体を賠償責任者として定めたものといえます。

要　件

国家賠償法1条によって国または公共団体に対する損害賠償請求権が発生するには、①公権力の行使にあたる行為であること、②公務員の行為であること、③職務を行うについて発生した損害であること、④公務員に故意または過失があること、⑤違法に加えられた損害であることの要件を備える必要があります。

ここでは、「公権力の行使にあたる行為であること」について見ていきましょう。

公権力の行使ですが、これは行政作用に限らず、立法作用や司法作用にも及びます。判例には、国会議員が国会内で行う発言が「公権力の行使」にあたるとしたもの（最高裁H9.9.9）や、裁判官がした争訟の裁判について「公

権力の行使」にあたるとしたもの（最高裁S57.3.12）があります。ただし、いずれの判例もその行為の違法性については否定しています。

さて、行政作用についてですが、まずはこれを権力的作用、非権力的作用、私経済作用に分けてみましょう。

この点、「公権力の行使」には、行政行為や行政強制といった権力的作用のほか、行政指導や国公立学校での教育活動といった非権力的作用も含まれますが、公立病院での診察といった私経済作用までは含まれません。なお、私経済作用については民法の適用によって解決が図られることになります。

ポイント

行政手続法

行政 → 処分 → 国民

処分の取消し、損害賠償請求

行審法・行訴法　国賠法

国賠法1条の要件
- ①公権力の行使にあたる行為であること
- ②公務員の行為であること
- ③職務を行うについて発生した損害であること
- ④公務員に故意または過失があること
- ⑤違法に加えられた損害であること

ミニテスト

1　公立学校における教師の教育活動は、国家賠償法1条1項の「公権力の行使」にはあたらない。

2　公務員の私経済作用については、国家賠償法1条1項の「公権力の行使」にはあたらない。

3　立法権の行使や司法権の行使は、国家賠償法1条1項の「公権力の行使」にはあたらない。

解答　1　× 非権力的作用でも「公権力の行使」にあたる。
　　　　2　○ 私経済作用は「公権力の行使」にあたらない。
　　　　3　× 立法権や司法権の行使も「公権力の行使」にあたる。

090 国家賠償法1条

国家賠償法

国家賠償請求をするために必要な要件は……

Q 国家賠償請求するには、公権力の行使にあたる行為であることの他にも、必要な要件があったよね？

A そうだったね。他にも、公務員の行為、職務を行うについて発生した損害、公務員の故意・過失、違法に加えられた損害の要件を満たす必要があるね。

概　　要

　国家賠償法1条によって国または公共団体に対する損害賠償請求権が発生するには、①公権力の行使にあたる行為であること、②公務員の行為であること、③職務を行うについて発生した損害であること、④公務員に故意または過失があること、⑤違法に加えられた損害であることの要件を備える必要があります。

公務員の行為

　公務員の行為であることが要件とされますが、国家賠償法1条の適用があるかどうかは公権力の行使かどうかにかかってきます。そのため、公務員といっても、国家公務員法・地方公務員法でいう公務員という身分を必ずしも要しません。

　例えば、公務員の身分を有する者が行う行為でもそれが私経済作用であれば、国家賠償法は適用されません。逆に、公務員の身分を有しない者の行為でもそれが公権力の行使にあたる行為であれば国家賠償法が適用されること

になります。

職務を行うについて

　職務を行うについて発生した損害という要件が必要とされますが、これは、客観的に職務執行の外形を備えていればよく、当該公務員が職務執行の意思を備えている必要まではありません。

　判例も、国家賠償法1条は、公務員が主観的に権限行使の意思を持ってする場合に限らず、自己の利を図る意図をもってするときでも、客観的に職務執行の外形を備える行為をして、これによって、他人に損害を加えた場合には、それによって生じた損害は国または公共団体に損害賠償の責任を負わせるべきとしています（最高裁S31.11.30）。

公務員の故意・過失

　公務員に故意または過失があることが要件とされますが、この要件を備えていれば、国または公共団体が加害公務員の選任・監督について相当の注意を怠っていなくても、国または公共団

体は、賠償責任を免れません。

国家賠償法１条に基づく賠償責任は代位責任であって、選任監督責任ではありませんから、民法715条の使用者責任とは構造が異なります

なお、民法715条では、「ある事業のために他人を使用する者は、被用者がその事業の執行について第三者に加えた損害を賠償する責任を負う。」（民法715条１項本文）としながら、「使用者が被用者の選任及びその事業の監督について相当の注意をしたとき、又は相当の注意をしても損害が生ずべきであったときは、この限りでない。」（民法715条１項ただし書）と規定し、使用者が被用者の選任・監督について相当の注意を怠っていない場合などには、使用者の免責を認める規定が設けられています。

ポイント

公務員の不法行為に基づく損害の国家賠償の要件

①公権力の行使にあたる行為	⇒行政処分○ 　行政指導○ 　私経済作用× 　立法作用○ 　司法作用○ 　不作為○
②公務員の行為 ③職務を行うについて発生した損害	⇒法律上の公務員の身分を要しない。 ⇒客観的に職務執行の外形を備えていればよい。
④公務員の故意・過失 ⑤違法に加えられた損害	⇒代位責任

ミニテスト

1　公務員が主観的に職務権限行使の意思を有しない場合でも、国または公共団体が賠償責任を負うことがある。

2　国は、公務員の選任監督に過失がなかったことを立証すれば、国家賠償法１条に基づく賠償責任を免れる。

3　国家賠償法１条の「公務員」は、国家公務員法・地方公務員法に基づく公務員に限られる。

解答　1　○　客観的に職務執行の外形を備える場合であれば責任を負う。
　　　2　×　国賠法１条は選任監督責任ではない。
　　　3　×　必ずしも公務員たる身分を有しなくてもいい。

091 国家賠償法2条

国家賠償法

公の営造物の設置・管理の瑕疵に基づく損害についての賠償責任……

Q 道路や河川の設置・管理に瑕疵があったために損害を受けた場合、国や公共団体に対して賠償請求できるの？

A はい。その場合は、国家賠償法2条に基づき、道路や河川の設置・管理の瑕疵を理由として国または公共団体に賠償請求できるよ。

概　　要

国家賠償法2条1項では、「道路、河川その他の公の営造物の設置又は管理に瑕疵があつたために他人に損害を生じたときは、国又は公共団体は、これを賠償する責に任ずる。」と規定されています。

国家賠償法1条は、公務員の不法行為に基づく損害についての賠償責任を規定した条文でしたが、国家賠償法2条は、公の営造物が通常有すべき安全性を欠いていたために発生した損害についての賠償責任を規定したものです。

例えば、一級河川が通常有すべき安全性を備えておらず、洪水による被害が発生した場合、その設置・管理の瑕疵に基づく損害については、河川管理者たる国土交通大臣が所属する国が賠償責任を負うことになります。

無過失責任

国家賠償法2条は、公の営造物が通常備えているべき安全性を欠いている場合には、管理者の義務違反があったか否かにかかわらず、それによって生じた損害について国または公共団体が賠償責任を負うことを規定しています（無過失責任）。したがって、管理者に過失がなかったことを証明しても、国または公共団体は免責されません。

もっとも、国または公共団体が常に責任を負わなければいけないわけではなく、不可抗力によって生じてしまった損害については免責されることがあります。

公の営造物

国家賠償法2条1項の「公の営造物」とは、国または公共団体によって直接公の目的に供される個々の有体物のことです（動産・不動産は問いません）。

国または公共団体によって直接公の目的に供されたものでなければなりませんから、国または公共団体の有する普通財産（ex.市営住宅）によって損害が生じた場合は、国家賠償法2条は適用されません。なお、この場合は、民法717条によって解決が図られることになります。

被害者側の行動と国賠法2条

通常の用法に即しない被害者側の行動の結果生じた損害については、設置管理者は責任を負わないとした判例があります（最高裁S53.7.4）。

道路と国賠法2条

道路管理を行う予算が不足しているからといって、国または公共団体が免責されることにはなりません。つまり、財政的な理由（予算不足）は、免責事由にはならないわけです。

また、道路管理の瑕疵に関連して以下のような判例があります。

他車により工事箇所を表示するため

の赤色灯標柱が倒されて赤色灯が消え、その直後に同所を通過して事故を起こした者との関係において、道路管理者に管理の瑕疵はなかったとしたもの（最高裁S50.6.26）と、国道上に事故車が87時間放置されたことを国道管理の瑕疵があったとしたもの（最高裁S50.7.25）です。

どちらも道路が安全性を欠いている状態だといえそうですが、前者は、安全性を回復するのが時間的にも無理だったことが考慮されて、道路管理の瑕疵はないと評価されたといえるでしょう。

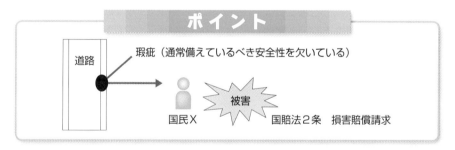

ポイント

道路

瑕疵（通常備えているべき安全性を欠いている）

国民X　　　被害　　　国賠法2条　損害賠償請求

 ミニテスト

1　公の営造物の設置・管理の瑕疵に基づく損害賠償責任は過失主義に立脚するものといえる。
2　国家賠償法2条の損害賠償請求は、物的欠陥がある場合のみに限られ、管理行為の瑕疵がある場合には認められない。
3　公の営造物には、不動産のほか、動産も含まれる。

解答　1　×　国賠法2条は無過失責任。
　　　　2　×　管理行為に瑕疵がある場合にも国賠法2条の責任は認められる。
　　　　3　○　動産・不動産は問わない。

092 国家賠償法の諸規定 国家賠償法

賠償責任者、求償関係、外国人の場合……

> **Q** 国家賠償法1条の責任を負うのは、公務員個人なの？　それとも国や公共団体なの？
>
> **A** 国家賠償法1条の賠償責任を負うのは国または公共団体だよ。だから、公務員個人に対して国家賠償を請求することはできないんだ。

賠償責任者（1条）

国家賠償法1条に基づく損害の賠償責任を負う者は、国または公共団体です。そのため、被害者が国家賠償法1条に基づき損害賠償請求をする場合、加害公務員に対して直接損害賠償請求することはできません。つまり、国家賠償請求訴訟において被告となるのは、行政主体（国または公共団体）であって、行政庁ではありません。

国または公共団体は、被害者に賠償した後で、加害公務員本人に対して求償できますが、これは加害公務員に故意または重大な過失があったときに限られます（1条2項）。

なお、公務員の選任・監督者と俸給・給与負担者が異なる場合（例えば、公立小学校の教員は、服務の監督は市町村で行うが、給与は都道府県から支給されます。）には、被害者は、いずれに対しても賠償請求することができます（3条1項）。この場合、損害を賠償した者は、他の損害賠償責任ある者に対して求償権を有します（3条2項）。

賠償責任者（2条）

国家賠償法2条に基づく損害の賠償責任を負う者は、公の営造物を設置・管理している国または公共団体です。事実上管理しているだけでも管理者に含まれます。また、他に損害の原因について責めに任ずべき者が存在していても、賠償責任を負うのは国または公共団体です。

国または公共団体は、被害者に賠償した後で、他に賠償の責に任ずべき者があるときは、その者に対して求償できます（2条2項）。

なお、公の営造物の設置・管理にあたる者と費用の負担者が異なる場合には、被害者は、いずれに対しても賠償請求することができます（3条1項）。この場合、損害を賠償した者は、他の損害賠償責任ある者に対して求償権を有します（3条2項）。

他の法律との関係

国家賠償法は、一般法ですから、国または公共団体の負う損害賠償責任について民法以外の他の法律に特別の定

めがあるときは、その定めるところによります（5条）。また、国家賠償法に規定のない事項は民法（失火責任法などの民法の特則も含む）の規定によります（4条）。

したがって、法律の適用順序は、①個別法、②個別法がなければ国家賠償法、③国家賠償法に規定されていないものは民法という順序になります。

相互保証主義

外国人が被害者である場合には、相互の保証があるときに限り、国家賠償法の規定が適用されます（相互保証主義、6条）。

したがって、日本人に国家賠償を認めている国の外国人には、国家賠償法による救済が認められることになります。

行政事件訴訟との関係

行政処分が違法であることを理由として国家賠償請求をする場合、あらかじめ当該行政処分について、取消しまたは無効確認の判決を得ていなければならないわけではありません（最高裁 S 36.4.21）。

ポイント

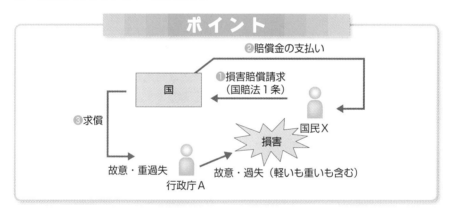

❷賠償金の支払い

❶損害賠償請求
（国賠法1条）

国

❸求償

国民X

損害

故意・重過失

故意・過失（軽いも重いも含む）

行政庁A

- - - - - ミニテスト -

1　国家賠償責任は、公務員個人ではなく、国または公共団体が負う。
2　公務員が故意に国民に被害を生じさせた場合、国または公共団体がその賠償金を支払ったときでも、加害公務員に対して求償することはできない。
3　国家賠償請求をするには、あらかじめ当該行政処分の取消判決を得ておく必要がある。

解答　1　○　賠償責任者は国または公共団体。
　　　　2　×　公務員は故意に損害を生じさせているから求償できる。
　　　　3　×　その必要はない。

093 損失補償

行政が、私有財産を公共のために用いる場合、補償が必要……

> **Q** 公務員の不法行為によって生じた損害は賠償請求の対象だったけど、法律に基づく行政活動の結果生じた損失はどうなるの？
>
> **A** 損失補償制度によって救済されるよ。損失補償は、適法な行政活動によって発生した損失を金銭の支払い等で補填しようとする制度だよ。

概 要

損失補償制度とは、行政目的を達成するため、国または公共団体の適法な行政活動によって発生した私人の損失を金銭の支払い等で補填しようとする制度のことです。

憲法29条3項では、「私有財産は、正当な補償の下に、これを公共のために用ひることができる。」と規定されています。

この点、損失補償制度については、国家賠償制度における国家賠償法のような一般法は存在しません。

つまり、憲法29条3項の規定を受けて、あとは個別の法律で補償規定を設けるというスタイルが採られています。例えば、「土地収用法」という法律には、土地の収用によって土地所有者が受ける損失の補償についての規定が置かれています。

要 件

損失補償請求が認められるためには、①私有財産を公共のために用いること、②特別の犠牲があることの要件

を備える必要があります。

この点、「公共のために用いる」とは、私有財産を直接公共のために用いること（公用収用）の他、公共のための利用制限（公用制限）も含まれます。

また、「特別の犠牲」といえるには、その損失が個別的であって、財産権の本質的内容を侵害するほど重大（我慢の限度を超えるような犠牲）であることを要します。そのため、法律によって一般的に課されたもの（ex.税金）は補償されません。個人的な責任によって生じたもの（ex.罰金）は補償されません。災害防止のための制限など社会生活上受忍すべきものは補償されません。

正当な補償

私有財産を公共のために用いるには「正当な補償」をすることが要求されています。形式的にみれば、損失補償と公用収用・公用制限は1つのパッケージとなっているようにもみえますが、憲法29条3項では、補償の時期に

ついてまでは触れておらず、必ずしも補償が財産の供与と交換的に同時に履行されなければならないものであるとはいえません。

また、「正当な補償」がいかなる内容なのかについては、相当な補償でよいとする説（相当補償説）と完全な補償でなければならないとする説（完全補償説）があります。

判例は、土地収用法事件（最高裁S48.10.18）においては完全な補償を要

するとし、自作農特別措置法事件（最高裁S28.12.23）においては相当な額の補償でよいとしています。

土地収用法事件（最高裁S48.10.18）では、土地収用法における損失の補償は、特別な犠牲の回復をはかることを目的とするものであるから、完全な補償、すなわち、収用の前後を通じて被収用者の財産価値を等しくならしめるような補償をなすべきであるとしています。

ポイント

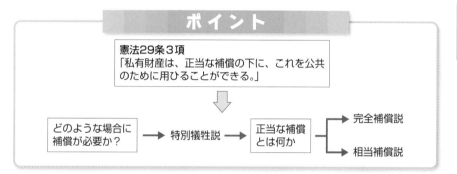

憲法29条3項
「私有財産は、正当な補償の下に、これを公共のために用ひることができる。」

どのような場合に補償が必要か？ → 特別犠牲説 → 正当な補償とは何か → 完全補償説 / 相当補償説

ミニテスト

1　私有財産は、正当な補償の下に、これを公共のために用いることができる。
2　個別法に損失補償に関する規定がない場合でも、損失補償の一般法である損失補償法の規定に基づき補償請求ができる。
3　損失補償は、必ず財産の供与と交換的に同時に履行されなければならない。

解答　1　○　憲法29条3項。
　　　　2　×　損失補償制度には一般法はない。
　　　　3　×　同時でなくてもかまわない。

094 損失補償に関する判例

財産権の制限、損失補償……

Q 損失補償制度に関係する判例で、知っておいた方がよい有名判例には何があるかな？

A そうだね。河川附近地制限令事件、奈良県ため池条例事件なんかは有名だよね。

河川附近地制限令事件

この事件では、河川附近地制限令が補償規定を欠いている場合でも、直接憲法29条3項の規定に基づいて補償請求できるかが問題となりました。

判例は、河川附近地制限令に損失補償に関する規定がないからといって、それがあらゆる場合について一切の損失補償をまったく否定する趣旨とまでは解されず、その損失を具体的に主張立証して、別途、直接憲法29条3項を根拠にして補償請求することはできなくはないとして、憲法29条3項に基づいて補償請求できる余地を認めています（最高裁S43.11.27）。

なお、本件事案は、以下のようなものでした。

砂利採取業者は、河川敷で砂利を採取していましたが、当該地域が県知事により河川附近地に指定され、河川附近地制限令の規定により、事業の継続には知事の許可が必要となりました。しかし、この業者の許可申請は拒否されました。そして、この業者は無許可で事業を継続したため、制限令違反を問われたというものでした。

奈良県ため池条例事件

この事件では、災害防止のために財産権を制限した場合、憲法29条3項の補償は必要かが問題となりました。

判例は、財産権の行使が制限されることになっても、それは、災害を防止し、公共の福祉を保持するために社会生活上やむを得ない制限であり、財産権を有する者が当然受忍しなければならない責務というべきで、憲法29条3項の損失補償を必要としないとしています（最高裁S38.6.26）。

なお、本件事案は、以下のようなものでした。

ため池の堤とうで耕作を行っていた者が、県の条例により、ため池の堤とうの耕作を禁止された後も耕作を続けていたため、条例違反を問われたというものでした。

ガソリンタンク事件

この事件では、道路工事の結果、危険物の移転を余儀なくされたことによ

る損失が損失補償の対象となるかが問題となりました。

判例は、道路工事の結果、警察法規違反の状態を生じ、危険物保有者が工作物の移転を余儀なくされ、損失を被ったとしても、それは道路工事によって警察規制に基づく損失がたまたま現実化するに至ったにすぎず、道路法に基づく損失補償の対象には属しないものとしています（最高裁S58.2.18）。

なお、本件事案は、以下のようなものでした。

ガソリンスタンドを営む者が、ガソリンタンクを地下に埋設していたところ、国が付近で地下道を設置し、地下道からタンクまでの距離が近かったので消防法に違反する状態が生じたため、タンクを移設する工事をしなければいけなくなったというものでした。これに対し、損失補償金を支払うべきかどうかが争われた事案です。

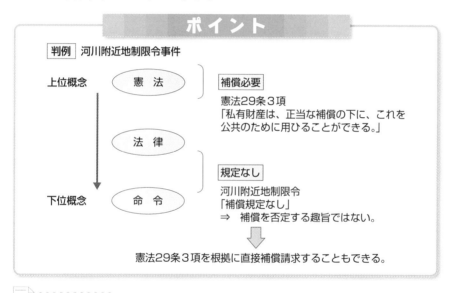

ポイント

判例 河川附近地制限令事件

上位概念 → 下位概念

憲法

補償必要
憲法29条3項
「私有財産は、正当な補償の下に、これを公共のために用ひることができる。」

法律

命令

規定なし
河川附近地制限令
「補償規定なし」
⇒ 補償を否定する趣旨ではない。

憲法29条3項を根拠に直接補償請求することもできる。

ミニテスト

1 損失補償について個別法に規定がない場合、直接憲法29条3項を根拠にして補償請求する余地はない。
2 条例によって財産権を制限することは許されない。
3 たとえ災害防止のためであっても、財産権を制限することになる場合には、憲法29条3項の補償は必ず必要となる。

解答 1 × 憲法29条3項に基づき補償請求できる。
2 × 条例による制限も可。
3 × 補償は不要。

095 土地収用法

土地収用法

公共事業用地の取得は、公益の増進と私有財産との調整が必要……

Q 損失補償のテーマになると土地収用法という言葉がよく出てくるけど、これってどういう法律なの？

A 土地収用法は、公共の利益となる事業に必要な土地の収用・使用に関するルールを定めた法律といえるかな。

概　要

公共事業用地の取得は、公益と私益の調整が問題となる典型的な場面といえます。この領域について定めた法律に「土地収用法」があります。

土地収用法では、公共の利益となる事業に必要な土地の収用に関し、その要件、手続、効果、損失補償等について規定されています。

土地収用法3条では、土地を収用することができる公共の利益となる事業が挙げられています。例えば、道路、河川、ダム、鉄道などの事業です。土地収用法3条各号に列挙された事業は、「収用適格事業」と呼ばれます。

また、土地の収用を必要とする収用適格事業の事業主体を「起業者」といいます（8条1項）。

事業の認定

起業者は、当該事業により必要を生じた収用適格事業（3条各号）に該当する事業のために土地を収用しようとする場合、国土交通大臣または都道府県知事から事業の認定を受けなければなりません（16条）。

事業の認定は、行政処分の一種と考えられています。そのため、取消訴訟の対象となりますが、ただ、これに続いて収用裁決がなされるため、事業の認定の違法性が承継され、収用裁決の取消訴訟を提起することが考えられます（違法性の承継は016参照）。

収用裁決

収用裁決は、土地所有者の有する所有権を剥奪して起業者に帰属させると同時に、土地所有者に損失補償請求権を与えるという法的効果を生じさせるものです。これは、都道府県に置かれる収用委員会によって行われる行政処分です（47条の2）。

「裁決」という名称が付されていますが、審査請求の裁断結果である裁決とは異なるもので、土地収用裁決は、争訟との関係では原処分といえます。

収用委員会の裁決に不服がある者は、国土交通大臣に対して審査請求をすることができます（129条）。また、収用委員会の裁決の取消しを求める訴

訟を提起することも可能です（133条1項）。

一方、収用委員会の裁決についての審査請求において、損失の補償についての不服を理由とすることはできません（132条2項）。損失の補償に関する不服については、土地所有者と起業者の間における「当事者訴訟」（088参照）の形で裁判所の判断を仰ぐものとされています（133条2項）。

第4編　行政争訟

損失補償

土地収用によって土地所有者が受ける損失は、起業者が補償しなければなりません（68条）。

損失補償は、金銭をもってすることを原則とします（70条）。損失補償は経済的価値の補償といえますから、金銭による補償を原則と考えているわけです。

ポイント

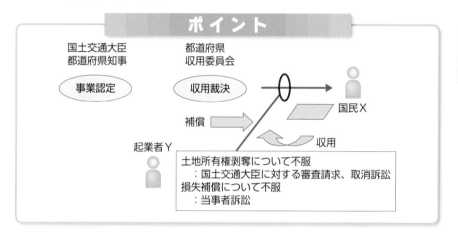

国土交通大臣
都道府県知事

事業認定

都道府県
収用委員会

収用裁決

国民X

補償

収用

起業者Y

土地所有権剥奪について不服
　：国土交通大臣に対する審査請求、取消訴訟
損失補償について不服
　：当事者訴訟

ミニテスト

1　事業認定や収用裁決は、行政処分には該当しない。
2　土地収用法による収用裁決における損失補償に不服がある場合、当事者訴訟によって争訟の解決が図られる。
3　土地収用により土地所有者が受ける損失は、収用委員会が補償しなければならない。

解答　1　×　行政処分に該当する。
　　　　2　○　当事者訴訟。
　　　　3　×　起業者が補償する。

096 情報公開法

情報公開法

行政機関の保有する行政文書の開示……

Q わたしの住んでる市には情報公開に関する条例があって開示請求ができるんだけど、国の場合はどうなの？

A 国にも、「行政機関の保有する情報の公開に関する法律」（情報公開法）という法律があって、行政文書の開示請求ができるよ。

概　　要

行政機関の保有している情報は、いわば国民の共有財産といえます。

行政機関は、このような情報を行政目的達成のために適切に利用しているわけですが、それを秘密にすべき要請がある場合でないなら、広く国民に対してその情報を提供すべきです。そして、行政機関が公表すべき情報を公表しない場合に備えて、国民には、その開示を求めて行政情報にアクセスできる途も用意しておくべきといえます。つまり、情報公開制度は、そのための制度といえるでしょう。

国レベルでは、平成11年に「行政機関の保有する情報の公開に関する法律」（情報公開法）が制定されました（平成13年4月施行）。

目　　的

情報公開法1条では、「この法律は、国民主権の理念にのっとり、行政文書の開示を請求する権利につき定めること等により、行政機関の保有する情報の一層の公開を図り、もって政府の有するその諸活動を国民に説明する責務が全うされるようにするとともに、国民の的確な理解と批判の下にある公正で民主的な行政の推進に資することを目的とする。」と規定されています。

このように、情報公開法が、国民主権の理念に基づくこと、情報開示により政府の説明責任（アカウンタビリティ）を全うさせること、公正で民主的な行政を推進するためのものであることが明記されています。なお、「知る権利」については、情報公開法の目的条文に明記されませんでした。

そして、情報公開法では、この目的を達成するため、①行政文書の開示請求権を認めること、②開示請求がされたときは行政機関の長は原則としてこれを開示すべきことなどが規定されています。また、行政機関の長の開示・不開示の判断に不服がある者は、当該処分に対する審査請求や取消訴訟の提起によって救済を求められます。

地方公共団体の場合

1980年代には、地方公共団体で情報

公開に関する条例が制定され始めました。

昭和57年（1982年）3月には、最初の情報公開に関する条例が山形県金山町で制定されました。また、都道府県レベルでは、同年10月に神奈川県で制定されています。

このように、地方公共団体では、国で「行政機関の保有する情報の公開に関する法律」（情報公開法）が制定される以前から情報公開に関する制度化についての取り組みが先駆的になされていたのです。

情報公開法

平成11年制定、平成13年4月施行。

情報公開法1条	[行政文書の開示請求権] ・国民主権の理念にのっとるものである。 ・これを定めることで、行政機関の保有する情報の一層の公開を図り、もって政府の有するその諸活動を国民に説明する責務が全うされるようにする。 ・あわせて、国民の的確な理解と批判の下にある公正で民主的な行政を推進。	⇨	具体的内容 ①行政文書の開示請求権を認める。 ②行政文書に対する開示請求があれば原則開示する。

1　情報公開法の目的条文には国民主権の理念にのっとるものであることが明記されている。
2　情報公開法の目的条文には説明責務を全うすることについて明記されている。
3　情報公開法の目的条文には知る権利について明記されている。

解答　1　○　1条参照。

　　　　2　○　1条参照。

　　　　3　×　知る権利については目的条文（1条）に明文化されていない。

097 行政文書の開示請求　情報公開法

開示請求の対象……

Q 情報公開法では、何を対象として開示請求を認めているの？　開示請求できるのって誰なの？

A 対象は、行政機関の保有する行政文書だよ。また、開示請求権は何人にも与えられているものだから、誰でも請求できるよ。

開示請求権

　何人も、行政機関の長に対して、当該行政機関の保有する行政文書の開示を請求することができます（3条）。

　条文上、「何人も」と規定されており、請求権者は日本国民個人に限定されません。外国人も請求できますし、法人であっても請求権者に該当します。

開示の対象

　開示請求の対象は、行政文書です。

　行政文書とは、行政機関の職員が職務上作成または取得した文書・図画・電磁的記録であって、当該行政機関の職員が組織的に用いるものとして当該行政機関が保有しているもののことです（2条2項）。

　電磁的記録とは、フロッピーディスク、磁気ディスク、DVD、ビデオテープなどを指します。また、文書には、写真やスライドなども含まれます。

　ただし、①官報、白書、新聞、雑誌、書籍その他不特定多数の者に販売することを目的として発行されるも

の、②公文書管理法で規定されている特定歴史公文書等、③政令で定める研究所その他の施設において、政令で定めるところにより、歴史的・文化的な資料または学術研究用の資料として特別の管理がされているものは対象外です（2条2項ただし書）。①は国民が一般流通の中で購入可能な政府文書について開示請求権を保障する必要がないこと、②は公文書管理法で別の規定があること、③は特別な管理がされている資料に関する手続は情報公開法とは別の特別のルールに委ねればよいことが理由といえます。

開示請求の手続

　開示請求は、開示請求書を行政機関の長に提出することにより行われ、開示請求書には、開示請求者の氏名・住所や、行政文書の名称その他の開示請求に係る行政文書を特定するに足りる事項を記載します（4条1項）。

行政文書の開示

　行政機関の長は、対象文書に他人の

個人情報などの不開示情報が記録されている場合を除いては、開示請求者に対して、原則として対象文書を開示することが義務づけられています（5条）。

なお、対象文書に不開示情報が記録されている場合でも、公益上特に必要があれば、これを開示することも認められています（裁量的開示、7条）。

また、開示請求に係る行政文書の存否を答えるだけで、実際上、不開示情報を開示するのと同じになってしまうときは、行政機関の長は、その存否を明らかにしないで開示請求を拒否できます（存否応答拒否、8条）。

行政文書の開示を決定し、開示を実施する場合は、文書・図画であれば閲覧や写しの交付で、電磁的記録であれば電磁的記録媒体へのコピーなどの措置で行われます（14条1項）。

手数料

開示請求をする者または行政文書の開示を受ける者は、開示請求に係る手数料または開示の実施に係る手数料を納めなければなりません（16条1項）。

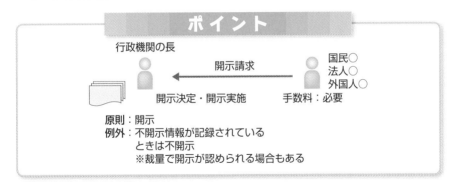

ポイント

行政機関の長

開示請求

開示決定・開示実施

国民○
法人○
外国人○

手数料：必要

原則：開示
例外：不開示情報が記録されている
　　　ときは不開示
　　　※裁量で開示が認められる場合もある

ミニテスト

1　法人は、情報公開法に基づく行政文書の開示請求はできない。
2　外国人は、情報公開法に基づく行政文書の開示請求はできない。
3　開示請求をする者は、開示請求に係る手数料を納めなければならない。

解答　1　×　法人も開示請求可。
　　　2　×　外国人も開示請求可。
　　　3　○　開示請求には手数料の納付が必要（16条1項）。

098 情報公開法と行政争訟

行政不服申立て、情報公開・個人情報保護審査会への諮問、訴訟……

Q 行政文書の開示請求をしたけど、行政から不開示決定がされたんだ。この決定には納得できないんだけど、どうすればいいかな？

A その決定も行政処分だから、行政不服審査法に基づく審査請求をしたり、行政事件訴訟法に基づく取消訴訟を提起することができるよ。

行政不服申立て

行政文書の開示を請求したのに、行政機関の長から不開示決定がされた場合のように、行政機関の長の決定に不服が生じることもあるでしょう。

開示・不開示の決定も行政処分ですから、この場合、開示請求者は、行政不服審査法に基づき審査請求をすることができます。ただし、情報公開法では、審査請求に対する裁決をすべき行政機関の長は、審査請求に対する裁決をする前に、原則として、「情報公開・個人情報保護審査会」（以下、審査会と表記）に諮問しなければならない旨が定められています（19条1項）。なお、審査請求が不適法であって却下する場合であれば、この諮問は必要ありません。

審査会は、総務省に置かれる第三者的な立場の諮問機関です（情報公開・個人情報保護審査会設置法2条）。

情報公開法では、審査請求に対する裁決をすべき行政機関の長は、まずは第三者機関である審査会への諮問を要求し、その答申を受けてから裁決をす

る仕組みが採られています。

なお、審査会によるチェックは、行政不服審査法に基づく審査請求の審理の一環ですから、開示請求を受けた行政機関の長が下した判断の違法性のみならず、その当・不当についてまで審査できます。

審査会は、必要があると認める場合には、諮問をしてきた行政機関の長に対し、対象文書の提出を求めることができ、外部には漏らさずに審査会の中で実際の行政文書を見て審議することができます。このような審理は「インカメラ審理」と呼ばれます。開示すべきか否かを答えるには、現物を実際に見てから判断したいときだってあるからです。

このように、審査会は、対象文書を実際に見ることができますが、その量が膨大で複雑だったりする場合もあるでしょう。この場合、これらを分類整理した資料が別途用意されていれば、審査会は迅速に答申できるようになります。そこで、審査会は、必要があると認める場合には、諮問をしてきた行

政機関の長に対して、対象文書に記録されている情報の内容を分類整理した資料の作成・提出を求めることができます。このような資料は「ボーン・インデックス」と呼ばれます。

なお、審査会の審議は一般に公開に馴染みませんので、その審議は非公開とされています（情報公開・個人情報保護審査会設置法14条）。

訴　訟

行政機関の長による行政文書の開示・不開示の決定も行政処分ですから、行政機関の長の決定に不服があれば、その取消しを求める訴えを提起することもできます（行政事件訴訟法3条2項）。

なお、情報公開法には、審査請求前置に関する規定は置かれていませんので、審査請求と取消訴訟との関係は自由選択です。そのため、審査請求を経ずにいきなり取消訴訟を提起することも可能です。

ポイント

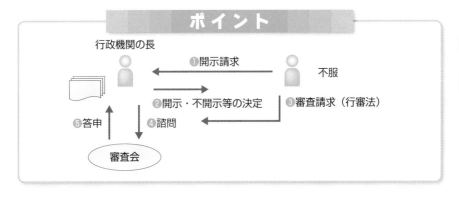

ミニテスト

1　開示請求に対する行政機関の長の行う決定に対しては、行政不服審査法に基づく審査請求はできない。
2　情報公開・個人情報保護審査会は、東京に本部を置き、全国に8つの支部を持つ組織である。
3　情報公開・個人情報保護審査会の審理は非公開で実施される。

解答　1　× 特に制限されていないため、できる。
　　　　2　× 審査会は総務省に置かれる（委員は15人）。支部という概念はない。
　　　　3　○ 審査会の審理は非公開。

099 個人情報の保護

個人情報保護法

行政機関の保有する個人情報の保護……

Q 行政機関の個人情報の取扱いは、個人情報保護法とは別の法律があったよね？

A 従来は、民間事業者は個人情報保護法、行政機関は行政機関個人情報保護法という別々の法律で規制されていたけど、現在は個人情報保護法で統一されているよ。

概　要

昭和63年、「行政機関の保有する電子計算機処理に係る個人情報の保護に関する法律」が制定されました。その後、平成15年に「個人情報の保護に関する法律」（個人情報保護法）が制定されたことに伴い、「行政機関の保有する電子計算機処理に係る個人情報の保護に関する法律」も改正され、「行政機関の保有する個人情報の保護に関する法律」に名称も改められました。そして、令和３年の個人情報保護法改正により、「行政機関の保有する個人情報の保護に関する法律」は個人情報保護法に統合されることになりました（令和４年４月１日施行）。現在、行政機関の保有する個人情報に対しての規制は、個人情報保護法に設けられています。

個人情報

個人情報概念は、①生存する個人に関し、②特定の個人が識別できるか個人識別符号が含まれるものという要素から構成されるものといえます（2条1項）。

したがって、日本国民に限らず、外国人の情報も個人情報となり得ます。一方、死者の情報や法人の情報は、死者や法人自身との関係において個人情報とはなりません。

要配慮個人情報

本人の人種、信条、社会的身分、病歴、犯罪の経歴、犯罪により害を被った事実その他本人に対する不当な差別、偏見その他の不利益が生じないようにその取扱いに特に配慮を要するものとして政令で定める記述等が含まれる個人情報は「要配慮個人情報」と呼ばれます（2条3項）。

保有個人情報

行政機関の職員が職務上作成し、または取得した個人情報であって、当該行政機関の職員が組織的に利用するものとして、当該行政機関が保有しているものを「保有個人情報」といいます

（60条1項）。

　この保有個人情報にあたるものが、行政機関の長に対する開示・訂正・利用停止の請求の対象となります。

個人情報ファイル

　保有個人情報を含む情報の集合物であって、①一定の事務の目的を達成するために特定の保有個人情報を電子計算機を用いて検索することができるように体系的に構成したものや、②電子計算機を用いなくても、一定の事務の目的を達成するために氏名、生年月日、その他の記述等により特定の保有個人情報を容易に検索することができるように体系的に構成したものを「個人情報ファイル」といいます（60条2項）。

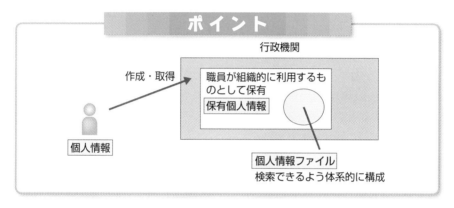

ポイント

行政機関

作成・取得

職員が組織的に利用するものとして保有

保有個人情報

個人情報

個人情報ファイル
検索できるよう体系的に構成

ミニテスト

1　外国人の氏名・連絡先は、「個人情報」に該当する。
2　死者の氏名・連絡先は、「個人情報」に該当する。
3　株式会社の商号は、「個人情報」に該当する。

解答　1　○　該当する。
　　　　2　×　該当しない。
　　　　3　×　該当しない。

100 個人情報の取扱い　個人情報保護法

個人情報の取扱い、開示・訂正・利用停止……

Q 個人情報保護法では、行政機関における個人情報の取扱いについてどういったことが規定されているの？

A 個人情報の保有の制限、利用目的の明示、利用・提供の制限などが規定されているよ。

個人情報の取扱い

個人情報保護法第5章（60条～129条）では、行政機関等の義務等について規定されています。

開示、訂正、利用停止

行政機関の保有する自己を本人とする保有個人情報の開示請求を認めています（76条1項）。

この場合、行政機関の長は、開示請求に係る保有個人情報に不開示情報のいずれかが含まれているときを除き、開示請求者に対し、当該保有個人情報を開示しなければなりません（78条1項）。なお、不開示情報が含まれていたとしても、個人の権利利益を保護するため特に必要があると認めるときは、行政機関の長は、開示請求者に対し、当該保有個人情報を開示することもできます（裁量的開示、80条）。

また、開示請求に対し、当該開示請求に係る保有個人情報が存否を答えるだけで、実際上、不開示情報を開示するのと同じになってしまうときは、行政機関の長は、当該保有個人情報の存否を明らかにしないで、開示請求を拒否することができます（存否応答拒否、81条）。

例えば、子どもが父親からの虐待・暴力から逃れるために家出し、行政がこの子を保護していたことを想定しましょう。この親子の情報は行政が保有していますが、開示請求に対して、保有個人情報の存在を前提に開示拒否をすれば、そこに子どもが居ることは父親に明らかになってしまいます。この場合、その存在自体を教えないことの方が子どもの保護になるわけです。

また、保有個人情報の訂正・追加・削除の請求（訂正請求、90条）や、利用の停止・消去・提供の停止の請求（利用停止請求、98条）も認められています。

行政不服申立て

開示請求、訂正請求、利用停止請求に対する行政機関の長の決定に不服がある者は、行政不服審査法に基づき審査請求をすることができます。

この場合、審査請求に対する裁決を

すべき行政機関の長は、原則として、情報公開・個人情報保護審査会に諮問しなければなりません（105条1項）。情報公開法の場合と同様、まずは審査会に諮問して、その答申を受けてから裁決をさせることとしているのです。

個人情報保護委員会

個人情報保護委員会は、内閣府の外局です。個人情報保護委員会は、内閣総理大臣の所轄に属します（130条2項）。

個人情報保護委員会は、行政機関等の事務および事業の適正かつ円滑な運営を図り、ならびに個人情報の適正かつ効果的な活用が新たな産業の創出ならびに活力ある経済社会および豊かな国民生活の実現に資するものであることその他の個人情報の有用性に配慮しつつ、個人の権利利益を保護するため、個人情報の適正な取扱いの確保を図ることを任務とします（131条）。

個人情報保護委員会は、委員長および委員8人をもって組織されています（134条1項）。

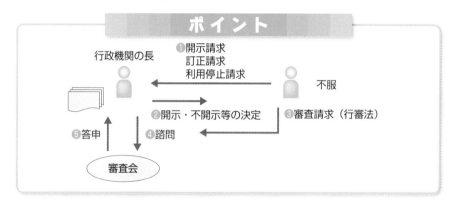

ポイント

❶開示請求
　訂正請求
　利用停止請求
行政機関の長
❷開示・不開示等の決定
❺答申　❹諮問
審査会
不服
❸審査請求（行審法）

ミニテスト

1　個人情報保護委員会は総務省の外局である。
2　開示請求に対する行政機関の長の決定に不服がある者は、情報公開・個人情報保護審査会に対して審査請求しなければならない。

　解答　1　✕　内閣府の外局。
　　　　2　✕　情報公開・個人情報保護審査会は審査請求先ではなく、諮問機関。

101 地方公共団体

地方自治法

地方自治の本旨、住民自治と団体自治……

> **Q** 憲法や地方自治法には「地方自治の本旨」という用語が書かれている条文があるけど、これってどういう意味なの？
>
> **A** 一般には、地方自治の本旨は、「住民自治」と「団体自治」の２つを指すものと考えられているよ。

地方自治の本旨

憲法92条では、「地方公共団体の組織及び運営に関する事項は、地方自治の本旨に基いて、法律でこれを定める。」と規定されています。

これを受けて制定された法律が「地方自治法」です。

憲法92条や地方自治法の目的条文である第１条では「地方自治の本旨」という言葉が使われています。

この言葉の定義規定が憲法や地方自治法に明記されているわけではありませんが、一般に、「地方自治の本旨」とは、「住民自治」と「団体自治」の２つの原理から構成されるものといわれています。住民自治とは、地域社会の公的事務を、その地域社会の住民が自らの意思に基づいて自主的に処理すべきことです。例えば、自分たちの地域のことは自分たちの選挙で決めるとか、こういう条例を作ってほしいと請求したり、長をリコールしたりというのは住民自治のあらわれといえます。一方、団体自治とは、国家から独立した法人格を持つ地域的統治団体をし

て、地域社会の公的事務を処理させるべきことです。

地方公共団体

地方公共団体は、「普通地方公共団体」と「特別地方公共団体」とに分けられます（１条の３第１項）。

普通地方公共団体には、都道府県と市町村があります（１条の３第２項）。

特別地方公共団体には、特別区（東京都の23区のこと）、地方公共団体の組合（広域連合や一部事務組合）、財産区があります（１条の３第３項）。

これら地方公共団体は、それぞれが独立した別個の法人として扱われます（２条１項）。

普通地方公共団体

全国に基礎的な地方公共団体として市町村が置かれ（２条３項）、市町村を包括する広域の地方公共団体として都道府県が置かれています（２条５項、５条２項）。なお、都道府県は、市町村を包括していますが、その間に上下関係があるわけではありません。

役割分担

地方公共団体は、住民の福祉の増進を図ることを基本として、地域における行政を自主的かつ総合的に実施する役割を広く担うものです（1条の2第1項）。

そのため、地方自治法では、国は、国が本来果たすべき役割を重点的に担い、住民に身近な行政はできる限り地方公共団体に委ねることを基本として、地方公共団体との間で役割を分担し、地方の自主性・自立性が十分発揮されるようにしなければならないとする旨が規定されています（1条の2第2項）。

ポイント

地方自治の本旨
住民自治＋団体自治

- 住民自治 …地域のことは地域の住民で決める。
- 団体自治 …地域のことは国とは独立した団体が統治する。

国と地方の役割分担

- 国 …国際社会における国家の存立にかかわるもの、全国的に統一して定めることが望ましいもの、全国的な規模で行わなければならないものなど国が本来果たすべき役割を担う。
- 地方 …住民に身近な行政の役割を担う。

ミニテスト

1 政令指定都市は、特別地方公共団体として扱われる。
2 特別区は、東京都および政令指定都市に設けられる特別地方公共団体である。
3 地方公共団体の組合は、地方自治法上の特別地方公共団体である。

解答 1 × 政令指定都市も「市」であることに変わりはない。
2 × 特別区は東京都の23区のこと。
3 ○

102 地方公共団体の事務　地方自治法

地方公共団体の事務には自治事務と法定受託事務がある……

Q 確か、平成12年4月から、地方公共団体の事務について新しく変わったんだったよね？

A その通りだよ。地方公共団体の事務は、平成12年4月から再構成され、自治事務と法定受託事務に二分するスタイルになったんだ。

概　　要

地方公共団体は、地域における事務その他の事務で法律またはこれに基づく政令により処理することとされるものを処理します（2条2項）。

そして、地方公共団体の事務は法定受託事務と自治事務に二分されています（2条8項・9項）。

地方分権の推進に伴う地方自治法の改正で、平成12年4月から、地方公共団体の事務が再構成され、このように法定受託事務と自治事務に二分されることとなりました。

法定受託事務

法定受託事務とは、本来は国が果たすべき役割に係るもので、法律・政令で都道府県・市町村が処理することとされている事務（第1号法定受託事務）や、本来は都道府県が果たすべき役割に係るもので、法律・政令で市町村が処理することとされている事務（第2号法定受託事務）のことです。

つまり、Aがやっている仕事は、本来的には他人Bの仕事といえるけれど

も、これをAが行うこととされているというイメージです。

例えば、国政選挙や都道府県知事選挙の投票・開票の事務は市町村選挙管理委員会が執行しています。本来、国や都道府県が果たすべき役割を市町村が行っているといえます。これは、公職選挙法によって定められていますが、国・都道府県・市町村がそれぞれ別個に選挙を行うための組織を備えることは非効率的なので、事務の一元化を図ったものといえます。なお、市町村に一元化されたのは、選挙は、市町村が住民に関する事務を取り扱っていますので、市町村にすべての選挙の投票・開票の事務を執行させるのが効率的といえるからです。

自治事務

自治事務とは、法定受託事務以外の事務のことです。

つまり、Aがやっている仕事は、本来的にAが行うべき仕事だから自分で行っているというイメージです。

例えば、市町村長の選挙における選

挙事務、住民基本台帳法に基づく住民登録事務がこれにあたります。

自治事務は、地方公共団体本来の事務を指しますが、事務の量が多すぎて定義するのが難しいので、事務全体から他のものを除くという控除式で定義条文が置かれました。

都道府県と市町村の事務

行政責任を明確にするためにも、都道府県・市町村は、その事務を処理するにあたっては、相互に競合しないようにしなければなりません。

基本的には、市町村が一般的な事務を処理し、都道府県は、広域にわたる事務、市町村に関する連絡調整に関する事務、市町村での処理は適当でないと認められる程度の規模の事務を処理するといったスタンスです。

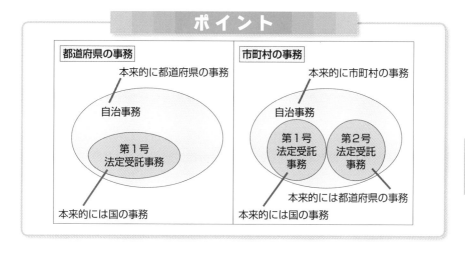

ポイント

都道府県の事務
- 本来的に都道府県の事務
- 自治事務
- 第1号法定受託事務
- 本来的には国の事務

市町村の事務
- 本来的に市町村の事務
- 自治事務
- 第1号法定受託事務
- 第2号法定受託事務
- 本来的には都道府県の事務
- 本来的には国の事務

ミニテスト

1　地方公共団体の事務は、公共事務、団体委任事務、行政事務に区分される。

2　平成12年4月から、本来は国の事務を地方公共団体の機関に委任する機関委任事務制度が新設された。

3　第1号法定受託事務は国の事務を市町村が処理する事務、第2号法定受託事務は国の事務を都道府県が処理する事務のことである。

解答　1　× 自治事務と法定受託事務に二分。
　　　　2　× 機関委任事務は廃止。
　　　　3　× 第1号は国→都道府県・市町村、第2号は都道府県→市町村。

103 条例の制定

条例は、地方公共団体の自治立法……

Q 都道府県や市町村にはそれぞれ条例があるよね。条例はどうやって制定されるものなの？

A 条例は、選挙で選ばれた議員によって構成される議会において制定されるものだよ。法律と同じように民主的基盤があるルールといえるね。

概　　要

憲法94条では、「地方公共団体は、その財産を管理し、事務を処理し、及び行政を執行する権能を有し、法律の範囲内で条例を制定することができる。」と規定されています。

条　　例

普通地方公共団体は、法令に違反しない限りにおいて、自治事務・法定受託事務に関し、条例を制定することができます（14条1項）。

地方自治法14条1項では、条例の制定には、法令に違反しないことという前提があります。

この点、国の法令の規制対象以外の事項について規制すること（横出し条例）や、国の法令で定める規制基準よりも厳しい基準を定めること（上乗せ条例）が、法令に違反しないといえるかどうかを考えてみましょう。

条例が国の法令に違反するかどうかは、両者の規制対象事項と規定文言を対比するのみではなく、それぞれの趣旨・目的・内容・効果を比較し、判断

すべきものと考えられています。例えば、ある事項について国の法令にこれを規制する条文がなくても、その欠如がいかなる規制も施すべきではないという趣旨ならばこれを条例で規制することは法令違反となりうるし、たまたま欠如しているだけなら法令違反とはいえないでしょう。また、例えば、特定の事項について国の法令と条例が同一目的で規制していた場合、国の法令が全国一律であるべきという趣旨で制定されているなら、条例で異なるルールを設定することは法令違反となりうるし、地方の実情に合わせて別段の規制を施すことを容認する趣旨なのであれば、条例で異なるルールを施しても法令違反とはならないでしょう。

罰則の制定

条例には罰則が制定されていることもありますが、そもそも条例に罰則を制定することが可能なのかについて考えてみましょう。

条例でルールだけ定めても罰則がないとその実効性に欠けますから、条例

に罰則を設ける必要はあるといえるでしょう。しかし、本来、罰則の制定は法律によることが要求されます。

この点、刑罰は必ずしも法律そのもので定められていなければならないものではなく、法律の授権によってそれ以下の法令によって定めることも可能であると考えられます。このことは、憲法73条6号が「政令には、特にその法律の委任がある場合を除いては、罰則を設けることができない。」と規定し、法律の委任があれば、政令でも罰則を設けることができるとしているこ

とからも明らかです。

なお、条例に罰則を制定するにも法律の委任は必要ですが、これは地方自治法において相当程度に具体的で限定された委任があれば、個別法からの授権はなくてもかまいません。なぜなら、条例は、法律以下のルールといっても、公選の議員をもって組織する議会の議決を経て制定される自治立法ですから、行政府の制定する命令等とは性質を異にし、むしろ公選の議員をもって組織する国会の議決を経て制定される法律に類するものだからです。

ポイント

罰則の制定：法律の根拠が必要

法律

委任

↓

条例

【地方自治法14条3項】
普通地方公共団体は、法令に特別の定めがあるものを除くほか、その条例中に、条例に違反した者に対し、2年以下の懲役若しくは禁錮、100万円以下の罰金、拘留、科料若しくは没収の刑又は5万円以下の過料を科する旨の規定を設けることができる。

個別法の根拠はなくても、地方自治法14条3項の範囲内であれば、条例に罰則を設けることは可能。

第6編

地方自治

 ミニテスト

1　自治事務に関して条例は制定できるが、法定受託事務に関して条例を制定することはできない。

2　法律の委任がある事項について、委任の範囲内で条例に罰則を制定できる。

3　個別法の罰則よりも厳しい罰則を条例で制定することも一定範囲内において可能である。

解答　1　× 法定受託事務についても可。

　　　　2　○

　　　　3　○ 地自法14条3項の範囲内なら可。

104 機　関

地方自治法

議会の議員も、知事・市町村長も、住民の直接選挙で選出……

Q 国の場合、行政府の長たる内閣総理大臣は国会の指名で選ばれているけど、地方の場合は行政府の長も選挙で選ばれるんだったよね？

A その通りだね。地方では、知事・市町村長を住民の直接選挙で選んでいるね。内閣総理大臣を国民の直接選挙で選んでいないことと比較だね。

概　要

憲法93条１項では、「地方公共団体には、法律の定めるところにより、その議事機関として議会を設置する。」と規定され、２項では、「地方公共団体の長、その議会の議員及び法律の定めるその他の吏員は、その地方公共団体の住民が、直接これを選挙する。」と規定されています。

このように、議会の設置を定めるとともに、地方の場合、地方公共団体の議会の議員のみでなく、その長をも住民の直接選挙によって選ぶことが規定されています。

これは、地方公共団体の機関について、住民自治の原理を反映させようとするものといえます。

そして、これを受けて、地方自治法では、議院内閣制を採用する国政とは異なり、首長制を採用し、地方議会（議決機関）と長（執行機関）とを対立せしめ、相互の抑制と均衡を図りながら、地方行政を運営させようとしています。

ただし、議会に長を不信任する権限を持たせ、これに対して長の議会解散権を対抗させる仕組み（178条）など議院内閣制の要素も採り入れられています。

立法と行政の関係

国レベルでは、議院内閣制（議会と内閣は分立してはいるが、内閣は議会の信任に拠って存在する制度）を採用しています。一方、地方では、首長制をベースに議院内閣制の要素も加味する形を採っています。

また、国レベルでは、行政府のトップ（内閣総理大臣）は、国会議員の中から国会の指名によって選出することとされています。一方、地方では、行政府のトップ（都道府県知事・市町村長）は、住民の直接選挙によって選出します。なお、知事・市町村長と地方議会の議員の兼職は禁止されています。

民主主義との関係

国レベルでは、国民は選挙で自らの代表者を選出して国会を通じて政治を行う間接民主の仕組みが採用されてい

ますが、憲法改正における国民投票（憲法96条）など直接民主的な仕組みも設けられています。一方、地方でも、住民は選挙で自らの代表者を選出して議会を通じて政治を行う間接民主の仕組みが採用されていますが、長も選挙で選出すること、長や議会議員のリコール制があること、条例の制定改廃請求が認められていることなど国政よりも直接民主的な制度が多いことが特徴です。

　また、国レベルでは、国家の統一的意思形成のため、民意の統合を図ることが重視されています。一方、地方では、その地域の民意を反映した政治が行われることが重視されています。

ポイント

	中央政府	地方公共団体
立法機関と行政機関の関係	議院内閣制 衆議院の内閣不信任議決と内閣の衆議院解散権を対抗させる仕組み：あり	首長制をベースに議院内閣制の要素を加味 議会の長に対する不信任議決と長の議会解散権を対抗させる仕組み：あり
行政府の長	国会の指名で選出 国会議員の中から選出	選挙で選出 議会議員との兼職は禁止
民主制	原則：間接民主 憲法96条1項（憲法改正における国民投票）では直接民主的な制度も採用	原則：間接民主 長の民選、長や議会議員のリコール制、条例の制定改廃請求などの直接民主的な制度も多い
代表制	民意の統合を重視	民意の反映を重視

第6編　地方自治

ミニテスト

1　地方行政では、国政よりも直接民主的な制度が多いといえる。
2　知事・市町村長は、議会の議員の中から住民の選挙によって選出される。
3　地方公共団体では首長制を採用しているが、議会の不信任議決と解散の制度が認められているなど議院内閣制の要素も含まれているといえる。

解答　1　○
　　　　2　×　議会の議員との兼職は禁止。
　　　　3　○　178条参照。

105 議　会

地方自治法

地方公共団体の議決機関、議会の権限、仕組み……

Q 都道府県・市町村にはそれぞれ議会が設置されているよね？　議会ってそもそもどういう仕組みになっているの？

A ○○県△△市であれば、○○県議会や△△市議会が存在するね。議会は、地方公共団体の議決機関で、条例の制定とか予算の議決を行うところだよ。

議会の設置

　都道府県・市町村には、議会が置かれます（89条）。県には県議会、市には市議会があって、県議会議員や市議会議員は選挙によって選出されます。

　議員の定数は条例で定めます（90条1項、91条1項）。

　町村の場合は、条例で定めることによって、議会を置かず、選挙権を有する者の総会を設けることもできます（町村総会、94条）。

　これは、以下のような理由によるものといえます。

　都道府県や市の場合、有権者の数も多く、みんなで集まって話し合いをしようといってもそれができないため、議会を通じて民意を反映させる仕組みを採ります。このことは町村にあっても同様ですが、町村は人口自体が少ないこともあり、有権者全員の総会を開くことも可能で、住民自治の観点からは、それを否定する理由もありませんので、町村総会の設置を許容する規定が設けられたといえます。例えば、人口が80人の村なら、有権者は80人以下

ですから、みんなで集まって話し合うことも可能というわけです。

議会の権限

　議会は、条例の制定改廃、予算の議決、決算の認定などの仕事をしています（96条）。

議会の招集

　議会には、「定例会」と「臨時会」があります（102条1項）。

　定例会は、毎年、条例で定める回数招集されるもの（102条2項）、臨時会は、必要に応じて招集されるものです（102条3項）。

　都道府県・市町村の議会の招集は、知事・市町村長によってなされます（101条1項）。なお、議会の議員定数の4分の1以上の者または議長から臨時会の招集請求があるときは、長は、これを招集しなければなりません（101条2項～4項）。

委員会

　議会は、条例で定めることにより、

委員会を設置することができます。委員会には、常任委員会、議会運営委員会、特別委員会の種類があります（109条1項）。

　これは、以下のような理由によるものといえます。

　本来、議会の審議は本会議で行われるものですが、取り扱う事務が複雑化し、その量も増加すると、すべてを本会議で白紙の状態から審議することは難しくなります。そこで、委員会を設置し、議員を振り分け、委員会ごとに審議することを認めれば、突っ込んだ話し合いができますし、複数の委員会は別々に同時進行で開催でき、審議も効率的に進められるようになるといえるからです。

　地方公共団体によりますが、常任委員会には、財政委員会・文教委員会・都市整備委員会などが置かれます。なお、議会運営委員会は、議会のスケジュール調整などを担当するものです。特別委員会は、特定案件のみを審査するために必要な場合に設置されるものです。

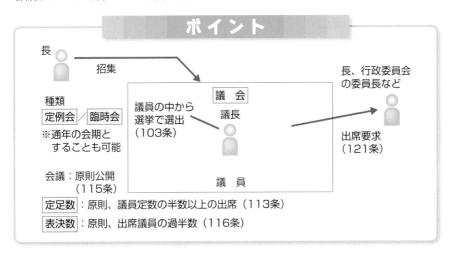

ポイント

長
招集
種類
定例会 / 臨時会
※通年の会期とすることも可能
会議：原則公開（115条）
定定数：原則、議員定数の半数以上の出席（113条）
表決数：原則、出席議員の過半数（116条）

議　会
議長
議員の中から選挙で選出（103条）
議　員

長、行政委員会の委員長など
出席要求（121条）

第6編　地方自治

ミニテスト

1　町村は、条例で定めることにより、議会を置かず、選挙権を有する者の総会を設けることができる。
2　議会には、常任委員会を必ず設置しなければならない。
3　議会には定例会・臨時会の種別があり、いずれも議長が招集する。

解答　1　○　町村総会（94条）。
　　　2　×　条例で置くことができる。任意の設置。
　　　3　×　議会の招集は「長」が行う。

106 行政機関

地方自治法

地方公共団体の行政機関、長、行政委員会……

Q 都道府県・市町村には知事・市町村長がいるけど、他にも教育委員会とか選挙管理委員会とかあるよね？

A そうだね。都道府県・市町村には、知事・市町村長、副知事・副市長村長、各種行政委員会、会計管理者などが置かれているね。

知事・市町村長

普通地方公共団体の長として、都道府県には知事、市町村には市町村長が置かれています（139条）。

知事・市町村長は、都道府県・市町村を統轄・代表し、その事務を管理・執行します（147条、148条）。主な担任事務としては、議会への議案提出、予算の調整・執行、地方税の賦課徴収、決算の議会への認定付託などがあります（149条）。

行政委員会

都道府県・市町村には、長以外にも行政の執行を担当する機関として、法律の定めるところにより、委員会や委員が置かれています（180条の5第1項～第3項）。これらは講学上、「行政委員会」と呼ばれます。

都道府県・市町村に共通して置かれているのは、教育委員会、選挙管理委員会、人事委員会（または公平委員会）、監査委員です。

行政委員会は、特定事務のみを処理する機関ですから、知事・市町村長のように包括的な事務処理権限を有するわけではありません。

行政委員会が置かれる理由は、行政上の決定を慎重かつ公正・中立に行うためといえるでしょう。例えば、教育や人事は、中立性が要求される事柄です。選挙は、自分がプレーヤーとして戦うのにジャッジも自分でやるわけにもいきません。監査は、自分の仕事を自分でチェックするのではチェック機能が十分とはいえません。そのため、これらは、知事・市町村長自身の権限とするよりも、別の機関の権限として考えた方がよいわけです。

なお、これら共通して置かれるもの以外にも、都道府県のみに置かれる行政委員会には、公安委員会、労働委員会、収用委員会、海区漁業調整委員会、内水面漁場管理委員会があります。また、市町村のみに置かれる行政委員会には、農業委員会、固定資産評価審査委員会があります。

行政委員会は、それぞれ法律の根拠に基づいて設置されています。

教育委員会は「地方教育行政の組織

及び運営に関する法律」、選挙管理委員会は「地方自治法」、人事委員会（または公平委員会）は「地方公務員法」、監査委員は「地方自治法」、公安委員会は「警察法」、労働委員会は「労働組合法」、収用委員会は「土地収用法」、海区漁業調整委員会と内水面漁場管理委員会は「漁業法」、農業委員会は「農業委員会等に関する法律」、固定資産評価審査委員会は「地方税法」を設置根拠としています。

会計管理者

会計管理者は、都道府県・市町村の会計事務をつかさどる一般職の地方公務員です。

知事・市町村長が、補助機関である職員のうちから1名を任命します（168条）。

会計管理者は、平成19年4月から、従来の収入役・出納長を廃止して新設されたポストです。

ポイント

	都道府県	市町村
長	知事	市町村長
行政委員会	教育委員会 選挙管理委員会 人事委員会（公平委員会） 監査委員 公安委員会 労働委員会 収用委員会 海区漁業調整委員会 内水面漁場管理委員会	教育委員会 選挙管理委員会 人事委員会（公平委員会） 監査委員 農業委員会 固定資産評価審査委員会

第6編 地方自治

ミニテスト

1　教育委員会や選挙管理委員会の設置は、条例の定めにより任意で行われる。

2　都道府県には、収用委員会を置かなければならない。

3　外部監査制度を導入している都道府県・市町村であれば、監査委員を廃止することができる。

解答　1　×　行政委員会の設置は法律で定められ、必ず置かなければならない。

　　　2　○

　　　3　×　監査委員は必ず置かなければならない。

213

107 議会と長の関係

地方自治法

拒否権、不信任と解散、専決……

> **Q** 地方議会と長の関係は、国政における国会と内閣総理大臣の関係と同じようにとらえておけばいいのかな？
>
> **A** いいえ。国と地方では仕組みが違うよ。地方には、国政には見られないシステムもあるし、国政にもある不信任と解散も手続的には異なるよ。

拒否権

　地方では、知事・市町村長に、議会の議決を拒む権限を与えています（拒否権、176条・177条）。

　例えば、議会が条例案を可決して条例を制定改廃したとしても、知事・市町村長は、この議決に異議があれば、その送付を受けた日から10日以内に、理由を示してこれを再議に付すことができます。

　再議に付されると、その議決は、議決の時にさかのぼって効力を失います。ただし、議会が、出席議員の3分の2以上の者の同意により（※条例制定の場合、過半数ではなく、3分の2以上が要求されます）、さらに同一内容の議決をしたときは、その議決は確定します。これに対して、知事・市町村長が2度目の拒否権を発動することはできません。

　なお、この場合は、拒否権の発動は任意的でしたが、地方自治法には、議会のした議決に対し、知事・市町村長が拒否権を発動してこれを再議に付さなければならないとされている場合も

あります（特別的拒否権、176条4項・177条1項）。

不信任議決と解散

　地方では、行政府のトップも有権者による選挙で選出する仕組み（首長制）を採っています（17条）が、他方で、不信任議決と解散という仕組みも採り入れています（178条）。

　議会では、議員数の3分の2以上の者が出席し、その4分の3以上の者の同意をもって、知事・市町村長の不信任の議決をすることができます。そして、知事・市町村長にその旨を通知します。これに対し、知事・市町村長は、通知を受けた日から10日以内に議会を解散させることができます。

　このように、議会の不信任議決への対抗措置として、知事・市町村長には議会解散権が認められています。

　知事・市町村長が期間内にこの解散権を行使しないときは、期間の経過した日に失職します。また、解散権を行使したときでも、解散後の選挙を経て初めて招集された議会において、議員

数の３分の２以上の者が出席し、その過半数の者の同意をもって、再び不信任の議決がされたときは、その旨の通知があった日に失職します。

専決処分

知事・市町村長が、議会の権限に属する事項を議会に代わって行うことができる場合があります（専決処分、179条・180条）。

例えば、知事・市町村長は、議会の議決すべき事件について特に緊急を要するため議会を招集する時間的余裕がないことが明らかであると認めるときには、議会の議決すべき事件を処分することができます（179条１項）。ただし、専決処分をしたときは、次の会議において、これを議会に報告し、その承認を求めなければなりません（179条３項）。

なお、この場合は、法律の規定に基づいて専決処分が行われるケースでしたが、議会の権限に属する軽易な事項であれば、議会の議決によって指定して、知事・市町村長の専決処分にすることもできます（180条１項）。これにより、知事・市町村長が専決処分をしたときは、これを議会に報告するだけでよいとされています（180条２項）。

ポイント

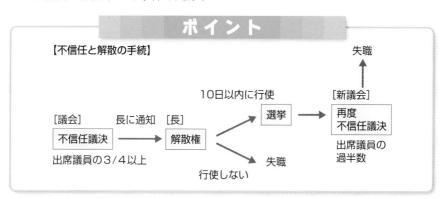

【不信任と解散の手続】

[議会]　長に通知　[長]
不信任議決　→　解散権
出席議員の3/4以上

10日以内に行使
選挙　→　[新議会]　再度　不信任議決
出席議員の過半数　→　失職

行使しない　→　失職

ミニテスト

1　議会で長の不信任議決がされたことを受けて、長が議会を解散させた場合、選挙後議会が招集された段階で長は失職する。
2　議会の条例の制定改廃の議決に対して、長は、これを再議に付すことができる。
3　議会の議決すべき案件でも、長によって処分されることはあり得る。

解答　1　×　再度不信任議決される必要があり、招集だけでは失職しない。
　　　　2　○　拒否権。
　　　　3　○　専決処分。

108 直接請求制度1

地方自治法

直接請求制度は、地方における直接民主的な制度の代表的存在……

Ｑ 地方は、国よりも直接民主的な制度が多いようだけど、住民の側から発案して条例を制定するとかって可能なのかな？

Ａ はい。直接請求制度を利用できるからね。地方では、一定の要件の下、住民の側から長に対して条例の制定改廃を請求することができるんだ。

概 要

地方自治法では、①条例の制定改廃、②事務監査、③議会の解散、④議員の解職、⑤長の解職、⑥役員の解職について、直接請求制度を認めています（74条～88条）。

これは、住民自治が具体化された制度といえます。

条例制定改廃請求

Ａ市の有権者は、その総数の50分の1以上の者の連署をもって、その代表者から、Ａ市長に対して、条例の制定・改廃を請求できます（74条1項）。

ただし、地方税の賦課徴収、分担金・使用料・手数料の徴収に関するものは除かれます。このような除外規定が設けられているのは、安易に税金等を安くするためだけの条例制定改廃請求が乱発されることを防止するためといえます。

この請求があったときは、Ａ市長は、直ちに請求の要旨を公表し、請求を受理した日から20日以内に議会を招集して議会に付議し、その議決の結果を請求代表者に通知するとともに、公表しなければなりません（74条2項・3項）。

条例の制定改廃の最終決定を有権者の投票によらせた方がより住民自治を具体化することにつながるといえますが、現行の地方自治法では、条例の制定改廃の最終決定は、議会の議決によるものとしています。

事務監査請求

Ａ市の有権者は、その総数の50分の1以上の者の連署をもって、その代表者から、Ａ市の監査委員に対して、Ａ市の事務の執行に関する監査を請求できます（75条1項）。

この請求があったときは、監査委員は、直ちに請求の要旨を公表し、請求にかかわる事項について監査し、その結果の報告を決定し、これを請求代表者に送付するとともに公表し、かつ、議会・長・関係機関に提出しなければなりません（75条2項・3項）。

署　名

A市の住民が直接請求制度を利用する場合、一定数以上の有権者の署名を集める必要があります。つまり、単独では直接請求制度を利用することはできません。

そして、A市に対する直接請求を行う場合、その請求代表者は、請求者の署名簿をA市の選挙管理委員会に提出して、これに署名し印を押した者が選挙人名簿に登録された者であることの証明を求めなければなりません（74条の2第1項）。

なお、直接請求の請求者の署名で、法令の定める手続によらない署名や誰のものか確認できない署名は、無効となります（74条の3第1項）。

ポイント

A市

条例制定改廃請求	・対象？	条例の制定改廃 （※地方税の賦課徴収、分担金・使用料・手数料の徴収に関するものは除く）
	・署名要件？	A市の有権者の50分の1以上の署名
	・誰に？	A市長
	・最終決定は？	A市の議会
	・期間制限は？	なし
事務監査請求	・対象？	事務の監査
	・署名要件？	A市の有権者の50分の1以上の署名
	・誰に？	A市の監査委員
	・期間制限は？	なし

ミニテスト

1　条例制定改廃請求は、当該地方公共団体の住民であれば単独で行える。

2　あらゆる条例が条例制定改廃請求の対象となる。

3　条例制定改廃請求がされた場合、その賛否の住民投票が行われ、そこで過半数の賛成を得られれば、条例の制定改廃が行われる。

解答　1　×　有権者の50分の1以上の署名を必要とする。

　　　2　×　地方税の賦課徴収などに関しては請求対象外。

　　　3　×　最終的には議会の議決で制定改廃が行われる。

109 直接請求制度2

地方自治法

直接請求制度は、地方における直接民主的な制度の代表的存在……

Q そういえば、わたしの住んでいるＡ市では市長がリコールによって失職したみたいなんだけど、そういった制度もあるんだね？

A はい。直接請求制度のことだね。地方では、一定の要件の下、住民の側から知事・市町村長の解職を請求することができるんだ。

概　　要

条例制定改廃請求や事務監査請求の他にも、議会の解散請求、議員の解職請求、長の解職請求、役員の解職請求も直接請求制度の一類型です。

前者2つとこれら4つの大きな違いは、必要な署名数です。前者2つは有権者の50分の1以上でよかったのですが、これらは原則として有権者の3分の1以上の署名を集める必要があります。

ここでは、Ａ市（有権者数10万人）を例にとって、Ａ市議会の解散請求とＡ市長の解職請求について見てみましょう。

議会の解散請求

Ａ市の有権者は、その総数の3分の1以上の者の連署をもって、その代表者から、Ａ市の選挙管理委員会に対して、Ａ市議会の解散の請求をすることができます（76条1項）。

この請求があったときは、Ａ市の選挙管理委員会は、直ちに請求の要旨を公表し、これを選挙人の投票に付さな

ければなりません（76条2項・3項）。そして、この解散の投票で過半数の同意があれば、議会は解散します（78条）。

このように、議会の解散請求が受理されれば直ちに議会が解散するわけではなく、最終判断は有権者の投票に委ねられています。

長の解職請求

Ａ市の有権者は、その総数の3分の1以上の者の連署をもって、その代表者から、Ａ市の選挙管理委員会に対して、Ａ市長の解職の請求をすることができます（81条1項）。

この請求があったときは、選挙管理委員会は、直ちに請求の要旨を公表し、これを選挙人の投票に付さなければなりません（81条2項）。そして、この解職の投票で過半数の同意があれば、Ａ市長は失職します（83条）。

署名要件の緩和

議会の解散請求や長の解職請求の場合、有権者数の3分の1以上の署名が必要とされています。ただし、一定の

緩和措置が採られています。例えば、有権者の総数が100万の場合、必要な署名数は、80万を超える数に8分の1を乗じて得た数と40万に6分の1を乗じて得た数と40万に3分の1を乗じて得た数とを合算して得た数でよいとされています。

100万を単純に3分の1すれば33.3万ですが、緩和措置に従って計算すれば22.5万（20万÷8＋40万÷6＋40万÷3）になるとイメージしましょう。

期間制限

議会の解散請求や長の解職請求は、選挙のあった日から1年間、解散・解職の投票のあった日から1年間は、行うことはできません（84条）。

選挙で選ばれた（または解散・解職の投票でその必要はないと判断された）議員や長の身分を、その日からあまり日数が経過しないうちに失わせる機会を作ることは参政権の適切な行使とはいえず、むしろ直接請求権の濫用と考えられますから、権利行使の期間を制限しているのです。

ポイント

A市　　　　　　　　　　　　　　　　　　　　　　※A市の有権者数は10万人

議会の解散請求 議員の解職請求 長の解職請求	・署名要件？ ・誰に？ ・最終決定は？ ・期間制限は？	A市の有権者の3分の1以上の署名 A市の選挙管理委員会 解散／解職投票で過半数 あり
役員の解職請求	・署名要件？ ・誰に？ ・最終決定は？ ・期間制限は？	A市の有権者の3分の1以上の署名 A市長 A市の議会 あり

※役員の解職請求の対象は、地方自治法上は、副知事・副市町村長、指定都市の総合区長、選挙管理委員、監査委員、公安委員会の委員（86条1項）。

ミニテスト

1　A市内の株式会社も直接請求制度を利用してA市長の解職を請求できる。
2　A市長の解職請求は、A市の住民であれば単独でも行うことができる。
3　A市の市議会の解散請求を行う場合、請求の宛先はA市長である。

解答　1　× 有権者が前提なので、法人はこの制度を利用できない。
　　　　　2　× 単独では請求不可。
　　　　　3　× 宛先は選挙管理委員会。

110 住民監査制度

地方自治法

違法・不当な財務会計上の行為に対する住民からのチェックシステム……

Q 住民の側から監査委員に対して請求するものには、住民監査請求っていうのもあるよね？　これって事務監査請求と同じもの？

A 地方自治法には住民監査請求の制度も規定されているね。これは、直接請求制度の1つである事務監査請求とは別個のものだよ。

概　　要

　都道府県・市町村の住民は、都道府県・市町村の執行機関（長・委員会・委員）や職員の違法・不当な財務会計上の行為について、監査委員に対し、監査を請求することができます（**住民監査請求**、242条）。

請求権者

　住民監査請求をすることができるのは、「**住民**」です。

　市町村の区域内に住所を有する者は、当該市町村およびこれを包括する都道府県の住民です（10条）。そして、この「住民」概念には法人も含まれますし、また、国籍も問われません。したがって、A市に住所があれば、会社や外国人もA市の住民といえますし、選挙権がない者や納税していない者でも住民なのです。

　つまり、X県A市の住民であれば、一定数の署名を集めなくても、1人でもX県やA市の監査委員に対し、住民監査請求を行うことができるのです。これは、直接請求制度における事務監査請求が一定数以上の署名を要求していたのとは異なるところです。

　もちろん、A市の住民が、自分が住所を有しないB市のことについてB市の監査委員に対して監査請求ができるわけではありません。

請求対象

　住民監査請求の対象は、**違法・不当な財務会計上の行為**に限られます。これは、直接請求制度における事務監査請求が事務一般を対象としていたのとは異なるところです。

　具体的には、公金の支出、財産の取得・管理・処分、契約の締結・履行、債務その他の義務の負担（「**当該行為**」と呼びます。）と、公金の賦課徴収や財産の管理を怠る事実（「**怠る事実**」と呼びます。）がその対象です。

　そして、①当該行為の防止、②当該行為の是正、③怠る事実の改め、④当該行為・怠る事実によって当該普通地方公共団体の被った損害の補填をするために必要な措置を講ずべきことを請求できます。

請求期間

「当該行為」についての請求は、正当な理由がない限り、当該行為のあった日または終わった日から1年を経過したときはできなくなります（242条2項）。一方、「怠る事実」についての請求については、期間制限はありません。

例えば、X県で出張旅費の支出のあった日から1年を経過した後、情報公開条例に基づいて当該出張に関して具体的な情報が開示され、それから1ヵ月後に住民監査請求がされた場合は、確かに1年を過ぎていますが、情報開示されてからでないと住民監査請求に必要だった資料が整わなかったわけですから、こういった場合、正当な理由があるということで請求期間が延長されると考えられます。

暫定的停止勧告

監査委員は、一定の場合には、監査が終了するまでの間、当該行為を停止すべきことを勧告することができます（242条4項）。

監査の実施

監査委員の監査・勧告は、住民監査請求があった日から60日以内に行われます（242条6項）。

ポイント

A市

住民監査請求	・対象？	違法・不当な財務会計上の行為の監査
	・誰が？	A市の住民であれば単独で可
	・誰に？	A市の監査委員
	・期間制限は？	当該行為について：あり、怠る事実について：なし

 ミニテスト

1　住民監査請求は、住民が単独でも行うことができる。
2　住民監査請求の対象は、当該地方公共団体の事務一般である。
3　住民監査請求は、どの地方公共団体に対しても行うことができる。

解答　1　○　単独で行使可。
　　　　　2　×　違法・不当な財務会計上の行為が対象。
　　　　　3　×　住民監査請求を行うには、請求対象の地方公共団体の住民であることが前提。

111 住民訴訟

地方自治法

住民監査請求の先に保障されている訴訟手続……

Q 住民監査請求の結果に納得いかないんだけど、こういう場合はどうすればいいのかな？

A 地方自治法には、住民訴訟の制度があるから、これを利用して、訴訟で財務会計上の行為の違法性を争っていくことができるよ。

概　　要

　住民監査請求をした住民は、監査結果に不服があるときその他一定の場合には、裁判所に対し、住民訴訟を提起できます（242条の２）。ただし、住民訴訟は司法作用ですから、審査は財務会計上の行為の違法性のみが対象となります。当・不当の問題は審査対象にはなりません。

　この住民訴訟は、行政事件訴訟法上の民衆訴訟（行政事件訴訟法５条）の一種で、客観訴訟に属します。

原告適格

　住民訴訟を提起できるのは、住民監査請求をした住民に限られます（住民監査請求前置主義）。

訴訟の対象

　住民訴訟を提起できるのは、以下の場合です。①監査委員の監査結果・勧告に不服がある場合、②勧告を受けた議会・長その他の執行機関・職員の措置に不服がある場合、③監査委員が監査請求があった日から60日以内に監査・勧告を行わない場合、④勧告を受けた議会・長その他の執行機関・職員が勧告によって示された期間内に必要な措置を講じない場合です。

　①②は行為に対する不服、③④は不作為に対する不服といえます。

訴訟の類型

　住民訴訟には、以下の類型があります。①差止めの請求、②取消しまたは無効確認の請求、③怠る事実の違法確認の請求、④職員等に対する損害賠償請求・不当利得返還請求をすることを普通地方公共団体の執行機関等に求める請求です（242条の２第１項）。

　①の差止めの請求は、当該行為を差し止めることによって人の生命・身体に対する重大な危害の発生の防止その他公共の福祉を著しく阻害するおそれがあるときには、することはできません（242条の２第６項）。

　④の訴訟があった場合、被告とされた執行機関等は、違法な財務会計上の行為をした職員等に対して、訴訟告知をします（242条の２第７項）。そし

て、判決が確定すれば、60日以内の日を期限として損害賠償金・不当利得返還金の支払いを請求することになります（242条の3第1項）。

　従来は、違法な財務会計上の行為をした職員や不当利得返還の相手方自身を被告とするシステムだったのですが、平成14年の地方自治法改正によっ

て、被告を都道府県・市町村の執行機関等にした上で、実際に行為をした職員等には訴訟告知をし、当該訴訟の判決確定後に請求するシステムに改められました。これは、職員が直接に個人責任を負う訴訟の被告となることによる当該職員の費用・労力などの負担を軽減するための措置といえます。

ポイント

住民訴訟

訴訟類型
①当該行為の差止めの請求
②当該行為の取消し（または無効確認）の請求
③怠る事実の違法確認の請求
④当該職員、当該行為・怠る事実に係る相手方に損害賠償・不当利得返還の請求をすることを当該普通地方公共団体の執行機関・職員に対して求める請求

【4号訴訟】
（原告）

住民監査請求をした住民

職員に対して損害賠償の請求をすることを求める。

❶提訴

執行機関等　❷訴訟告知
（被告）

違法な財務会計上の行為をした職員

1　住民訴訟では、執行機関または職員に対する行為の差止めを請求することは認められていない。
2　住民訴訟を提起できる者は、選挙権を有する住民に限られる。
3　住民訴訟を提起するには、住民監査請求を経ている必要がある。

解答　1　✕　差止めの請求も可。
　　　　2　✕　住民監査請求をした住民に限る。選挙権の有無は関係ない。
　　　　3　○　住民監査請求前置主義。

223

112 公の施設

地方自治法

公の施設の設置・管理・廃止に関するルール……

Q 市には、市民会館とか市立病院などの施設があるよね。これらについても地方自治法でルール化されているのかな？

A そうだね。それを「公の施設」と呼ぶのだけど、地方自治法では、公の施設の設置・管理・廃止などについての条文も置かれているよ。

概　　要

普通地方公共団体は、住民の福祉を増進する目的をもってその利用に供するための施設を設けるものとされています（244条1項）。例えば、市民会館や市立病院などがこれにあたります。

普通地方公共団体は、正当な理由がない限り、住民が公の施設を利用することを拒んではならず（244条2項）、また、住民が公の施設を利用することについて、不当な差別的取扱いをしてはなりません（244条3項）。

公の施設の設置・管理

普通地方公共団体は、法律またはこれに基づく政令に特別の定めがあるものを除き、公の施設の設置・管理に関する事項は、条例でこれを定めなければなりません（244条の2第1項）。例えば、公の施設の使用料の額や使用の申込方法などがこれにあたります。こういった事項は、基本的にそれぞれの自治体ごとに決めればいいことといえますから、具体的なルールは条例で決めさせることとしているのです。

なお、普通地方公共団体は、その区域外においても、関係普通地方公共団体との協議により、公の施設を設けることができます（244条の3第1項）。また、他の普通地方公共団体との協議により、当該他の普通地方公共団体の公の施設を自己の住民の利用に供させることもできます（244条の3第2項）。これらの「協議」は、関係地方公共団体の議会の議決を経なければなりません（244条の3第3項）。

公の施設の廃止・独占利用

公の施設は、当該施設の物的設備の滅失によって廃止される場合以外は、原則として、普通地方公共団体の意思表示（公用廃止行為）によって廃止されます。通常は、設置条例を廃止するという方法によることになるでしょう。なお、普通地方公共団体が条例で定める重要な公の施設のうち条例で定める特に重要なものを廃止し、または条例で定める長期かつ独占的な利用をさせようとするときは、議会で出席議員の3分の2以上の者の同意を得なけ

ればなりません（244条の2第2項）。

指定管理者

指定管理者制度は、普通地方公共団体が出資する法人以外の民間事業者に対しても、公の施設の管理を行わせることができる途を開こうとするための制度です。

普通地方公共団体は、公の施設の設置の目的を効果的に達成するために必要があると認めるときは、条例の定めるところにより、指定管理者に公の施設の管理を行わせることができます（244条の2第3項）。

なお、指定は、あらかじめ、普通地方公共団体の議会の議決を経なければならず（244条の2第6項）、また、期間を定めて行われます（244条の2第5項）。

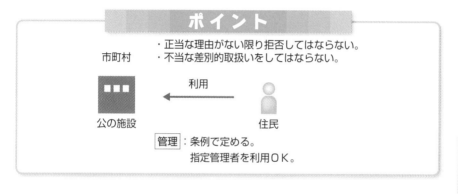

ポイント

市町村
・正当な理由がない限り拒否してはならない。
・不当な差別的取扱いをしてはならない。

公の施設 ← 利用 — 住民

管理 ：条例で定める。
指定管理者を利用OK。

 ミニテスト

1　公の施設の使用申込・使用承認の制度は、条例でこれを定める必要はない。
2　普通地方公共団体は、その区域外においても、関係普通地方公共団体との協議により、公の施設を設けることができる。
3　公の施設の管理を民間事業者に行わせることはできない。

解答　1　×「管理」に関する事項なので条例でこれを定める。
　　　2　○　244条の3第1項。
　　　3　×　指定管理者は民間事業者でも可。

113 国の関与

地方自治法

都道府県・市町村に対する国の関与、関与に不服がある場合の争訟……

Q 知事や市町村長が国からの関与に不服があるときにこれを争うにはどういった方法があるの？

A 総務省に国地方係争処理委員会が置かれているのでここに審査を申し出ることと、それでもダメなら訴訟を提起することが考えられるよ。

国の関与

　都道府県・市町村の事務の処理に関し、国の行政機関が、助言・勧告、資料の提出、是正の要求をしてくることがあります。また、事務の処理にあたり、国の同意を要求する、許認可を要求するといったこともあります。他にも、その事務の処理について国が指示をしたり、代執行（地方の事務処理が法令に違反しているとき、または、その事務処理を怠っているときに、その是正のための措置を代わって行うこと）をすることもあります。さらに、国と協議することを要求することもあります。このような形で、地方の事務処理に国が口を出すことがあるわけです。

　しかし、こういった関与を受けることは、地方の独立性を損ねる行為ともいえますから、できるだけ抑制的に行われなければなりません。

　そこで、地方自治法では、法律またはこれに基づく政令によらなければ、国からの関与を受けまたは関与を要するとされることはないことを規定して

います（関与法定主義、245条の2）。また、関与の基本原則として、国は、地方の事務処理に関し、関与が許されている場合でも、その目的を達成するために必要な最小限度のものとするとともに、地方の自主性・自立性に配慮しなければならないことも規定しています（245条の3第1項）。

紛争処理

　国と地方との間の関与に関する係争を行政内部において処理するための第三者機関として、総務省に国地方係争処理委員会が設けられています（250条の7第1項）。そして、行政内部では係争が解決されない場合には、高等裁判所に対して訴訟を提起することができ、司法的な解決が図られることになります（251条の5）。

　例えば、A市長が、その事務処理にあたって、B大臣から違法な関与を受けた場合、A市長は、国地方係争処理委員会に対して文書で審査の申出をすることができます。これにより、関与が違法であると認められれば、委員会

から、B大臣に対して必要な措置を講ずべきことが勧告されます。

なお、国地方係争処理委員会の審査は行政内部の審査ですから、違法性の問題だけでなく、その当・不当についても審査できそうですが、法定受託事務に関する関与についての審査対象は違法性の審査に限っています。一方、自治事務に関する関与については、違法性および不当性について審査することができます。

そして、国地方係争処理委員会の審査結果や勧告に不服がある場合などには、A市長は、高等裁判所に対して、違法な関与の取消しや不作為の違法確認の訴えの提起が認められています（審査の申出前置主義）。この場合、原告はA市長、被告はB大臣です。

なお、この関与に関する訴訟は、行政事件訴訟法上の機関訴訟（行政事件訴訟法6条）にあたり、客観訴訟に属するものです。

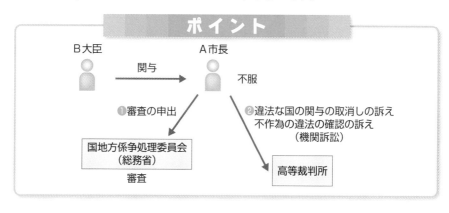

ポイント

B大臣　　　　　A市長

関与　→　　　不服

❶審査の申出　　　❷違法な国の関与の取消しの訴え
　　　　　　　　　　不作為の違法の確認の訴え
　　　　　　　　　　　　（機関訴訟）

国地方係争処理委員会
（総務省）
審査

高等裁判所

1　国地方係争処理委員会は、自治事務・法定受託事務いずれについても国の関与の違法性の審査しかできない。
2　国と都道府県間の関与をめぐる争いは国地方係争処理委員会に審査の申出を行い、国と市町村間の関与をめぐる争いは自治紛争処理委員に審査の申出を行う。
3　国と地方の関与をめぐる争いについて国地方係争処理委員会への審査の申出は、自治事務については地方公共団体が行い、法定受託事務については国が行う。

解答　1　×　自治事務については関与の違法性・不当性の審査ができる。
　　　　2　×　国と市町村間の関与をめぐる争いも国地方係争処理委員会。
　　　　3　×　審査を申し出るのは関与を受ける地方公共団体の側のみ。

114 地方財政

地方公共団体の予算、決算……

Q 都道府県・市町村にもそれぞれ会計年度があって、予算とか決算があるよね。ところで、そもそも予算とか決算って何なの?

A 予算は、次の年度の収入・支出の見積もりのことだよ。決算は、執行が完了した年度の収入・支出の実績の表示のことだよ。

会計年度・会計区分

地方公共団体の会計年度は、毎年4月1日～翌3月31日までと決まっています（208条1項）。なお、各会計年度の歳出は、その年度の歳入をもってこれに充てなければなりません（会計年度独立の原則、208条2項）。

地方公共団体の会計には、一般会計と特別会計があります（209条1項）。

普通地方公共団体は、特定の事業を行う場合その他特定の歳入をもって特定の歳出に充て一般の歳入歳出と区分して経理する必要がある場合、条例で特別会計を設置することができます（209条2項）。

予　算

予算とは、地方公共団体の一定期間における経済活動全般の見積もりのことです。

一会計年度における一切の歳入・歳出は、すべてこれを予算に編入しなければなりません（総計予算主義、210条）。これは、地方公共団体の財政状況を容易に把握するためです。

予算は、毎会計年度、普通地方公共団体の長が調製し、年度開始前に、議会に提出してその議決を経なければなりません（211条1項）。

予　備　費

予算外の支出や予算超過の支出に充てるため、予算に予備費を計上しなければなりません（217条1項本文）。ただし、特別会計には、予備費を計上しないことができます（217条1項ただし書）。

なお、予備費は、議会の否決した費途に充てることはできません（217条2項）。

補正予算・暫定予算

補正予算とは、本予算（通常予算）の調製後に生じた事由に基づいて既定の予算に追加その他の変更を加えた予算のことです。

暫定予算とは、本予算（通常予算）が年度開始前に成立する見込みがない場合などに調製される一会計年度のうちの一定期間に係る予算のことです。

収入・支出

　地方公共団体の収入には、地方税、使用料・手数料等、地方債（借金）、国から交付される地方交付税や国庫補助金などがあります。

　地方公共団体の支出には、事務を処理するのに必要な経費、法律によって地方公共団体の負担とされている経費、寄付・補助をするのに必要なお金、損害賠償をするのに必要なお金などがあります。

決　算

　決算とは、執行が完了した一会計年度の歳入と歳出の実績を確定的な数字として表示することです。

　地方公共団体では、会計管理者が、毎会計年度、決算を調製し、普通地方公共団体の長に提出します（233条1項）。そして、これを受け取った長が、監査委員の審査に付し（233条2項）、その上で、長が、議会の認定に付します（233条3項）。

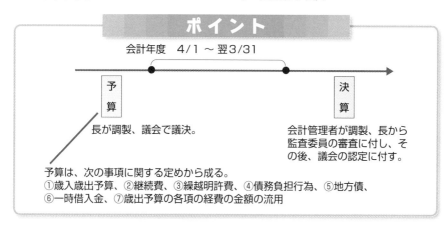

ポイント

会計年度　4/1 〜 翌3/31

予算　長が調製、議会で議決。

決算　会計管理者が調製、長から監査委員の審査に付し、その後、議会の認定に付す。

予算は、次の事項に関する定めから成る。
①歳入歳出予算、②継続費、③繰越明許費、④債務負担行為、⑤地方債、⑥一時借入金、⑦歳出予算の各項の経費の金額の流用

ミニテスト

1　地方公共団体の会計年度は、地方自治法に特に規定はないが、慣例により毎年4月1日〜翌3月31日とされている。

2　本予算の調製後に生じた事由により既定の予算に変更を加えることもできる。

3　決算は、監査委員が調製し、監査委員から直接議会の認定に付される。

解答　1　×　地方自治法で決められている（208条1項）。

　　　　2　○　補正予算。

　　　　3　×　決算を調製するのは「会計管理者」、議会の認定に付すのは「長」。

115 地方税、地方債

地方自治法

都道府県・市町村が賦課徴収する税金……

Q 所得税・法人税・消費税・相続税・酒税・たばこ税などは国に納める税金だよね。都道府県や市町村に納める税金にはどんなものがあるのかな？

A そうだね、都道府県に納める税には事業税などがあるね。また、市町村に納める税金には固定資産税などがあるね。

地 方 税

地方税は、都道府県・市町村が賦課徴収する税の総称です。

都道府県税には、事業税や不動産取得税などがあります。また、市町村税には、固定資産税などがあります。

法定外税

地方税は、地方税法で定められている税目につき賦課徴収できるものです。しかし、それ以外にも、条例の定めにより、法定外の税目を賦課徴収することも認められています。これには、使途を特定しないで課税する「法定外普通税」と、使途を特定して課税する「法定外目的税」があります。

例えば、東京都には、宿泊税（ホテル税）という税金があります。これは法定外目的税の一種です。宿泊税による税収は、観光の振興を図る施策に要する費用に充てられます。このように徴収したお金を何に使うかが特定されていることにより、払った税金が何のために使われているかがハッキリしますから、税金を徴収するにしても、納税者の理解を得やすい仕組みといえます。

この法定外目的税は、平成12年4月から導入できるようになったものです。また、それ以前から法定外普通税はありましたが、これを平成12年4月からは従来の許可制を同意制に変更し、国の関与を緩やかにする設置も講じられました。これらは、地方公共団体の課税自主権を拡大するための措置です。地方分権をいくら進めても、自分で稼げる財源がなければ地方の独立は果たせないわけですから、課税自主権の拡大は地方分権推進のためにも大切なことなのです。

地方債

地方債は、地方公共団体が資金調達のために負担する債務のことです。その返済は一会計年度を超えて行われます。通常、政府や銀行などの金融機関から借り入れます。

地方債を起こすことを起債といい、地方公共団体が地方債を発行してもよい事業は適債事業といいます。適債事

業は、交通事業、ガス事業、水道事業その他地方公共団体の行う企業（公営企業）に要する経費、災害対策事業、学校・道路などの建設事業などですが、一般財源の不足を補うための財源対策債も発行されています。

従来、地方債の発行には総務大臣または都道府県知事の許可が必要とされ

ていました。平成18年度から許可制の規制は原則として廃止され、協議制度に移行しました。さらに、平成24年度以降、財政状況について一定の基準を満たす地方公共団体の場合は、原則として起債にかかる協議を不要とし、事前に届け出ることで起債ができる事前届出制も導入されています。

ポイント

【従来】
地方税法で定められた税目以外に、条例で普通税を創設して課税できる法定外普通税は認められていたが、それには国の許可が必要だった。

課税自主権の拡大

【平成12年4月以降】
①法定外普通税制度を許可制から事前同意制へ変更
②法定外目的税制度の創設（事前の同意は必要）
　　　　　　※同意権を有する国の担当行政機関は総務大臣。

 ミニテスト

1　平成12年4月から新たに法定外目的税制度が導入されたことに伴い、法定外普通税制度は廃止された。
2　法定外普通税は、平成12年4月から、国の同意を要する事前同意制から、許可制へと移行した。
3　地方債の発行には、原則として法務大臣の許可が必要となる。

解答　1　× 法定外普通税は廃止されていない。
　　　　2　× 逆。許可制から国の同意を要する事前同意制へ改められた。
　　　　3　× 地方債の発行に法務大臣の許可は不要。

索　引

memo

執筆者紹介

神田理生

　1975年 8 月、大阪府生まれ。

　1998年 3 月、慶應義塾大学法学部法律学科卒業。

　現在、資格の学校ＴＡＣ行政書士講座専任講師として、民法・行政法などの法律科目、政治・経済・情報などの一般知識科目の講義を担当。講義は、法律初学者にもわかりやすく楽しいと好評。

　主な著書には、「みんなが欲しかった！行政書士の教科書」（ＴＡＣ出版）、「みんなが欲しかった！行政書士の問題集」（同）などがある。

面白いほど理解できる行政法　〔第4版〕

2010年10月26日　初　版　第1刷発行
2023年9月8日　第4版　第1刷発行

編　著　者　株式会社　早稲田経営出版
　　　　　　　　　　　（行政法研究会）
発　行　者　猪　野　　　　樹
発　行　所　株式会社　早稲田経営出版

〒101-0061
東京都千代田区神田三崎町3-1-5
神田三崎町ビル
電話 03（5276）9492（営業）
FAX 03（5276）9027

組　　　版　株式会社　グ　ラ　フ　ト
印　　　刷　株式会社　ワ　コ　ー
製　　　本　株式会社　常　川　製　本

Ⓒ Waseda keiei syuppan 2023　　Printed in Japan　　ISBN 978-4-8471-5042-5
N.D.C. 327

書籍の正誤に関するご確認とお問合せについて

書籍の記載内容に誤りではないかと思われる箇所がございましたら、以下の手順にてご確認とお問合せをしてくださいますよう、お願い申し上げます。

なお、正誤のお問合せ以外の**書籍内容に関する解説および受験指導などは、一切行っておりません。**
そのようなお問合せにつきましては、お答えいたしかねますので、あらかじめご了承ください。

1 「Cyber Book Store」にて正誤表を確認する

早稲田経営出版刊行書籍の販売代行を行っている
TAC出版書籍販売サイト「Cyber Book Store」の
トップページ内「正誤表」コーナーにて、正誤表をご確認ください。

CYBER TAC出版書籍販売サイト
BOOK STORE

URL：https://bookstore.tac-school.co.jp/

2 1の正誤表がない、あるいは正誤表に該当箇所の記載がない ⇒ 下記①、②のどちらかの方法で文書にて問合せをする

★ご注意ください★

お電話でのお問合せは、お受けいたしません。

①、②のどちらの方法でも、お問合せの際には、「お名前」とともに、
「対象の書籍名（○級・第○回対策も含む）およびその版数（第○版・○○年度版など）」
「お問合せ該当箇所の頁数と行数」
「誤りと思われる記載」
「正しいとお考えになる記載とその根拠」
を明記してください。

なお、回答までに１週間前後を要する場合もございます。あらかじめご了承ください。

① ウェブページ「Cyber Book Store」内の「お問合せフォーム」より問合せをする

【お問合せフォームアドレス】

https://bookstore.tac-school.co.jp/inquiry/

② メールにより問合せをする

【メール宛先　早稲田経営出版】

sbook@wasedakeiei.co.jp

※土日祝日はお問合せ対応をおこなっておりません。
※正誤のお問合せ対応は、該当書籍の改訂版刊行月末日までといたします。

乱丁・落丁による交換は、該当書籍の改訂版刊行月末日までといたします。なお、書籍の在庫状況等により、お受けできない場合もございます。
また、各種本試験の実施の延期、中止を理由とした本書の返品はお受けいたしません。返金もいたしかねますので、あらかじめご了承くださいますようお願い申し上げます。

（2022年7月現在）